ADOLF WAAS

DER MENSCH IM DEUTSCHEN MITTELALTER

ADOLF WAAS

Der Mensch
im deutschen Mittelalter

VMA-Verlag
Wiesbaden

Titelbild auf dem Einband aus der Manessischen Handschrift:
Markgraf Otto IV. von Brandenburg (1260–1308)
beim Schachspiel mit vornehmer Dame

VMA-Verlag 1996
Wiesbaden

Lizenzausgabe mit freundlicher Genehmigung des
Böhlau Verlag Wien

Druck und Bindung: Graphischer Großbetrieb Pößneck GmbH
ISBN 3-928127-28-4

INHALT

Inhalt

VERZEICHNIS DER ABBILDUNGEN

Die Vignetten vor den Kapitelanfängen wurden aus Cod. Vindob. entnommen.

EINLEITUNG

„Mein Freund, die Zeiten der Vergangenheit
sind uns ein Buch mit sieben Siegeln.
Was Ihr den Geist der Zeiten heißt,
das ist im Grund der Herren eigener Geist,
in dem die Zeiten sich bespiegeln.“

Diese Verse dürfen wir wohl mit Recht einem Buch wie dem unsrigen voranstellen, einmal zur Warnung des Schreibers, sich nicht zum Bespiegeln verleiten zu lassen, dann aber auch um die Berechtigung und Notwendigkeit einer solchen Arbeit darzutun. Denn immer wieder ändert sich durch neue Erkenntnisse das Bild, das wir uns von unserer Vergangenheit machen müssen, sowenig auch das neue Bild die letzte Wahrheit schon erreichen kann.

Dazu gilt es bei solchen Darstellungen, einen steten Kampf mit den Vorstellungen zu führen, in die wir durch die Praxis unseres Alltags verwickelt sind. Und es ist schwer, sich davon zu lösen. Äußerungen unserer Zeit, seien es nun Romane, Dramen, Filme und Gespräche, aber auch gar manche wissenschaftliche Darstellungen, zeigen uns immer wieder, daß man im allgemeinen den Abstand, der uns von früheren Jahrhunderten trennt, weit unterschätzt. Fast läßt sich verallgemeinernd sagen, daß eine Darstellung um so besser ist, je mehr sie dieses Fremdsein uns staunend erkennen läßt. Wir haben nicht ohne weiteres Zugang zu der Gedanken- und Gefühlswelt der Menschen des frühen Mittelalters. Auch das treibt dazu, uns immer wieder aufs neue das Leben unserer Ahnen zu vergegenwärtigen. Wir wollen ja nicht nur die politische Geschichte unseres Volkes kennen, sondern auch wissen, wie diese Menschen gelebt haben, was sie miteinander verbunden hat und was sie in der Stille des Alltags geleistet haben. Auch davon

haben sie uns ja einen Teil als Erbe hinterlassen. Darum ist uns weder
mit romantisch verklärenden noch mit verächtlich oder gehässig ver-
zerrenden Darstellungen in irgendeiner Weise gedient.

Wir stellen für die Bilder, die wir zu zeichnen haben, die erste Hälfte
des Mittelalters in den Vordergrund, denn das sind die uns fernsten
und fremdesten Zeiten, aus deren Lebensformen allein die der späteren
Jahrhunderte voll verstanden werden können. Zudem bilden das 10. bis
12. Jahrhundert die Periode, in der sich deutsches Wesen, Denken,
Fühlen und Handeln von dem der anderen Völker Europas klar ab-
zuheben beginnt. Jedoch werden wir uns nicht auf die geringen Zeugnisse dieser Zeit beschränken dürfen.

Ein lebendiges Bild des Lebens deutscher Menschen im Mittelalter
werden wir aber kaum gewinnen können, wenn wir uns nicht den Rahmen, in dem sich alles abspielte, das öffentliche und staatliche Leben
dieser Jahrhunderte, kurz vor Augen zu stellen versuchen. Denn einmal
finden wir hier den klarsten Ausdruck der geistigen Kräfte, die das
Ganze zusammenhalten und tragen, zum anderen macht uns schon
ein Blick auf die letzten Jahrhunderte und Jahrzehnte klar, in wie
starkem Maße das staatliche Leben sogar die intimsten Kreise und
auch das alltägliche, so unbedeutend erscheinende Alltagsleben des einzelnen bestimmt. Ehe wir uns dem Alltagsleben dieser Zeitepoche zuwenden, haben wir darum allen Grund, nach dem öffentlichen Leben
in den ersten Zeiten der deutschen Geschichte zu fragen. Hier stehen
wir zwei beherrschenden politischen und geistigen Mächten gegenüber, die nebeneinander für das öffentliche Leben der folgenden Jahrhunderte die charakteristischen Formen geprägt haben: die römische
und die germanische Welt, so wie sie im Reich der Karolinger nebeneinander bemerkbar und zunächst auch nachweisbar scheinen: ein
wohlgeordneter, von Beamten gestützter Staat, dessen Macht und
Recht sich prinzipiell von dem Komplex von Rechten der einzelnen
Männer, der „Untertanen", zu unterscheiden scheint, und zweitens —
darin verwoben — das deutsche Erbe von Treue und Gefolgschaft, wie
es im Krieg besonders deutlich noch sichtbar zu werden scheint. Auch
die zwischen dem Herrscher und dem Volk stehenden Mächte wie
Grafen, Fürsten und Herzöge scheinen sich leicht in dieses System
einzugliedern. Sie tragen der ererbten Anschauung nach ihre Macht
im Lande als Beauftragte des Königs. Der König schafft also ihre
Machtstellung.

Ist dieses Bild aber richtig, dann bedeuten das 9. und 10. Jahrhundert
den großen Zerfall eines festen Staatsgebildes. Das leuchtet nicht ohne
weiteres ein, denn gerade damals erwarben die Ottonenkönige eine
überragende Stellung in Europa.

Außerdem scheint dieses soeben gezeichnete Bild des Karolinger-
staates und seiner Nachfolgestaaten einen primären Einfluß des römischen

Erbes im Staatsaufbau — Beamtentum (Grafen), Verhältnis des Königs zu seinen Untertanen — zu beweisen, daß es wundernehmen muß, daß im 10. Jahrhundert davon nur noch schwindende Reste zu sehen sind. Und doch hat man es lange Zeit so angesehen. Von dem Verfall der karolingischen Grafschaftsverfassung ist oft die Rede gewesen (Justus Möser, G. Waitz, Heinrich Brunner, G. v. Below u. a.).

Wir wissen heute, daß das falsch war. Das 18. und 19. Jahrhundert sah das frühe Mittelalter mit seinen eigenen Augen, sah seine eigenen Probleme, um die die betreffende Generation kämpfte, auch in jener fernen Zeit wirksam. Justus Möser sah die Macht und den Niedergang der „freien Bauern", Lamprecht die Macht des Großgrundbesitzes, Georg Waitz einen demokratischen Staat, Marx und Engels glaubten die Zerstörung des Urkommunismus und dann die Unterdrückung der Bauern nachweisen zu können, während die Mitte und zweite Hälfte des 19. Jahrhunderts mit Vorliebe den Kampf um die Macht des starken Königs- und Kaisertums vor sich zu sehen glaubten.

Das war ein sehr verschiedenartiges Bild, aber doch stets das Bild einer — wenn auch oft primitiven — alle umfassenden und jedem seinen Platz anweisenden Organisation, verwaltet durch Beamte in unserem Sinn. Man sah in dem karolingischen und schon im merowingischen Staat das, was das eigene Leben bestimmte, vielleicht auch belastete: eine mit Beamten arbeitende Organisation, die sich zwischen Herrscher und Volk schob und im Namen und Auftrag des Herrschers tätig war, die aber von privaten Abhängigkeiten des einen vom anderen gänzlich unberührt blieb.

Betrachtete man aber Deutschland im 10. Jahrhundert, also verhältnismäßig kurze Zeit später, so fand man von alledem nicht mehr viel. Neben einem lockeren Staatsgefüge, dessen beherrschende und überlegene Macht, wie man sie doch erwartete, oft in Frage gestellt war, standen Herrschaftsrechte einzelner Persönlichkeiten, die sich keineswegs vom Staat herleiteten oder herleiten wollten. Das alles mußte im Vergleich mit dem oben gezeigten Bild des karolingischen Staates als Entartung erscheinen oder, wie man in verfassungsgeschichtlichen Darstellungen oft und gern sagte: als „Zerfall der karolingischen Grafschaftsverfassung". Es war dabei richtig, auf die Grafen und ihre Stellung dem König und dem Volksganzen gegenüber den größten Wert zu legen. Sie, die in dem alten Bilde absetzbare, gehorsame Beamte des Königs sein sollten, fand man nun in den Quellen als eigenwillige Herren vor, die kraft eigenen Rechtes Gericht zu halten und dem Herrscher ähnliche Rechte auszuüben schienen. Aber das bedeutete, wie sich bei näherem Zusehen ergab, keinen Zerfall eines früher bestehenden Systems.

Halten wir einen Augenblick Rückschau: Die Germanenkönige sind groß geworden im Krieg, wie ja auch die Völkerwanderung einem fortwährenden Krieg gleichkam. Fehden der einzelnen Herren gegeneinander liefen neben den Kriegen der Völker her. Im Kampf aber waren alle Großen im Volke dem König zu Treue und Gefolgschaft verpflichtet und ebenso die Mannen des Volkes den Großen als ihren Schutzherren oder unmittelbar dem König. Das ganze Volk bildete eine Pyramide von Streitern, die die Pflicht der Treue und Gefolgschaft zusammenhielt. Damit nahm man es ernst; es war ja Krieg, und jedes Nachlassen in dieser Pflicht verringerte die Schlagkraft des ganzen Volkes. Dieses Verhältnis erhielt sich die ganze Geschichte hindurch. Lange noch lernte man ein Volk erst im Kriege richtig kennen.

Die gleichen Grundtatsachen blieben aber auch maßgebend im Frieden. Treue und Gefolgschaft des Königs und seiner die Herrenschicht bildenden Männer und der Bauern, Bürger oder anderen Mannen dem König oder dem Adel gegenüber blieben für den Aufbau und die Lebensform des Volkes maßgebend. Die Macht des Herrschers ging so weit, als die Treuepflicht ihm direkt oder indirekt die Mannen verpflichtete. Sie bestimmte die Grenzen des Volkes, nicht eine geographische Linie, innerhalb derer bestimmte Rechte und Pflichten gegolten hätten.

So war es auch noch unter Pippin und Karl dem Großen, die man — mit Recht — stets als Begründer der mittelalterlichen Lebensform des Volkes angesehen hat. Nicht so, als ob sie diese Form geschaffen hätten, aber sie haben sie durch die Kraft ihrer Persönlichkeit so gefördert, daß sie sich abrunden und für lange Zeit einleben konnte; so daß sie von da an eine Selbstverständlichkeit für Jahrhunderte hinaus geworden ist. Eine Form, die man im gleichen Geiste ausbauen und ergänzen, nicht aber entscheidend abändern konnte, es sei denn mit den Waffen in der Hand durch das, was wir heute Umsturz oder Revolution nennen.

Sehr aufschlußreich ist es, daß die Päpste, als sie die Heereshilfe der Franken gegen die sie bedrängenden Langobarden suchten, sich der Gedankenwelt der Frankenkönige anpaßten. Ein zweifacher Schutz- und Gefolgschaftsvertrag wurde geschlossen und machte den Frankenkönig zum Schutzherrn Roms und der römischen Kirche (des Papstes) und ebenso den Heiligen Petrus zum Schutzherrn von Pippin und seinem Sohn Karl dem Großen. Das war eine Sprache, die die Franken verstanden, das waren Gedankenreihen, die ihnen geläufig waren, die aber den Römern im Gefolge des Papstes vollständig fremd sein mußten. Hier sieht man deutlich, welche Gedankenwelt Pippin und Karl dem Großen eigentümlich war und ihr Tun bestimmte. Nach ihr handelten sie zeit ihres Lebens, und ihr paßten sich auch die Päpste an, um sicher zu sein, daß die abgeschlossenen Verträge Kraft behielten, und die versprochenen Hilfeleistungen auch wirklich ausgeführt werden würden. Dazu mußte die Treupflicht gegen den heiligen Petrus das Band mit dem Papsttum fest knüpfen.

Sehen wir es von einer anderen Seite an: Karl hat während seiner ganzen Regierungszeit bis etwa zum Jahre 802 fortgesetzt erfolgreiche Kriege geführt. Diese Erfolge banden seine Krieger fest an ihn. Das ist es, was man als das Heil der Könige bezeichnete: den unbedingten Glauben an die Siegkraft und innere Überlegenheit des Königs und das damit verbundene Glück der Schlachten. Karls Biograph Einhard schreibt beispielsweise so: „Haec sunt bella, quae rex potentissimus ... summa prudentia atque felicitate gessit ..." (15/15) Und ähnlich äußert sich etwas später Widukind von Corvey: „Magnus enim Karolus, cum esset regum fortissimus, non minori sapientia vigilabat ... quia suis temporibus omni mortali prudentior erat." (I. cap, 15 S. 25).

Und doch gab es Jahre, in denen diese Treue zu dem mit solchem Heil führenden Heerkönig nachließ. Was setzt Karl in solchen Fällen zur Sicherung seiner Königsmacht ein? Er läßt zunächst alle Großen und dann auch alle Untertanen sich einen Treueid schwören, wie ihn der Mann seinem Herrn schwört (M. G. Capit. I., 25/66). Dabei erklärten, wie wir hören, einige Herren, sie hätten noch nie Karl einen Treueid geleistet, und das brachte, wie das Kapitulare sagt, magnum conturbium in regnum domini Karoli. Man sieht hier deutlich, daß der Treueid und damit das Schutz- und Gefolgschaftsverhältnis für den Aufbau der Königsherrschaft maßgebend ist. Was tat nun Karl? Er ließ, damit „niemand mehr sich damit entschuldigen könne, er habe dem König keinen oder nur einen ungenügenden Eid geleistet", alle schwören: „Sic promitto ego ille partibus domini mei Caroli regis et filiorum eius, quia fidelis sum et ero diebus vitae meae sine fraude et malo ingenio."

Im Jahre 802, als der König seine Macht in Gefahr glaubte, ließ er wiederum einen Treueid schwören, dem diesmal, um gar keinen Zweifel über den Charakter dieses Eides zu lassen, hinzugefügt wurde: „sicut per dictum debet esse homo domino suo" (M. G. Capit. I, 34/101 von 802).

An einer anderen Stelle wird dasselbe für die Großen des Reiches, die Herzöge, deutlich. In den Jahren 781 und 785 unterwarf sich Herzog Tassilo von Bayern nach einem Aufstand. Darüber berichten die Reichsannalen: „Tassilo venit, dux Baioariorum, in vasatico se commendans per manus, sacramenta juravit multa et innumerabilia, reliquias sanctorum manus imponens et fidelitatem promisit regi Pippino et supradictis filiis eius ... sicut vassus domino suo esse deberet ... sic et homines maiores natu, qui erant cum eo, firmaverunt, sicut dictum est..."

Auch in den Königsurkunden hören wir zu derselben Zeit häufig das gleiche, und zwar vor allem, wenn große Kirchen unter die Schutzherrschaft, die Königsmunt, aufgenommen wurden. Dann wurde oft von den Äbten oder Bischöfen eine entsprechende eidliche Treuverpflichtung verlangt.

Ein solcher Treueid der Untertanen war aber keine Eigentümlich-
keit des fränkischen Reiches unter den Karolingern. Wir kennen ihn
im Merowingerreich, ebenso bei den Goten, Langobarden und Angel-
sachsen. Durch Tacitus erfahren wir, daß der Bataverkönig Civilis sich
einen bei seinem Volk herkömmlichen Eid leisten ließ, der augenscheinlich seinem Charakter nach ein Treu- und Gefolgschaftseid gewesen
sein muß.

Daß gerade im Frieden, wenn keine äußere Gefahr die Adelsherren
aufeinander und auf den König anwies, diese Bindung oft versagte,
zeigt wiederum die Geschichte Karls des Großen. Wir sprachen schon
davon, daß er bis etwa 802 oder 804 ständig in Kriege verwickelt war.
Erst seit 802 traten ruhigere Zeiten ein. Da will Karl auch im Frieden
bessere Zustände, vor allem sicheres Recht für die kleinen Leute seines
Volkes schaffen. Die Lorscher Reichsannalen berichten darüber zu dem
Jahre 802: „In diesem Jahre verweilte Kaiser Karl in Ruhe und Frieden
in Aachen zusammen mit seinen Franken ohne einen feindlichen Angriff.
Da gedachte er seines Mitleides mit den kleinen Leuten (recordatus
misericordiae suae de pauperibus) seines Reiches, und daß sie ihr Recht
nicht in vollem Maße erlangen könnten. Er wollte von seinen Vasallen
welche aussenden, um Recht zu schaffen, aber dafür keine kleinen
Leute unter seinen Vasallen auswählen. Sondern er suchte aus seinem
ganzen Reich Erzbischöfe und Äbte zusammen mit Herzögen und
Grafen aus, die es nicht nötig hatten, bei Verhandlungen über Unschul-
dige Geschenke anzunehmen. Die schickte er in sein ganzes Reich aus,
um den Kirchen, den Witwen und Waisen, den kleinen Leuten (pauperibus) und dem ganzen Volk ihr Recht zu verschaffen." (M. G. SS. I.,
Annales Laureshamenses zu 802. S. 38. Capitul. I. S. 36—41.) Königsboten pflegte man diese Gesandten und Capitularien die ihnen mit-
gegebenen Verordnungen oder Gesetze zu nennen.

Das erste dieser Capitularien von 802, das den ersten Königsboten
mitgegeben wurde, hatte — wenn auch nicht im Wortlaut — dieselbe allgemeine Erklärung, die wir in den Reichsannalen gefunden
haben. Die weiteren Capitularien, die 802 und in den folgenden
Jahren, solange Karl lebte, hinausgingen, ergänzten und erläuterten
das dort Gesagte. Sie richteten sich, wie die Stelle der Annalen schon
vermuten ließ, gegen die großen Feudalherren und gegen die Grafen
des ganzen Landes. Den Adelsherren wurde vorgeworfen, daß sie ihre
Streitigkeiten nicht vor ein königliches Gericht oder das Grafengericht
brächten, sondern in wilden Fehden austrügen, die das ganze Land in
Not brächten. Den Grafen aber wurde eine einseitige Rechtsausübung zugunsten der Herren, oder die Benutzung ihrer Stellung zur Erhebung
von Steuern von den dem Gericht unterstehenden Leuten scharf verboten, oder ihre mangelhafte Kenntnis des Rechts oder ihrer ungeeig-
neten Stellvertreter vorgeworfen, und so weiter. Alles zusammen ver-

mittelt ein einheitliches Bild: Beherrschung des Volkslebens im Frieden durch eine eigenwillige, gewalttätige Herrenschicht, und dies ist augenscheinlich keine Entartung eines früheren Zustandes, denn Karl kann sich demgegenüber immer nur auf seine neuen Capitularien oder auf ein allgemeines Rechtsgefühl berufen.

Daß er sich gegen diese nun ungesetzliche Adelsherrschaft wandte, war wohl eine der größten und weitblickendsten Taten Karls. Ob er allerdings damit in den ihm noch verbleibenden Jahren von 802 bis 814 viel Erfolg hatte, ist sehr zweifelhaft. Die stete Wiederholung derselben oder gleichsinniger Capitularien und die immer erneute Aussendung von Königsboten lassen einen Erfolg unwahrscheinlich erscheinen. Bei anderen Angelegenheiten, wie bei der Geschichte der spanischen Siedler, über die sich Herren zu unrecht eine Herrschaft anmaßten, hören wir von Zuständen, die denen von Karl in den Capitularien angegriffenen entsprechen.

Blicken wir zurück: Die Germanenkönige sind groß geworden im Krieg oder in den Kämpfen der Völkerwanderungszeit. Im Kampf aber waren die Großen im Volk dem König zu unbedingter Treue und Gefolgschaft verpflichtet. Dieses Verhältnis blieb die Grundlage der Königsmacht.

Auch im Frieden verbanden Treue und Gefolgschaft entscheidend König und Adel, Adel und Bauern. Nur etwas verschob sich dabei. In dem Maße, in dem das Volk seßhaft geworden war, trat der Besitz, mit dem der König seine Gefolgsleute entlohnte und versorgte, in den Vordergrund. Er wurde nicht geschenkt, sondern — theoretisch wenigstens — verliehen. Man sprach darum von dem Lehen und von den Lehensleuten des Königs, oft auch von den Lehen der Bauern, die sie von ihren Herren empfingen. Doch das ist nur eine Änderung der Bezeichnung, nicht des rechtlichen Verhältnisses.

Wir haben diese Vorgänge bei Karl dem Großen aufgezeigt, da gerade er in allen älteren verfassungsgeschichtlichen Darstellungen immer als Begründer eines anders gearteten Staates — der Treu- und Gefolgschaftspflicht gegenüber — dargestellt wird. Das geht auch aus anderen Quellenberichten seiner Zeit hervor.

Nach dem Tode Karls des Großen änderte sich grundsätzlich nichts. Damals ließ die Macht des Königtums nach, das heißt aber, daß die Macht des Adels stieg, und zwar der weltlichen wie der geistlichen Herren. Die Kirchen waren inzwischen großenteils reich geworden. Zudem fielen in diesen Jahrzehnten die Staaten, die das Reich Karls gebildet hatten, auseinander. Italien und Südfrankreich hatten noch ein lebendiges römisches Erbe, das einen von Herrschaftsrechten unabhängigen Staat kannte. Aber für Deutschland galt das ganz und gar nicht. Maßgebend waren hier die Herrschaftsrechte einzelner Herren und die Verbindung dieser Herren untereinander. Innerhalb des Adels hatte sich jetzt eine Sondergruppe der Mächtigsten losgelöst, der Herzöge. Sie glichen fast Königen, waren Kleinkönige der Stämme, die neues Gewicht bekamen. Es bedeutete schon viel, wenn solche Herzöge sich der Oberhoheit eines anderen Herrn als König unterstellten und seine Lehensoberhoheit anerkannten, wie es Heinrich I. und Otto I. gelang.

Noch ein weiterer Faktor ist hinzugekommen: Die mächtig und reich gewordenen Bischofskirchen und Klöster. Alle Kirchen hatten den Schutz von Herren nötig, die man als Patrone oder Vögte bezeichnete. Pfarrkirchen unterstellten sich dem Schutze des Dorfherrn, große Klöster und Kirchen der Schutzherrschaft des Königs oder der Herzöge. Neben dem Schutz nach außen oder gegen Feinde innerhalb des Reiches hieß das aber auch Herrschaft des Vogts, oft das Recht der Abtswahl, Eingreifen in die inneren und wirtschaftlichen Verhältnisse, sogar in religiöse Fragen. Gepflogenheit war es, an den Schutzherrn eine Steuer (Bede) zu zahlen. Im ganzen gesehen war es also eine Übertragung der im weltlichen Leben üblichen Schutz- und Muntverhältnisse auf die kirchliche Welt. Man gab überdies den Kirchen und Klöstern viel Grundbesitz, über den der Stifter als Schutzherr sich Vogteirechte vorbehielt. Beispiele dafür sind die damals königlicher Vogtei unterstehenden Klöster Lorsch, Sankt Gallen, Reichenau, Fulda oder Weißenburg im Elsaß.

Auch die Klöster der Bischofssitze wie Sankt Maximin-Trier, unterstanden meist königlicher Vogtei. Das alles hat Karl der Große begonnen, Otto I. aber für Deutschland ausgebaut.

Aber noch mehr hatte das Reich diesen Kirchen und Klöstern zu verdanken. Sie waren vom Römerreich her im Besitz der besten landwirtschaftlichen und wirtschaftlichen Arbeitsmethoden, so daß zum Beispiel die großen Rodungen der Wälder Deutschlands nur durch die Schulung der Klöster möglich waren; das gleiche gilt von Baumzucht, Weinbau, vielem Gemüsebau, von den Bauhandwerkern, vom Kunsthandwerk u. a. Auch alles, was das Mittelalter an Wissenschaft besaß, bargen diese Klöster. Die hohen Geistlichen waren damals zweifellos die gebildetsten und geistig wie geistlich bedeutsamsten Männer Deutschlands. Darum verwendeten die deutschen Könige, vor allem Otto I. und seine Nachfolger, sie mit Vorliebe als Minister, als Gesandte und in ähnlichen Diensten des Staates.

Bald wurden die jüngeren Söhne von Adelsgeschlechtern Mönche der großen Klöster oder Geistliche und kamen damit in den Besitz des geistigen Erbes der Römer, das sie dann mit germanischer ererbter Adelstradition zu vereinigen wußten. So wuchs Nachwuchs für die großen Aufgaben im Reich wie in der Kirche heran. Gerade die Zeit der Ottonenkönige ist reich an solchen Persönlichkeiten. Dieser Schicht und ihrem Einfluß ist es vor allem zu verdanken, daß, als das Karolingerreich um die Wende des 9. und 10. Jahrhunderts zerbrach, Deutschland nicht in seine Herzogtümer zerfiel, sondern seine Einheit unter Heinrich I., Otto I. und dessen Nachkommen bewahrte, daß es in den großen und kleineren Fehden der Adelsgeschlechter und Adelsgruppen sich durchzusetzen wußte, und daß es — nicht als letztes — die großen Bedrohungen von außen zu überstehen vermochte. Zunächst drohten von Norden und Osten her die Angriffe der Normannen, die Frankreich besonders hart trafen. Gleichzeitig hatte das Gesamtreich in Italien und Südfrankreich Angriffe arabisch-islamischer Heere zu bestehen. Vor allem aber bedrohten Deutschland die Angriffe der Ungarn und Slawen von Osten her. Aus den Chroniken von Sankt Gallen können wir uns eine Vorstellung von der Schwere dieser Angriffe machen. Seit 924 fielen sie immer wieder von neuem in Deutschland ein. Heinrich I. kämpfte als Sachsenherzog und deutscher König 926, 928, 929, 932 und 933 mit Erfolg gegen sie und wußte durch Anlage von Grenzburgen einen dauernden Schutz gegen sie zu schaffen. Den entscheidenden Sieg errang aber erst sein Sohn Otto I. 955 auf dem Lechfeld, oder besser bei Augsburg.

Diese ständigen schweren Kämpfe, zu denen auch diejenigen gegen die Slawen kamen, machten die deutschen Könige als Heerkönige groß, deren Königsheil man allgemein anerkannte, so daß der Hochadel (die Herzöge) ihnen gern Heeresfolge leisteten und ihre Lehensoberhoheit anerkannten.

Zugleich aber bot, wie schon angedeutet, die reich gewordene und hochkultivierte Kirche eine weitere Stütze des Königtums. Man hat die Ottonenkönige oft hart getadelt, daß sie durch Verleihung der sogenannten Immunität den Kirchen allzuviel Selbständigkeit gewährt und sie darum dem Staat, das heißt dem Königtum, entfremdet hätten. Das Gegenteil ist richtig. Denn die Verleihung der Immunität bestand darin, daß diese Kirchen in die Schutzherrschaft des Königs aufgenommen wurden (Königsmunt) und dadurch nur noch den unmittelbar Beauftragten des Königs unterstanden.

Eine besondere Frage ist die nach dem Kaisertum und den damit zusammenhängenden Römerzügen. Doch das liegt außerhalb unseres auf Deutschland begrenzten Themas. Innerhalb des deutschen Reiches war die Folge der Erwerbung der Kaiserwürde ein stark erhöhter sakrosankter Charakter des Königtums — und das ist für jene Zeit nicht leicht zu überschätzen — und eine engere Bindung der Kirchen an den Kaiser und König.

Übersieht man das Ganze bis hierher, so wird deutlich, daß hier im Gegensatz zu allen zivilisierten Staaten der Gegenwart kein Staat als solcher der Gesamtheit der Untertanen gegenüberstand. Es gab kein Untertanenbewußtsein aller dem Staate gegenüber, wie das für uns eine Selbstverständlichkeit ist. Es gab kein Volksrecht, das in gleicher

Weise alle Untertanen umfaßte, sondern jeder einzelne war in seiner eigenen Form durch Schutzherrschaft und Treupflicht gebunden. Das konnte eine starke Unsicherheit des Ganzen bedeuten, konnte aber auch in der persönlichen Treuebindung eine viel größere Wärme und verpflichtende Kraft haben, als wir das kennen.

Im Laufe des Mittelalters hat sich dieses Verhältnis geändert, doch davon soll noch die Rede sein, soweit es das Einzelleben betrifft. Die neu aufwachsenden Einzelstaaten innerhalb des Reiches haben sich seit etwa 1400 bemüht, eine gleichmäßige Untertänigkeit und ein gleiches Recht für alle zu schaffen, teilweise mit Hilfe eines fremden, des römischen, Rechtes und dieses Recht handhabender Beamten. Das ist lange als ein Einbruch fremden Wesens empfunden worden. Es bekommt erst in den letzten Jahrhunderten des Mittelalters seine rechte Bedeutung.

I. DIE LANDSCHAFT

Wald und Rodung

Schon die Landschaft des frühen Mittelalters mutete uns recht fremd an, würden wir in sie hineinversetzt. Deutschland bestand zwar zu Beginn des Mittelalters nicht nur aus Wäldern und Sümpfen, in die ein Fremder kaum einzudringen vermochte, wie uns die übertreibenden Berichte der von der Natur Deutschlands erschreckten Griechen und Römer glauben machen wollen, sondern zwischen den Wäldern gab es Strecken mit wildem Grasbestand und niedrigen verstreuten Gebüschen, wie man sie heute noch in unfruchtbareren Gegenden findet. So fehlte es auch damals nicht an als Weideland oder für einfachen Ackerbau genutzten Gebieten. Die Kelten wie die Germanen waren niemals Waldmenschen, wie wir sie in Afrika noch vorfinden, sondern sie lebten ein mehr oder weniger nomadenhaftes Dasein in diesen steppenartigen Distrikten, die überall in Deutschland zwischen Wäldern, Feldern und Sümpfen lagen, und zwar meist nicht in den Flußtälern, die großenteils versumpft oder lange Monate hindurch vom Wasser überschwemmt waren, auch nicht in den höheren Lagen der Gebirge, die meist Urwälder bedeckten, sondern an den Hängen der Gebirge am Rand der großen Wälder. Es ist anzunehmen (Gradmann), daß diese Gras- und Weidegebiete nur dadurch nicht vom Wald überwuchert wurden, daß in und nach der jüngeren Steinzeit hier Menschen eindrangen und mit Weidebetrieb und primitivem Ackerbau den Wald von diesen Landstreifen fernhielten.

Diese Landstriche genügten, um die verhältnismäßig sehr geringe Zahl der Einwohner des damaligen Deutschland zu ernähren. Während heute (1960) in Deutschland im Durchschnitt 215 Bewohner auf einem Quadratkilometer leben, 1950: 193, 1900: 114, 1825: 60 (Statist.

Jahrb.), hat man für das 16. Jahrhundert etwa zwanzig pro Quadratkilometer errechnet. Danach ließe sich die Bevölkerungsdichte im 9. und
10. Jahrhundert auf etwa acht bis zehn Menschen pro Quadratkilometer
schätzen. Für diese Menschen boten die waldfreien Landstriche Lebens-
spielraum, besonders da in den großen und kleinen Wanderungen der
Völkerwanderungszeit und der nachfolgenden Jahrhunderte viele junge
Männer abgewandert sind. Vor dem 10. Jahrhundert ist in Deutschland
nicht viel Siedlungs- und Weideland dazugerodet worden. Danach
allerdings begann die großangelegte Rodung der deutschen Wälder
und zugleich die Melioration der Sumpf- und Moorlandschaften, die
einen ungeheuren Zuwachs der Bevölkerung möglich machten. Diese
Großtat der Energie und des zähen Fleißes des Bauerntums schuf die
Grundlage für die weitere Entwicklung Deutschlands. Es wird später
noch ausführlich davon die Rede sein. Diese Verbreiterung der Lebensgrundlage des deutschen Volkes kann derjenigen, die die Entwicklung
der Industrie im 19. und 20. Jahrhundert vollbrachte, mit vollem Recht
an die Seite gestellt werden.

Die Bevölkerungszahlen machen die Bedeutung dieser zweimaligen
enormen Leistung deutscher Arbeit für das gesamte Leben unseres
Volkes deutlich: vom 10. bis zum 16. Jahrhundert stieg diese Zahl
von schätzungsweise fünf bis sechs Millionen auf 14 bis 16 Millionen
von 1800 bis 1914 entsprechend von 20 Millionen auf 70 Millionen.
Jene große Rodungstätigkeit hat das Landschaftsbild entscheidend um-
gestaltet: Wald und Sumpf wie auch Stromwildnisse wurden zurück-
gedrängt und ein gut Teil des heutigen Acker- und Weidelandes gewonnen. Aus jeder Karte der deutschen Mittelgebirge läßt sich dieses Vordringen der Menschen in die Wälder leicht ablesen, ebenso aus der
Vielzahl der Ortsnamen, die unmittelbar davon zeugen, wie die auf
-rod, -roden, -roda, -rad, -raden, -reuth und -brand endigenden und
die, in deren zweiter Silbe ein Baumname steht, wie -tann, -eich, -buch
u. a. Auf Landgewinnung aus Mooren und Sümpfen weisen Ortsnamen
auf -moos, -ried oder -bruch. Alle diese Namen reden heute noch von
der erstaunlichen Arbeit des mittelalterlichen Bauern und von der
Unternehmungslust der Herren, der Klöster, des Königs oder des Adels,
die ihren Wald schlagen ließen. Die Darstellung von Albrecht Dürer,
die im Vordergrund wenige Häuser eines Dorfes, sonst aber nichts als
Wald und eine Art Steppe zeigt, kann uns einen Begriff von der Veränderung des Landschaftsbildes geben.

Es blieb trotzdem noch viel Wald stehen, der ja im Leben des Bauern
eine große Rolle spielte. Das zeigen schon die mannigfachen Bezeichnungen für Wald, die die deutsche Sprache kennt: Holz, Loh, Hag,
Hagen, Busch, Forst, Tobel (Waldschlucht), Hart u. a.

Dieser Wald war aber keineswegs ein freundlicher, gesuchter Aufenthalt, keine Erholungslandschaft, wie heute für den Städter, sondern das

Innere der großen Wälder war der „wilde Wald" des Märchens, den man
fürchtete, in dem böse Geister hausten, in dem man sich verirren konnte
und wilden Tieren begegnete. Diese Haltung dem Wald gegenüber
blieb jahrhundertelang bestehen und unsere Märchen zeugen immer
wieder davon (Hänsel und Gretel, Rotkäppchen, Jorinde und Joringel,
Schneeweißchen und Rosenrot); gute Geister im Wald zu finden, ist
immer ein überraschendes, unerwartetes Erlebnis (Schneewittchen, die
drei Männlein im Walde). Eine solche Einstellung ist auch nicht verwunderlich, denn auch nach der Rodung, viel mehr aber noch vorher,
gab es große Waldgebiete, durch die — abgesehen von wenigen Straßen
und vereinzelten Kirchwegen, die ein Dörfchen mit seiner Pfarrei verbanden — kein rechter Weg und nur wenige Pfade führten. In diesen
Wäldern lebten außer dem uns heute noch bekannten Wild Wölfe,
die zur Zeit Karls des Großen eine große Plage gewesen sein müssen,
Bären, Luchse, seltener Elche, ferner die im 13. Jahrhundert ausgestorbenen Auerochsen und die ebenfalls früh ausgestorbenen Wisente.
Sie alle bedeuteten für das Innere des Waldes Gefahrenmomente, die
uns durchaus fremd geworden sind. Für die Schönheit des Waldes
hatte man damals noch keinen Sinn, während man zum Beispiel den
Reiz einer Frühlingswiese sehr wohl empfunden und immer wieder
gepriesen hat; das Waldesinnere stand dem Menschen noch feindlich
gegenüber. Nur in den Randgebieten des Waldes wurde man heimisch,
aber auch nur, weil man sie zu nutzen wußte. Dort weidete man die
Schweine, denen die Eichelmast gut anschlug, auch die Pferde wurden
in den Wald getrieben und blieben oft auch während der Nacht draußen.
Die Jagd beschränkte sich ebenfalls auf diese Randstriche, die auch
Beeren, allerlei Kräuter, Brenn- und Nutzholz lieferten, das in den
ältesten Zeiten ohne alle Rücksicht im Raubbau geschlagen wurde.

Wenn es natürlich auch keine geschlossen angepflanzten Wald-
stücke gab, war doch in den meisten Gebieten entweder überwiegend
Laub- oder Nadelwald zu finden. Laubwald bedeckte den Odenwald,
den Spessart, den Taunus, das hessische Bergland, die Schwäbische Alb
und große Teile von Nordwestdeutschland, Nadelwald dagegen den
Schwarzwald, den Bayrischen und den Böhmerwald, Oberbayern und
große Teile Ostelbiens (Kiefer). Im Laubwald war die Eiche noch weit
verbreiteter als heute, aber die Buche drang vor, und manche Gebiete
wurden damals schon in ihrem Charakter ganz durch sie bestimmt
(Buchonia um Fulda). Ganz reine Bestände gab es nicht, solche hat
erst die Forstverwaltung geschaffen. Esche, Birke und Ulme wuchsen
in den Wäldern viel häufiger als heute.

Das regellose Holzhauen in den Randgebieten, bei dem man die
Bäume meistens in Gürtelhöhe abhieb und den hohen Stumpf stehen
ließ, sowie die Weidewirtschaft, bei der die Bäume benagt wurden,
außerdem das Holen von Laubstreu durch die Bauern, was den Boden

verschlechterte, verwüsteten die am Rande gelegenen Waldstrecken sehr. Noch im 18. Jahrhundert muß der Wald dieser Gebiete einen erschrecken-den, wüsten Anblick geboten haben. Durch Errichtung von Bann-wäldern entzogen darum die Herren nach und nach Teile des Waldes der allgemeinen Benutzung und erließen, sehr zum Unwillen der Bauern, teilweise auch auf Schonung dringende Vorschriften für den Holz-hieb und Weidebetrieb. Doch das genügte nicht. Wollte man die Wälder um des Holzes und der Jagden willen erhalten, mußte man sich zu einem Rodeverbot entschließen. Das erste ist aus dem Jahre 1165 bekannt. Es wurde vom Kloster Lorch im Remstal erlassen. Auch das Stift Melk in Österreich ging frühzeitig gegen das Roden aus den gleichen Gründen vor. Diese Haltung der Herren wurde im 13. Jahrhundert allgemeiner. Damit war die Rodungstätigkeit im alten Deutschland und bald auch im neugewonnenen Osten abgeschlossen. Nur gelegentlich wurden später noch einzelne Wälder gerodet, weit häufiger allerdings Sümpfe und Moore ausgetrocknet, aber die Hauptzeit dieser Rodungen ist mit Ablauf des 13. Jahrhunderts zu Ende.

Im 16. Jahrhundert begann eine regelrechte Forstwirtschaft. Damals pflanzten die Nürnberger große Teile des heute die Stadt umgebenden Nadelwaldes und die Hohenzollern die Nadelwälder der Mark Bran-denburg (Kiefern).

Straßen

Um das Bild des mittelalterlichen Lebens zu vervollständigen, müssen wir uns noch einem anderen Teil des Landes zuwenden, in dem der Unterschied zur Gegenwart besonders stark in die Augen fällt: den Straßen und dem Verkehr auf ihnen. Wir müssen uns klarmachen, daß es im ganzen Mittelalter nur wenige und schlechte Straßen gab. Die Römerstraßen haben sich zwar auch ohne viel Pflege erhalten, doch beschränkten sie sich auf einen kleinen Teil des deutschen Südens und Westens. Im übrigen aber war das Netz der Reichsstraßen weit dünner als das der heutigen Eisenbahnen mit Fern- und D-Zugs-Verkehr. Diese „Straßen des Königs" glichen wohl mehr besser gepflegten Feld-wegen als modernen Straßen. In den Wäldern drohten sie immer wieder zuzuwachsen. Dann durchritt ein Reiter mit einem auf dem Sattel quergelegten Spieß den Wald, um die Breite der Straße zu bestimmen. In einem spätmittelalterlichen Weistum wird angegeben, daß zwei Heu-wagen aneinander vorbeifahren und die dazugehörigen Leute noch nebenhergehen können mußten. Das war schon ein ganzes Stück breiter. Da die Anlieger für den Zustand der Straßen zu sorgen hatten, und man weiß, wie ungern Bauern und Grundherren viel Arbeit für den Straßen-bau verwenden, kann man sich den Zustand der Straßen vorstellen.

Man reiste mit Wagen. Doch da diese ungefedert und auch die Sitze nicht besonders eingebaut waren, saß man nicht bequemer als auf unseren Leiterwagen. Längere Wagenfahrten auf sehr schlechten Straßen waren also kein Vergnügen. Wer es irgend konnte, vermied sie deshalb und ritt lieber. Erst im 15. und 16. Jahrhundert gab es einen regelmäßigen Wagenverkehr zwischen benachbarten Städten (Rollwagen).

Das Reisen war unbequem, und die meisten Menschen kamen damals zeit ihres Lebens wohl kaum über Strecken von etwa 25 bis 30 Kilometern von ihrem Wohnort hinaus. Die Zahl der Männer, die an den großen Heereszügen nach dem Osten oder nach Italien teilnahmen, war für unsere Begriffe sehr gering. Gewiß gab es von jeher Handelsverkehr auf diesen Straßen. Händler vermittelten auch in den ersten Zeiten des Mittelalters Waren aus dem Orient, aus Byzanz, aus Italien und anderen Ländern. Aber wenn wir hören, daß im späteren Mittelalter, als sich der Handelsverkehr um ein Vielfaches gesteigert hatte, auf einer der meistbefahrenen Alpenstraßen im Jahr so viele Güter befördert wurden wie sie etwa zwei unserer Güterzüge auf einmal transportieren, werden wir uns von dem Handelsverkehr auf anderen Straßen und zumal im frühen Mittelalter keine allzu großen Vorstellungen machen dürfen. Die Straßen waren einsam und menschenleer, besonders da, wo sie durch größere Waldgebiete führten. So ist es denn kein Wunder, daß wir immer wieder von Räubern hören und daß zum Beispiel 1389 geklagt wird, auf den Straßen Schwabens und des Rheinlandes wachse Gras, weil niemand sich der gerade damals zahlreichen Räuberbanden wegen zu reisen getraue. Niemand reiste, der nicht reisen mußte. Noch im 16. Jahrhundert sprach Sebastian Brand von Menschen, die zum Vergnügen, um etwas von der Welt zu sehen, in fremde Städte fuhren, als von seltenen Narren, und Geiler von Kaysersberg schalt sie in seinen Predigten als „Weg- und Landnarren". In bestimmten Grenzen mußte man aber dennoch reisen. Da es keine Post gab, mußte jede Botschaft, die es nach einem anderen Ort zu schicken galt, einem reitenden Boten übergeben werden. Verhältnismäßig gut war die Verbindung der Klöster des gleichen Ordens innerhalb Deutschlands, denn ein reisender Mönch kam wohl noch immer durch.

Der Zustand der Wirtshäuser an den Straßen trug nicht wenig dazu bei, das Reisen unangenehm zu machen. Wir besitzen eine lebhafte Schilderung des Treibens in einem solchen Wirtshaus aus dem 16. Jahrhundert, als schon viel häufiger gereist wurde. Dort wird berichtet, wie in der Wirtsstube alles vor sich ging, daß man sich dort umzog und wusch. Der Verfasser schreibt: „Deshalb kommen oft in dieselbe Wirtsstube achtzig oder neunzig Gäste: Soldaten, Reiter, Kaufleute, Schiffer, Kutscher, Bauern, Knaben, Frauen, Gesunde, Kranke ... Einer kämmt sich, einer wischt sich den Schweiß ab, der flickt sich den Ranzen oder seine Stiefel, der riecht nach Zwiebeln, kurz es ist hier eine Sprach- und

Menschenverwirrung wie ehedem beim babylonischen Turme ..."
(Erasmus, Colloquium, 1524).

Da diese Wirtshäuser aber recht selten waren, war der Reisende
weithin auf diese oder auf Gastfreundschaft angewiesen. Sie wurde von
den Klöstern in großzügiger Weise geübt. Da baten oft die verschiedensten Gäste um ein Nachtlager und erhielten es, wenn auch in einfachster
Form. Ein Wanderer konnte aber auch sonst, besonders bei Standes-
genossen, auf gastliche Aufnahme rechnen, wenn nur das erste Fragen
nach Woher und Wohin den Gast als vertrauenswürdig erscheinen ließ.

Will man sich ein Bild von dem Verkehr auf den Straßen machen,
so muß man unterscheiden zwischen der Umgebung der Dörfer mit
Einschluß der benachbarten Wälder und den von allen Siedlungen
weitab liegenden Teilen des Waldes.

In der Nähe der Dörfer gab es in Eichenwäldern regelmäßig Schweine-
herden mit Hirten. Weiter drinnen im Wald weideten Pferdeherden,
die mit ihren Hirten meist über Nacht, bisweilen auch den Winter
über, draußen blieben.

Zwischen den Siedlungen der einzelnen Stämme und Volksgruppen aber
auf den Gebirgshöhen zogen sich bis zum 10. und 11. Jahrhundert
große Flächen wilden Waldes hin, und auch nach den Rodungen blieben
diese Gebiete des „wilden Waldes" in Gebirgsgegenden während des
ganzen Mittelalters bestehen.

Doch die Straßen mußten ungeachtet der Wildheit des Waldes
über die Höhen dahinziehen, weil die Täler durch den unregulierten
Lauf der Flüsse und Bäche während großer Teile des Jahres teilweise
unter Wasser standen oder doch versumpft waren. Die Bezeichnung
Hochstraße und ähnliches weist immer auf großes Alter dieser Straßen
hin.

In der Nähe der Dörfer sah man auf den Straßen wohl spielende
Kinder, zu den Herden gehende oder von ihnen kommende Bauern-
burschen und -mädchen, die Milch transportierten, aber nicht im wilden
Wald. Dort lebte — zumindest im Sommer — nur ein Handwerk
(außer den Pferdehirten): die Köhler, die ihre Kohlenmeiler zur Er-
zeugung von Holzkohle mitten im „wilden Wald" ansteckten, wo das
Holz nahe war. Förster gab es noch nicht. Die Forstwirtschaft begann
in Deutschland erst im 16. Jahrhundert, auch dann noch in ungeregelter
Weise.

Der meiste Verkehr ging zu Fuß oder zu Pferde vor sich. Boten
von Königen, Bischöfen, Klöstern und Städten müssen wir uns stets
beritten vorstellen.

Züge größeren Ausmaßes, etwa Heereszüge der Könige oder Fürsten,
waren auf den Straßen verhältnismäßig selten; häufiger die berittenen
Züge einzelner Adelsherren oder von Gruppen, die den Fehden des
Adels galten. Nicht selten aber zogen ziemlich große Züge der Herren

mit stattlicher Hundemeute beim Schall der Hörner zur Jagd, und
ebenso oft konnte man Gruppen von Rittern, die zu Festen oder Zusammenkünften unterwegs waren, antreffen. Häufig waren Wallfahrten,
Buß- oder Bittprozessionen und dergleichen, wie sie sich bis heute in
den Blutritten bestimmter Kirchen erhalten haben. Auch die an sich
schlichte Wanderung populärer Volksprediger, wie Berthold von Regensburg, Geiler von Kaysersberg und Abraham a Santa Clara, konnte
sich, wenn viele Hörer sie bis zur nächsten Predigt begleiteten, zu an-
sehnlichen Zügen auswachsen.

Zogen Händler, Hausierer oder einzelne durch das Land von Dorf
zu Dorf und von Stadt zu Stadt, so wurden sie kaum bemerkt. Aber
oft vereinigten sie sich zu einer Wandergruppe, die von einem Jahrmarkt
zum anderen zog. Vor allem schlossen sich die Großkaufleute, die ihre
Wagen weite Strecken durch Deutschland und nach Italien oder Frankreich oder im Norden zu den Seehäfen schickten, zu größeren, durch
Bewaffnete geschützten Wagenzügen zusammen, die den sonst stillen
Straßen ein ganz verändertes Aussehen gaben. Von den „Fahrenden
Leuten", einschließlich den Zigeunern, soll später noch die Rede sein.

Fluß und Meer

Auch die Flußtäler haben im Laufe des Mittelalters ein anderes
Aussehen bekommen. Noch im 9. und 10. Jahrhundert waren sie großenteils zur Siedlung im eigentlichen Sinn nicht zu verwenden, da die
Flüsse oder Bäche bei höherem Wasserstand das ganze Tal überschwemm-
ten, und auch bei normalem Wasserstand verzweigten die Wasserläufe
sich oft in so viele Arme, daß das dazwischenliegende, meist versumpfte
Land zur Ansiedlung nicht zu verwenden war. Bei dem stetigen Wechsel
dieser verzweigten Wasserläufe und der mitgeführten Wassermassen
entstand, was man heute eine Stromwildnis zu nennen pflegt. Darum
lagen die ältesten Siedlungen (von den Römerstädten abgesehen) selten
in Flußtälern, sondern meist am Rande dieser Täler auf Hügeln oder
Abhängen. Im Laufe des Mittelalters hat man durch — wenn auch
primitive — Stromregulierungen viel fruchtbares Siedlungsland gewonnen und dadurch auch den Verkehr sehr erleichtert.

Durch das Zurückdrängen des Waldes, der Sümpfe, Moore und
Stromwildnisse verbesserte sich auch das Klima des ganzen Landes.
Deutschland muß zu Beginn des Mittelalters sehr reich an Regen, Nebel
und feuchtem Boden gewesen sein. Die Römer klagten oft darüber,
und wir heutigen Menschen hätten in dem damaligen Klima wohl
nicht ohne dauernde Erkältungskrankheiten leben können. Erst nach
Beendigung der Rodung war der Feuchtigkeitsgrad wohl etwa der
gleiche wie heute. Aber wir können unseren Ahnen dankbar sein, daß

sie seit dem 13. und völlig seit dem 15. Jahrhundert die Rodungstätigkeit einstellten, denn unser Land wäre sonst zu sehr ausgetrocknet, und das Klima hätte zuviel Feuchtigkeit verloren, sehr zum Schaden der Fruchtbarkeit. Damals dachte man freilich nicht an solche Folgen, sondern an die bedrohten Jagdflächen und den sich verringernden Holzertrag. Doch was man aus so ganz anderen Gründen tat, kam dem Land zugute.

Auch an der Nordsee hat sich das Landschaftsbild damals entscheidend verändert. Parallel mit der Rodung im Inneren des Landes hat man dem Meer durch großangelegte Eindeichungen viel Ackerland abgerungen. Der heutige Dollart und Jadebusen, ebenso die Buchten der Elbe und Weser und von Husum, sind damals dem Meer abgenommenes Siedlungsland. Allerdings war dieser Erfolg zäher Bauernarbeit nicht von langer Dauer, denn im 11. und 12., vor allem aber im 13. Jahrhundert holte sich die Nordsee in großen Sturmfluten das ihr entrissene Land zurück und oft noch mehr als das. Wir wissen von etwa 150 Ortschaften, die in diesen Sturmfluten untergegangen sind. Hier hatten also die in mühevoller langer Arbeit geschaffenen, sehr großen Veränderungen der Landschaft, die Vergrößerung des nutzbaren Landes um ein Bedeutendes, oft keinen Bestand.

Dörfer und Städte

Die Waldlandschaft des Binnenlandes unterbrachen die Dörfer, deren Zahl im Laufe des Mittelalters stark zunahm, fast bis zu der heute bestehenden Anzahl. Doch haben wir uns diese Dörfer meistens klein zu denken, die Häuser zu einem engen Ganzen zusammengezogen, in einem Tal oder einer Mulde zu einem Haufendorf. Deshalb hatte auch der Begriff des Nachbarn in diesen alten Dörfern eine außerordentlich große Bedeutung. Der Enge der Straßen und Wege und der Schwierigkeit der Abgrenzung wegen war man aufeinander angewiesen und durch die stets ausgeübte nachbarliche Hilfe mit Selbstverständlichkeit einander dankbar. Nachbarskinder zu sein, verband für das ganze Leben.

Die späteren Siedlungsdörfer der Rodungszeit nahmen oft die Form von Reihendörfern an, das heißt, die einzelnen Gehöfte reihten sich an einer Straße lose aneinander. Die Dörfer lagen dann inmitten ihrer Ackerflur oder der zugehörigen Wiesen, bisweilen von einem Baumgarten mit Obstbäumen einfacher Art umgeben. Größere Dörfer hatten ihre Kirche; sie war klein, aus Fachwerk gebaut wie die Bauernhäuser, mit kleinen Fenstern, meist überragt von einem Glockenturm, der auch oft aus Fachwerk bestand. Man legte die Kirche gern etwas erhöht an, umgeben von dem Friedhof, und beides mit Mauern eingegrenzt, so daß Kirche und Friedhof als Fluchtburg, zum Schutz bei einem Angriff dienen konnten. Größere Dörfer hatten auch ihren öffentlichen Dorfplatz, auf dem das Dorfgericht tagte, und die Dorfgemeinde zu Beratungen zusammenkam. Oft war er durch einen einzelnen Baum, eine Linde oder Tanne gekennzeichnet oder durch eine Gruppe dieser Bäume. Sitzsteine oder ein etwas erhöhter Platz ließen die Stelle des Dorfgerichtes erkennen. Am Rande des Dorfes lag der Dorfanger, eine Wiesenfläche, die mit Linden oder anderen Bäumen, mit Blumenbeeten oder Rosenbüschen geschmückt war. Mehrfach fand sich auch hier wie auf dem Dorfplatz ein Brunnen oder Bänke. Auf diesem Dorfanger kam jung und alt an Sonntagen zusammen, hier spielten die Kinder und tanzte die Jugend, und hier war auch der Mittelpunkt des Dorfklatsches.

Die Häuser des Dorfes bestanden durchweg aus Fachwerk, kleine auch aus Holz; sie waren mit Stroh gedeckt und wiesen schon die Grundzüge der heute bestehenden, landschaftlich verschiedenen Bauformen auf, wenn auch noch in primitiverer Bauweise. Kleinere Hütten mögen den Köhlerhütten der Wälder, die uralte Formen bewahren, geglichen haben. Meist lag ein Herrenhof in dem Dorf oder an seinem Rande, der sich durch seinen Umfang oder das Vorhandensein einer besonderen „Halle" von den Bauernhöfen unterschied. Noch wohnte der Adel in den Dörfern. Erst im 11. bis 12. Jahrhundert entstanden die Burgen auf den Höhen, die dann die Ritter mit ihren Familien bezogen. Das Dorf als ganzes umschloß meist ein Zaun, ein Graben oder eine Hecke zum Schutz vor allem gegen Raubwild, „der Edder".

Selten wechselte mit diesem sich wiederholenden Bild von Wäldern und Dörfern auch einmal ein Kloster, eine Kaiserpfalz oder eine Bischofsstadt ab, bis dann seit dem 12. Jahrhundert überall kleinere Städte entstanden.

Anders freilich ist das Landschaftsbild in den ehemals römischen Landstrichen, vor allem am Rhein oder auch an der Donau. Da gab es noch Römerstädte, die mehr und mehr verbauerten. Da gab es noch Römerstraßen, die wesentlich besser waren als die Straßen des Binnenlandes. Da gab es noch Reste römischer Landwirtschaft, Weinberge und Garten- und Gemüsebauanlagen. Aber auch diese Strecken wurden durch weite Waldgebiete unterbrochen oder eingerahmt, in denen von Resten römischer Kultur außer dem Limes kaum noch etwas zu sehen ist. Diese Landstriche, die einmal römischem Einfluß unterlagen, sind — gemessen am Ganzen des deutschen Landes — verhältnismäßig sehr klein.

Zum Gesamtbild der Landschaft gehörten weiter — auch noch nach den Meliorationen — weite sumpfige Gebiete und Moore in den Niederungen wie auch Hochmoore, wie wir sie heute noch in der Eifel und der Rhön finden. Auch sie veränderten das Landschaftsbild dem heutigen gegenüber. Aus diesem ist natürlich außerdem alles das wegzudenken, was moderne Land- und Forstwirtschaft und was Technik und Verkehr in die Landschaft hineingetragen haben, wie Straßen, Autobahnen, Kanäle und Stauseen, Telegraphen-, Telephon- und Starkstromleitungen oder Industrieanlagen einschließlich der Steinbrüche, Bergwerke und Wasserwerke. Wir würden uns wahrscheinlich kaum noch in der ursprünglichen Landschaft unserer Heimat auskennen.

II. DER BAUER

Bäuerliche Menschen

Diese Eigenart der alten deutschen Landschaft mit der durch sie gegebenen Vereinzelung der Dörfer, Täler und einzelnen Höfe und den Gruppen von Dörfern und Höfen, die die einzelnen eng zusammenschloß, prägte den Bewohnern dieses Landes eine besondere Art auf; diese Menschen lebten vorwiegend, ja fast ausschließlich in den engen Lebenskreisen, die sie sehen und erleben konnten: im Kreis der Familie und Sippe, im Kreis der Dorfgemeinschaft und im Bereich der Herrschaft, der der einzelne Bauer vor Gericht und in seiner Wirtschaft unterstand. Größere Verbände und Gemeinschaften wie das Volk und sein Königtum erfaßten ihn kaum und auch dazwischenliegende, wie der Stamm und sein Herzogtum, nur in weit lockerer Weise als die genannten engumschließenden Gemeinschaften von Familie, Dorf und Herrschaft. Sie waren nicht Teile der großen Gemeinschaften, vor allem des Volkes, sondern seine Elemente, und diese waren älter und stärker als alles andere: älter, denn das Volk als Ganzes formte sich erst im 8. bis 10. Jahrhundert durch seine Einbeziehung ins Karolingerreich und seine Loslösung aus der Gesamtheit dieses Reiches. Damals bestanden die anderen genannten Verbände schon sehr lange. Und stärker waren sie einmal um dieses Alters willen und dazu, weil die persönlichen Berührungen des Bauern nicht weiter reichten. Denn wenn er in seinem ganzen Leben nur bis zum nächsten Markt, bis zum Sitz seines Herrn und zu seiner Pfarrkirche gekommen war, so kannte er wohl das Oberhaupt seiner Sippe, den adeligen Dorfherrn, den gräflichen oder ritterlichen Gerichtsherrn wie auch seinen Pfarrherrn. Sie kannte er, und zu ihnen stand er in einem Treueverhältnis, das Kraft hatte. Den König dagegen hatte er vielleicht einmal in seinem Leben gesehen, vielleicht auch nie, er und ebenso sein Vater nicht. Da mußte ja das Verhältnis zu ihm ohne rechte Lebenskraft sein. Das gleiche galt, wenn auch in minderem Grad, von dem Bischof und dem Herzog. Mit diesen war er indirekt verbunden, denn sein Herr stand in einem eng bindenden Lehensverhältnis zum König oder Herzog und durch diesen wiederum zum Kaiser und König, so wie sein Pfarrherr ihn indirekt mit dem Bischof und Erzbischof verband. Das sind uns ungewohnte Abstufungen der Bindungen, die aber für den mittelalterlichen Menschen schon durch seine äußere Lage gar nicht anders sein konnten. Darum hielten die kleinen Kreise einzelner Täler in der Geschichte oft viel zäher zusammen als die großen Kreise. Oft wechselten diese einzelnen Landstriche wiederholt ihren fürstlichen oder königlichen Herrn, aber das Leben im eigenen engen Kreis ging unverändert weiter.

Damit ist es wohl vereinbar, daß die Gestalt des Königs mit einem besonderen sakralen Glanz umgeben war. Er vermochte sich gerade durch die Seltenheit der persönlichen Berührung, durch die Ferne besser zu entwickeln und zu erhalten.

Diese Enge des bäuerlichen Lebenskreises hatte aber noch eine andere Folge. Sie förderte die Ausbildung und Erhaltung sehr ausgeprägter, ja eigenwilliger Persönlichkeiten. Bei Menschen, die mit vielen anderen verkehren, vielen begegnen, mit vielen reden, schleifen sich solche Eigenarten stark ab. Bei diesen Bauern alter Zeiten, die keinen Fremden sahen außer einem Hausierer oder fahrenden Leuten, erhielten sich diese Eigenarten. Besonders in Gebirgsgegenden, wo die Höfe weit auseinander lagen, muß es damals viele Charakterköpfe und eigenwillige Männer gegeben haben. Diese Annahme bestätigt sich auch, wo wir nur irgend näheren Einblick gewinnen können. Eine Grenze zog allerdings auch hier die Sitte, die alle allzustarken Absonderlichkeiten verwarf und lächerlich machte.

Für den im königlichen Heereszug ausfahrenden Ritter gilt das ebensowenig wie für den auf seinen Handelswegen weit reisenden Kaufmann und auch für den Handwerker der Stadt nicht in demselben Maße wie für den Bauern. Bäuerlich lebten aber damals nahezu 90 Prozent der Bevölkerung. Der Volkscharakter wurde also wesentlich vom Bauern her bestimmt.

Herrschafts- und Treuverhältnisse

Ließen sich schon von der Landschaft aus einige Züge zur Charakteristik des Bauern gewinnen, der in ihr lebte, so müssen wir, um die Eigenart des Lebens eines mittelalterlichen Dorfes zu verstehen, noch einen anderen Ausgangspunkt wählen.

Der Bauer braucht zu allen Zeiten und in allen Ländern Schutz seiner Äcker und Wiesen, wenn er ernten will, was er gesät hat. Sobald die landwirtschaftliche Kultur über die primitivsten Formen hinausgeht, kann er allein nicht mehr seine Fluren schützen. Er muß sich dann dem Schutz und Schirm eines Mächtigeren, eines Kämpfers, unterstellen. In modernen Verhältnissen leistet diesen Schutz der Staat. Im frühen Mittelalter hatte aber der König nicht die Möglichkeit, überall dort zu sein, wo sein Schutz notwendig gewesen wäre. Wirklich schützen konnte nur, wer bei den gefährdeten Fluren zur Stelle war, wer dort die Macht hatte, also einer der nächstbenachbarten Herren und Kämpfer. Der König mußte also den Schutz seiner Untertanen den in seinem Land ansässigen kriegerischen Herren im Umkreis ihrer Machtsphäre überlassen. Er tat das, wenn diese Herren ihrerseits durch Treu- und Gefolgschaftspflicht mit ihm verbunden waren.

Diese Notwendigkeit für den Bauern, sich einen Schutz zu verschaffen, der sofort eingreifen konnte, war um so größer in einer Zeit, in der die Herren noch gewohnt waren, einen Teil ihrer Streitigkeiten untereinander nicht vor Gericht, sondern mit den Waffen in der Hand auszutragen, in der man, wenn man die Macht dazu hatte, für einen Erschlagenen Rache zu nehmen durch den Tod des Mörders oder eines ihm zugehörigen Mannes, diese Tat einer Gerichtsverhandlung vorzog, wobei stets die Bauern unter den Kämpfen der Herren zu leiden hatten, einer Zeit, in der man aber auch mit dem Vorhandensein von Räubern in den großen Wäldern rechnen mußte. Der Bauer brauchte Schutz, und es blieb ihm keine andere Wahl als die, in die Schutzherrschaft eines starken Herrn einzutreten, wie es die Urkunden jener Zeit immer wieder aussagen. Gewiß mag es so manches Mal unter dem Druck eines Herrn geschehen sein, aber mindestens ebensooft aus eigener Initiative des Schutz suchenden Bauern. Noch im 15. Jahrhundert konnten die Bauern ohne solche Schutzherrschaft nicht leben. Zu Unrecht von einem Herrn unterdrückt, lösten sie sich von diesem, um sich sofort der Schutz- und Schirmherrschaft eines anderen zu unterstellen. Das Interesse an einem solchen Treu- und Schutzverhältnis bestand auf beiden Seiten: der Bauer brauchte Schutz und das ihm zur Leihe gegebene Ackerland, der Herr aber legte den größten Wert darauf, daß möglichst viele Männer seiner Schutzherrschaft unterstanden, denn das entschied in erster Linie über seine soziale Geltung, an zweiter Stelle erst der Grundbesitz, wie auch heute noch die wesentliche Befriedigung, die Reichtum zu geben vermag, in der Macht über andere Menschen und nicht im Besitz oder gar in materiellen Genüssen liegt. Gerade um dieses beiderseitigen Interesses willen war das Treuverhältnis der Bauern zu ihrem Herrn die entscheidende Bindung im Aufbau des öffentlichen Lebens der damaligen Zeit.

Der Bauer trat also in eine Art bäuerlichen Treu- und Gefolgschafts- verhältnisses ein, das zugleich ein wirtschaftliches Dienstverhältnis zum Herrn war. Als Gegengabe erhielt er von diesem ein größeres oder (meist) kleineres Bauerngut in einem Leiheverhältnis, das heißt, das Land verblieb dem Herrn als Eigentum, der Bauer aber bebaute es und lieferte aus dem Ertrag jährlich festgelegte Abgaben ab (meist Zins genannt oder auch Steuer); außerdem leistete er bestimmte Dienste (Frondienste), das heißt, er half, wenn der Herr eine Anzahl von Arbeits- kräften dringend benötigte, wie bei Saat und Ernte, bei Hochzeiten und anderen Festen im Hause des Herrn. Die Größe der an die Bauern ausgetanen Güter und die Bedingungen, unter denen sie es erhielten, wiesen große Unterschiede auf. Es konnten Unfreie (Knechte) sein, die der Herr auf einem kleinen Gut ansiedelte, die dann beträchtliche, oft drückende Abgaben und Frondienste zu leisten hatten; es konnten aber auch Bauern sein, die volksrechtlich als frei galten, aber wirtschaft- lich abhängig waren. Ihre Stellung war oft so gut wie selbständig; in die Bewirtschaftung des Gutes redete der Herr ihnen nicht hinein, solange die Abgaben entrichtet und die Vorschriften der Dorfgemeinde eingehalten wurden. Ihre Verpflichtungen waren durch Tradition, später auch schriftlich festgelegt, während die mit kleinen Gütern ausgestatteten Knechte (Unfreie) der Willkür des Herrn weit mehr preisgegeben waren. Zwischen beiden lagen mancherlei Abstufungen. Dazu wechselten die Einzelheiten dieser Rechtsverhältnisse von einem Ort zum anderen, denn es gab keine allgemeine, staatliche Aufsicht, keine Vorschriften über diese Herrschaftsrechte.

Aber nicht alle Unfreien lebten auf einem ihnen zugewiesenen Gut, sondern eine zweite Gruppe arbeitete als Knechte auf größeren Fron- höfen der Herren, die im ganzen bewirtschaftet wurden. Doch war die Zahl dieser landwirtschaftlichen „Großbetriebe", gemessen an der der bäuerlichen Kleinbetriebe, sehr klein und ihr Umfang recht gering. Zwar hatte jeder größere Herr einen solchen Fronhof und, herrschte er über verschiedene Bezirke, auch mehrere; der König besaß eine große Anzahl solcher Höfe, die sich über das ganze Land verteilten. Aber diese waren oftmals vor allem Sammelstellen und Verwaltungs- mittelpunkte für die Abgaben der zugehörigen Kleinbauern. Waren sie noch in den ersten Jahrhunderten des Mittelalters größere Gutsbetriebe, so schwanden sie im Laufe der Zeit immer mehr, die Kontrolle der abhängigen, freien und unfreien Kleinbauern trat ganz in den Vorder- grund, und die daneben weiterbestehende Gutsherrschaft für den unmittelbaren Eigenbedarf eines Herrn hatte meist nur verhältnismäßig geringen Umfang. So lebten die Unfreien überwiegend als kleine, auf einem Hof ihres Herrn angesiedelte Bauern, nur wenige arbeiteten als Knechte auf den großen Höfen oder als Hausgesinde der Herren. Im ganzen war die Zahl der Unfreien, der Knechte, anfänglich recht groß. Man schätzt sie für das 8. bis 10. Jahrhundert auf die Hälfte der Bevölkerung (Grimm, Schmoller, Bechtel), was aber reichlich hoch gegriffen zu sein scheint. Im Laufe des Mittelalters verminderte sich diese Zahl schätzungsweise auf ein Fünftel. Dann aber verwischte sich die Grenze von Freien und Unfreien mehr und mehr, was später noch erläutert werden soll. Doch kann, wie diese Ansiedlung der großen Masse der Unfreien bezeugt, von einem „Sklaventum" in dem Sinne, den wir mit diesem Wort zu verbinden gewohnt sind, keine Rede sein. Vom Land aus gesehen war also weitaus die große Masse an kleinere oder größere abhängige Bauern ausgetan, und nur ein verhältnismäßig kleiner Teil wurde in Form von Gutsbetrieben bewirtschaftet.

Das Treuverhältnis, das den freien Bauern mit seiner Herrschaft verband, wiederholte sich in ähnlicher, aber sachgemäß abgewandelter Weise in den Beziehungen dieses Herrn zu einem größeren, einem Grafen, einem Herzog oder unmittelbar dem König. Alle größeren Herren waren mit demselben Treuverhältnis an den König gebunden. Nur die Leistung war eine andere: der Bauer leistete seinem Herrn Abgaben landwirtschaftlicher Produkte und Dienste, dieser aber seinem übergeordneten Herrn Kriegsdienste, Heeresgefolgschaft, gelegentlich auch, was wir heute als politische Dienste bezeichnen würden. In diesem Falle sprach man von einem Lehensherren. Das dem kriegerischen Herrn überlassene Gut hieß Lehen und der untertänige, zur Treue verpflichtete Herr Lehensmann. Diese Bezeichnungen waren im allgemeinen auf die Treuebindungen der Herren untereinander, also auf die Welt des kriegerischen Dienstes beschränkt. Doch kam auch in bäuerlichen Verhältnissen die Bezeichnung Lehen für das bäuerliche Leihegut vor, besonders häufig im Südosten des Reiches. So war eine gewisse Einheitlichkeit im Aufbau des Volksganzen gegeben, trotz der durchgeführten Gliederung oder vielmehr gerade durch sie und die Gleichartigkeit der Verhältnisse in beiden Ständen.

Die Dorfgemeinschaft

Nicht nur der einzelne Bauer stand in einem Abhängigkeitsverhältnis zum Herrn, sondern auch die ganze Dorfgemeinde, denn das ganze Dorf war eine Einheit und arbeitete in viel größerem Maße gemeinsam als das heute noch geschieht. Diese gemeinsame Arbeit stand unter der Leitung des Dorfherrn, das heißt des Herrn oder Ritters, der das Dorf schützte und im Dorf oder seiner nächsten Umgebung ansässig war. Schon die wenigen und schlechten Feldwege und die Gemengelage der Felder machten gemeinsames oder doch gleichzeitiges Pflügen, Säen und Ernten notwendig, da man sonst über das Feld des Nachbarn hätte fahren müssen. So wurde denn die Zeit für diese Arbeiten von der Dorfgemeinde unter Vorsitz des Dorfherrn festgesetzt, so wie heute noch in den Weindörfern der Beginn des „Herbstes" von der Gemeinde bestimmt wird. Gemeinsam aber hatte man auch schon das Dorf und seine Feldkultur bei der Rodung angelegt, so wie man auch weiterhin noch ein Stück Wildland rodete oder ein neues Dorf aus dem Walde herausschnitt. Die Lage der Felder zeugt noch davon. Meist waren diese in Gewanne eingeteilt; die Gewanne hatten so viele Äcker als das Dorf Höfe besaß, das hieß aber zugleich, wie viele Familien bei der Rodung des Gewannes mitgearbeitet hatten. Denn jedes Gewann war das Produkt einer Rodungsperiode, die vielleicht mehrere Jahre umfaßte. So viele solche Rodungsperioden die Gemeinde leistete, so viele Gewanne hatte die Feldflur des Dorfes, so viele Äcker die einzelne an der Rodung beteiligte Familie, so viele zugehörige Äcker jeder aus der Rodung hervorgegangene Hof. Das änderte sich danach natürlich oft durch Erbfall oder Verkäufe. Aber die ursprüngliche Struktur war in allen Rodungsdörfern die gleiche.

Auch der regelmäßige Wechsel der Felder in der Bewirtschaftung zwischen Baujahren und Ruhejahren und zwischen der Bebauung mit verschiedenen Fruchtarten wurde im großen und ganzen von der Gemeinde bestimmt. Auch hier war man schon wegen des Weidebetriebes aufeinander angewiesen (Grimm, Weist. VI, 216).

Noch aus einem anderen Grunde waren die Gemeinsamkeit der Arbeit, gemeinsames Beraten und Entschließen im Rat der Dorfgemeinde erforderlich. Ein Teil der Gemarkung der Gemeinde stand ja in ihrem Gesamteigentum: vor allem der benachbarte Wald, so weit er nicht von dem Herrn für seine Sondernutzung „gebannt" war (aber das waren nicht die größten Teile), dann aber auch das Weideland. Ursprünglich waren alle Wiesenflächen „Allmende", das ist Gemeindeeigentum. Allmählich ging mehr und mehr von der Wiesenflur in das Eigentum der einzelnen Höfe oder Bauern über. Doch die oft ausgedehnten, nur zur Weide benutzten Strecken öden Landes oder unfruchtbareren Bodens verblieben im Eigentum der Gemeinde als Allmendeland. Auch dieses unterstand der Aufsicht der Dorfgemeinde und des dort den Vorsitz führenden Dorfherrn. Über die Verwendung des Allmendelandes beschloß der Rat der Dorfgemeinde, der gerade dadurch eine große Bedeutung bekam.

Daß Feldfrevel oder andere Vergehen im Umkreis der Allmenden oder der gemeinsamen Arbeit des Dorfes von der sich dafür als Gericht formierenden Dorfgemeinde gerichtet wurden, ergab sich mit einer gewissen Notwendigkeit. Hier wurde über kleinere Vergehen aller Art zu Gericht gesessen, während schwerere Fälle, vor allem alle Blutgerichtsbarkeit, vor das Gericht des Grafen, das heißt des Herrn eines größeren Umkreises gezogen wurden, falls nicht der Herr des Dorfes selber Graf war. Dabei traten einige der angesehensten Männer des Dorfes als Schöffen dem Grafen zur Seite, ja bei ihnen lag die Urteilsfindung, während der Graf nur den Vorsitz des Gerichtes übernahm und für die Ausführung des Urteils sorgen mußte.

Wirtschaftliche Einrichtungen, die nur einmal für das ganze Dorf nötig waren, wie zum Beispiel eine Mühle oder ein Backhaus, errichtete meist der Dorfherr und entwickelte daraus ein Monopol, so daß alle Bauern des Dorfes bei ihm mahlen lassen und backen mußten. Man nannte das Bannrechte des Herrn. Ob das oft vorkommende Monopol an dem Verkauf oder Ausschank von Wein ebenfalls mit der Errichtung einer Kelter- und Kelleranlage durch den Herrn zu erklären ist, muß dahingestellt bleiben. Gerade diese Bannrechte gaben, als die Wirtschaften der Bauern sich ausdehnten, oft Anlaß zu langwierigen Streitigkeiten.

Ständische Ordnung der Bauern

So lebten Herr und Bauern im Dorf zusammen, verbunden in gemeinsamer Arbeit und doch geschieden durch die Herrenstellung des einen den anderen gegenüber. Heiraten von Rittern und Bauerntöchtern oder umgekehrt waren im allgemeinen vollkommen ausgeschlossen. Wenn einmal eine solche zustande kam, wie im „Armen Heinrich" Hartmanns von der Aue berichtet wird, so galt dies als eine ungeheuerliche Sache, für die die Zustimmung des Familienrates eingeholt werden mußte. Auch Rudolf von Fulda betont für Sachsen die Unmöglichkeit einer solchen Heirat. In Bayern und Österreich aber, wo es viele arme Ritter und reiche Bauern gab, kamen solche Ehen öfter vor. Seifried Helbling betont aber in seinem Werk, dem „Kleinen Lucidarius", sehr nachdrücklich, daß dies ein bedenkliches Zeichen des Verfalls sei. Trotz dieser scharfen ständischen Trennung waren Bauern und Herren immer aufeinander angewiesen. Wenn darum, seit man Burgen baute, diese beherrschend über den Dörfern stehen, die sich an ihre Mauern anschmiegen, so ist das nicht Ausdruck einer Unterdrückung der Bauern durch den Herrn — oder doch nur in unglücklichen, besonderen Fällen —, sondern ein Zeichen des den Bauern zugute kommenden Schutzes und anderseits der Schutz- und Schirmherrschaft.

Aber ein völlig eigener Bereich des Bauern, in dem er allein zu entscheiden hatte, war die Familie. Hier war der Familienvater Herr im Hause im eigensten Sinne des Wortes. Kein Gericht konnte

Glieder seiner Familie vor sich ziehen, sondern allein der Hausherr vertrat sie dort. Nur er entschied — allerdings mit Heranziehung des Familienrates — in allen Fragen der Rechte der Familie, der kleineren Vergehen innerhalb des Hauses. Ursprünglich war sein Recht, Frau und Kinder zu schlagen, unbegrenzt. Das englische Wort: „Mein Haus ist meine Burg" (My house is my castle) galt damals auch für den kleinsten Bauer.

Diese Stellung in der Familie, seine Mitarbeit im Rat der Dorfgemeinde und im Dorfgericht und die relative Selbständigkeit in der Bebauung seines Ackers gaben dem mittelalterlichen Bauern, selbst dann, wenn er oft in recht ärmlichen Verhältnissen dem Druck einer Herrschaft ausgesetzt lebte, eine gewisse Selbstsicherheit, einen bäuerlichen Stolz. Das galt besonders von den älteren und angeseheneren Männern des Dorfes. Wenn auch nicht alle Bauern diese Züge aufwiesen, bedeutsam ist schon, daß sie möglich und auch recht häufig waren, wie unsere Quellen erweisen.

Im allgemeinen nahm man die ständische Gegenüberstellung von Adel und Bauer als gottgegeben und gut hin. Das spricht sich zum Beispiel im Märchen von den ungleichen Kindern Evas (Grimm III, 180) aus, als Eva, unzufrieden damit, daß ihrer Kinder Los so verschieden ist, sagt: „Deine Gnade sollte über alle gleich ergehen." Darauf erklärt ihr Gott: „Eva, das verstehst du nicht . . . wenn sie alle Fürsten und Herren wären, wer sollte Korn bauen, dreschen, mahlen und backen? Wer schmieden, weben, zimmern, bauen, graben, schneiden und mähen? Jeder soll seinen Stand vertreten, daß einer den anderen erhalte und alle ernährt werden wie am Leib die Glieder." Da antwortete Eva: „Ach Herr, vergib, ich war zu rasch, daß ich dir einredete. Dein göttlicher Wille geschehe auch an meinen Kindern." Ähnlich ist Hildegard von Bingen und mit ihr wohl viele davon überzeugt, daß Unzufriedenheit mit dem eigenen Stande, die Sucht, über ihn hinauszukommen, eine Verbindung der Sünde Luzifers und der Sünde Adams, Hochmut und Ungehorsam, sei, so wie sie noch drastischer dort, wo von der Sonderung der Stände die Rede ist, in einem Brief schreibt: „Wer steckt all sein Viehzeuch zusammen in einen Stall: Rinder, Esel, Schafe, Böcke? Da käme alles übel durcheinander . . . es würde eine böse Sittenverwilderung einreißen, da man sich in gegenseitigem Haß zerfleischen würde, wenn der höhere Stand zum niederen herabgewürdigt und dieser zum höheren aufsteigen würde." Freilich müssen gegenteilige Fragen auch laut geworden sein, was ja nicht zu verwundern ist, und Hildegard ahnt etwas von in der Ferne drohendem Klassenhaß, aber augenscheinlich gewinnen solche Zweifel und Fragen nur selten Raum. Die Verserzählung „Meier Helmbrecht" handelt von einem Bauernsohn, der tut, als ob er Ritter wäre. Ihm tritt sein Vater auf Grund seiner langen Lebenserfahrung entgegen:

„nu volge miner lêre,
des hastu frum und êre.
wan vil selten im gelinget,
der wider sinen orden ringet.
din ordenunge ist der pfluoc." (Vers 287 ff.)

Mit solchen und ähnlichen Gedanken nahm man die ständische Ordnung im ganzen Mittelalter hin. Auch in den bäuerlichen Aufständen wie im Bauernkrieg von 1525 wollte man die ständische Ordnung als solche nicht aufheben, sondern nur ihre Härten mildern, nur einzelne radikale Elemente spielten mit solchen Gedanken, und radikale Elemente der Gegenseite legten solche Absichten mit Unrecht den Aufständischen zur Last.

So lebte die Masse der Bauern, und damit des Volkes, in kleinbäuerlichen Verhältnissen und in drei Lebenskreisen: in Familie, Dorfgemeinschaft und in der Schutzherrschaft eines adeligen Herrn. Eine vierte faktisch vorhandene Gemeinschaft, die der kirchlichen Gemeinde, wurde meist nicht als besonderer neuer Kreis empfunden, da er mit dem der Dorfgemeinde oder mehrerer benachbarter Gemeinden zusammenfiel, so wie die Gerichtsgemeinde in die der Dorfgemeinde und der Herrschaft einbezogen erschien. Die drei Kreise bestimmten das Leben des Bauern. Freilich wußte er, daß er Untertan eines Königs und damit Glied des Reiches war, und ebenso, daß er Glied einer alle umfassenden Kirche war: groß und geheiligt standen beide vor ihm, unmittelbar wirksam und sichtbar, aber nur durch die Gemeinschaftskreise der Herrschaft und der Pfarrgemeinde.

Die Bindungen für die Gemeinschaft dieser drei Kreise waren zweifacher Art: Treu- und Gefolgschaftsbande verknüpften übereinanderordnend, Genossenschaftsbindung ordnete gleiche nebeneinander zu gemeinschaftlichem Denken und Tun. So lebte innerhalb der Familie die unterordnende Treupflicht dem Hausherrn und Familienvater gegenüber neben der gleichordnenden engen Verbindung der Geschwister untereinander. Ähnlich wies die Dorfgemeinde die genossenschaftliche Verbindung der Bauern untereinander und die Unterordnung aller unter die Schutzherrschaft des Herrn auf. Im dritten Kreis aber, dem Verhältnis zum Schutzherrn, überwog die Treu- und Gefolgschaftspflicht diesem gegenüber alles andere. Eine genossenschaftliche Bindung aller ihm Unterstehenden über die Dorfgemeinde hinaus trat erst gegen Ende des Mittelalters mancherorts zutage. So wie hier die Treu- und Gefolgschaftsbindung maßgebend war, so beherrschte sie auch die Verbände der Familie und der Dorfgemeinde. Das ist eine der wichtigsten Charakteristika des Lebens der ersten Jahrhunderte des Mittelalters, daß zwar die Längsfäden des Gewebes, die Treu- und Schutzherrschaftsbindungen neben den Querverbindungen der Genossen-

schaft standen, daß aber die ersteren das Übergewicht hatten. Jedes
Gemeinschaftsleben kannte die beiden Fäden des Gewebes, aber entscheidend für den Gesamtcharakter dieser Gemeinschaft war, welcher
von beiden Fäden stärker hervortrat und damit das Ganze bestimmte,
und das war die Treu- und Gefolgschaftspflicht.

Sitte und Recht

Die Formen dieses Gemeinschaftslebens waren in jener Zeit durch
zwei Faktoren festgehalten: durch Sitte und durch Recht. Dagegen
fehlte, was bei uns eine so große Rolle spielt, die regulierende und
kontrollierende Tätigkeit des Staates. Wohl nahm gelegentlich einmal
ein Reichsweistum zu der oder jener Frage Stellung, aber das war nicht
mehr als eine Feststellung und Deutung des geltenden Rechtes; und
zwar war dieses Recht durchaus ein historisches, unveränderliches, durch
Tradition weitergegebenes Recht, ursprünglich göttlicher Satzung. Ein
Recht des Werdens und Wachsens oder auch ein Naturrecht spielte
erst gegen Ende des Mittelalters eine größere Rolle, wenn man von
dem Streit zwischen Kaiser und Papst absieht. Feststehend wie das
Recht waren auch seine Formeln: die des Treuegelöbnisses, die seiner
Aufsage, die des Gerichts und so weiter. Sie brachten einen sehr kon-
servativen Zug in das Leben dieser Gemeinschaften.
   Was das Recht nicht festlegte, das fixierte die Sitte, die vom Bauern
und Bauernsohn, von der Bauersfrau, dem jungen Mädchen wie dem
Knecht ein bestimmtes Verhalten und Auftreten verlangte, gesondert
für jede dieser Gruppen.
   Recht und Sitte zusammen gaben dem Leben des Bauern jener
Tage etwas Beharrendes, wie dies auch schon durch die ewige Wieder-
kehr der bäuerlichen Arbeit im Laufe des bäuerlichen Jahres gegeben
erscheint. Der geringe Verkehr mit anderen Landschaften und die
daraus folgende geringe Beeinflussung durch fremdes Leben trug sein
Teil dazu bei, diesen Grundzug des Beharrens im Leben des Bauern
dieser Zeiten zu verstärken. Und doch war er zu großen Unternehmungen
auch jenseits der ihm vertrauten Grenzen bereit, wenn diese sich in
sein gewohntes Tun einfügten, so zum Beispiel die Rodungsarbeit
und die Kolonisation des Ostens. Diese beiden Beispiele zeigen, daß das
Beharrende keine Verhärtung, keine Erstarrung bedeutete.

Königsbauern und Grundherrschaft

Ein Wort muß hier eingefügt werden über die Königsbauern oder
Freibauern. Es waren Bauern, die unmittelbar unter der Schutzherr-

schaft des Königs, also unter Königsmunt, standen. Dem geltenden Recht nach war der König selbst ihr unmittelbarer Schutzherr, doch konnte er diesen Schutz nicht ausüben, da er ja immer in seinem Reich unterwegs oder auf Kriegszügen war, sondern beauftragte einen ihm ergebenen Herrn damit. War die Hand des Königs stark, so blieb es eine Ausübung der Schutzherrschaft an Königs statt. War er aber schwach oder weit fort, so wuchs die Tendenz dieses Herrn, die königlichen Rechte als seine eigenen zu betrachten und dadurch die Königsbauern dem König zu entfremden. Der König mußte deshalb einen ständigen Kampf um sie führen.

Diese Freien unter Königsschutz hatten eine besondere Rechtsstellung; denn der Königsschutz hatte erhöhte Rechtsgewalt. Mit anderen Worten: sie hatten eine besondere „Freiheit", im mittelalterlichen Sinn des Wortes, in dem des dem einzelnen durch Privilegierung vom König zugewiesenen und von ihm geschützten Lebensspielraums. In allen Teilen Deutschlands gab es solche Freibauern, schlechthin die „Freien" genannt, deren Schutzherren in des Königs Namen die „Freigrafen" waren und deren Gemeinden man als „Freigerichte" bezeichnete.

Durch sie und die schon genannten Königshöfe (oder Fronhöfe des Königs) war der König theoretisch der größte Grundherr im Reich, die Praxis freilich sah oft — und besonders unter schwachen Königen oder während der Regentschaft für Minderjährige — ganz anders aus. Einmal stand dem die Tendenz derer, die die königlichen Rechte für ihn verwalteten, diese als eigene Rechte zu behandeln, entgegen. Außerdem mußte der König stets viel Land an Kirchen schenken, das war seine religiöse Pflicht. Weiter mußte er auch seine Lehensleute ausstatten und für besondere Treue belohnen, das forderte das Lehensrecht und die Sitte. So schwand unaufhörlich Königsgut und Königsherrschaftsrecht dahin, wurde anderseits allerdings unter starken Königen auch immer wieder auf verschiedene Weise ergänzt. Die Größe der königlichen Grundherrschaftsrechte bleibt daher immer eine offene von den verschiedensten politischen Faktoren abhängige Frage.

Schon in den ersten Jahrhunderten des Mittelalters konnten die Kirchen, vor allem die Bistümer und die der Königsherrschaft unterstehenden Klöster, in der Größe des Grundbesitzes und der Herrschaftsrechte mit dem König wetteifern. Wenn es auch so reiche Klöster wie in Frankreich in Deutschland nicht gab, so war doch der Besitz einiger Klöster noch außerordentlich groß. Kloster Hersfeld besaß in 195 Ortschaften 1050 Hufen Landes (Breviarium Lulli), die bischöfliche Kirche von Augsburg hatte 1427 besetzte und 80 nicht besetzte Hufen, und das für besonders arm geltende Kloster Werden an der Ruhr besaß gegen Ende des 9. Jahrhunderts 22 Fronhöfe, 200 Hufen und 420 sonstige pflichtige Grundstücke. Meist war allerdings dieser Besitz sehr zerstreut, hier eine Hufe und dort ein Bauerngut. Von Kloster

Lorsch wissen wir zum Beispiel, daß sein Besitz sich von der Schweizer Grenze bis zum Niederrhein den ganzen Rhein entlang erstreckte, das Bistum Freising hatte etwa 300 Hufen in Krain, das Kloster Sankt Ulrich und Afra in Augsburg Güter in 15 Ortschaften bei Bozen, aber die Größe dieser Besitzungen betrug im einzelnen von Bruchteilen einer Hufe bis zu sechs Hufen. Der Besitz von Kloster Prüm verteilte sich über 115 Ortschaften, und Kloster Werden an der Ruhr hatte Güter am Mittel- und Niederrhein, in Niedersachsen und Friesland. Der dabei als Größenbestimmung verwendete Begriff der Hufe bezeichnet ein Gütchen, dessen Bebauung sich gerade noch lohnt, ihre Größe ist je nach der Qualität des Bodens verschieden, im allgemeinen ist die Hufe 20 bis 40 Morgen gleichzusetzen (J. Bühler und Bechtel).

Doch ergibt sich auch hier aus solchen Zahlen leicht ein falsches Bild. Gerade bei dem Streubesitz des Gutes solcher reichen Klöster über weit voneinander liegende Landschaften hin war die Versuchung für diejenigen Laienherren, die die Schutzherrschaften im Namen der Kirche ausüben mußten, da die Geistlichen dies ja ihres Amtes wegen nicht konnten, und da die Könige weit entfernt waren, sehr groß, diese Rechte stillschweigend als ihre eigenen zu behandeln und wenigstens einen Teil der Einkünfte für sich zu behalten. Verstärkt wurde diese Gefahr noch dadurch, daß Gründer von Klöstern und ebenso Stifter größerer Güterkomplexe bis zum 11. Jahrhundert die Vogtei, das heißt hier die Schutzherrschaft über das geschenkte Gut, selbst in der Hand behielten und sich als Oberherren des Gutes nicht nur betrachteten, sondern auch entsprechend handelten. Man spricht juristisch hier und in ähnlichen Fällen von Eigenkirchenrecht. Alles das entzog in der Praxis einen beträchtlichen Teil des großen Kirchengutes wieder der Verfügung durch die Bischöfe und Äbte, die theoretisch dies Gut voll in der Hand haben sollten. Auch hier sind wie bei dem Königsgut und den königlichen Herrschaften die Grenzen fließend und eine den wirklichen Verhältnissen entsprechende Größe der kirchlichen Eigentums- und Herrschaftsrechte kaum anzugeben.

Umgekehrt erscheinen uns aus eben diesem Grund die Herrschaften von Laienherren oft zu klein, da sie durch kirchliche Vogteien und Freigrafschaften königlichen Rechtes erweitert wurden. Die Unterschiede des Besitzes müssen gerade bei diesen Laienherren sehr groß gewesen sein. In der Karolingerzeit wurde der Besitz von Grafen auf etwa vierhundert Hintersaßenstellen (Casata), der von einfachen Herren auf zweihundert bis dreihundert solche Stellen eingeschätzt. Was darunter lag, galt als geringfügig und kaum beachtenswert. Wenn wir hören, daß Otto I. einem sächsischen Herren zum Lohn, weil er einen gefährlichen Slawenfürsten getötet hatte, zwanzig Hufen zum Geschenk gab, so mag sich das sehr wohl in diese Größenverhältnisse einfügen.

So bestand wirklich großer Grundbesitz, allerdings immer in Zerstückelung und Streulage, nur bei dem König, den Bischofskirchen, wenigen großen Klöstern und bei einer nicht zu großen Zahl weltlicher Herren. Die große Masse der Herren, die man später als die Ritter bezeichnete, müssen wir uns im Besitz der Herrschaft über wenige Dörfer oder gar nur über eines vorstellen. Aber — um das nochmals zu sagen — in Deutschland war weitaus der größte Teil dieses königlichen, kirchlichen oder laienherrschaftlichen Gutes an kleine Bauern ausgetan, während im Karolingerreich, mindestens in Frankreich die Verhältnisse noch anders lagen. Wir wissen, daß der Besitz des Klosters Saint Germain-des-Près im 9. Jahrhundert zur Hälfte in Eigenbetrieb als Gutswirtschaft verwaltet wurde und die andere Hälfte an kleine Bauern ausgetan war (J. Bühler). Aber wir erfahren auch, daß sich die letztere Betriebsform besser rentierte. Die an Bauern ausgeliehene Hälfte ergab 380.000 Goldfranken Ertrag, die im Eigenbetrieb bewirtschaftete dagegen nur 200.000. So wird es verständlich, daß man von dem Eigenbetrieb in der Form von Fronhöfen mehr und mehr abkam, besonders in den agrartechnisch viel unentwickelteren Gebieten Deutschlands.

Landwirtschaft

Die Landwirtschaft befand sich zu Beginn der deutschen Geschichte durchaus nicht mehr in primitivem Stadium. Man nimmt heute an, daß die Germanen schon in frühgeschichtlichen Zeiten von der wilden zu einer geregelten Feldgraswirtschaft übergegangen sind (Bechtel), also zu einem regelmäßigen Wechsel von brachliegendem, zur Weide benutztem und bestelltem Land. Das erforderte bereits eine klar durchgeführte Dorfordnung, eine geleitete Gemeindewirtschaft des Dorfes, so wie wir sie für spätere Zeiten schon kennengelernt haben. Das gilt in erhöhtem Maße für die geregelte Dreifelderwirtschaft, wie sie im 8. und 9. Jahrhundert schon durchgeführt wurde. Nur in den Alpen, wo der Ackerbau der Viehwirtschaft gegenüber ganz zurücktrat, blieb man bei der alten Feldgraswirtschaft.

Gebaut wurde viel Hafer, später, aber lange vor den von uns betrachteten Zeiten, wurde der Roggen wohl von Norden eingeführt. In etwas geringerem Umfang pflanzte man Weizen, auf schlechteren Böden Dinkel, Spelz und Buchweizen. Gerste wurde überall gebaut, doch nicht in großem Maß.

Eine eigentliche Wiesenkultur haben die Germanen erst von den Römern gelernt, dann aber bald durchgeführt. Die Viehzucht trat — von den Alpen abgesehen — allmählich an Bedeutung vor dem Ackerbau zurück. Schon im 10. Jahrhundert überwog der Ackerbau. Das hatte zur Folge, daß der Bauer auf den Hirten herabsah und das Hüten zu einer niederen Dienstleistung wurde, so daß der Hirte später sogar

als „unehrlich" angesehen wurde. Nur in den Alpenländern und in
anderen Gebirgstälern hatte sich die Wertschätzung des Hirten und
seiner Arbeit voll erhalten.

Man weidete auf dem durch den Wechsel der Bewirtschaftung entstehenden Brachland, auf Ödland und vor allem in den Randgebieten
der Wälder. Dort waren die Eichenbestände um der Eicheln willen für
die Schweinemast sehr gesucht. Auch Pferde wurden im Wald oder
in entlegeneren Fluren gehütet, die Herden blieben oft über Nacht und
lange Zeit draußen. Darum galten auch die Pferdehirten als besonders
rauh und wild. An solche Pferdehirten ergeht nach dem Bericht des
„Heliand" auch die Weihnachtsbotschaft.

> *„Wächter erst erfuhren's*
> *die bei den Pferden im Freien waren,*
> *hütende Hirten, die bei den Rossen hielten*
> *und dem Vieh auf dem Felde . . ."*

Nur das Weiden der Schafe im Wald wurde bald an vielen Stellen
verboten, da man das Abnagen der jungen Triebe hier fürchten mußte
(Verordnungen Kaiser Friedrichs I. und Friedrichs II. siehe Hagelstange S. 139).

Welchen Umfang die Waldweide der Schweine annahm, geht daraus
hervor, daß im Jahre 1437 sich regelmäßig in dem bischöflich speyerischen Wald Lußhart bei Bruchsal 35.000 Schweine von speyerischen
und zugleich noch 8000 von pfälzischen untertänigen Bauern und
Bäuerlein zur Eichelmast einfanden (Hagelstange 136). Wie man sieht,
trat der Weidebetrieb im ganzen viel mehr hervor, als wir das heute
gewohnt sind. Zwar kannte man Wiesenkultur schon, doch spielt sie
erst seit dem 12. Jahrhundert eine größere Rolle. Damals erst ging
man in bestimmten Grenzen zu einer Stallfütterung über.

Gezüchtet wurden Pferde in großem Ausmaß, ebenso aber auch
Rindvieh. Jedoch wurde dieses im Laufe der Zeit immer weniger zur
Arbeit beim Ackerbau benützt. Hier verwandte man fast nur Pferde,
da deren Arbeitsleistung weit höher war. Dem kleinen Mann, der das
nicht konnte, half dann meist ein größerer Nachbar mit seinen Pferden
bei dem Pflügen aus. Kleinere Bauern hielten sich hauptsächlich einige
Schafe und Schweine, denn Schaffleisch und Schweinefleisch waren
die meist genossenen Fleischarten. Erst gegen Ende des Mittelalters
wurde das Schaf auf nur dafür geeigneten Böden in größeren Herden
von den Herrschaften gezüchtet, besonders wo sie sich einen größeren
Anteil an der Allmende, speziell an ödem Weideland, gesichert hatten.

Im Zusammenhang mit der Pferdezucht, die sich auch edleren Rassen
zuwandte, wurde das Reiten stets sehr gepflegt. König Ottos I. Reit-
künste werden von seinem Biographen Widukind gelobt. Auch geist-

liche Herren müssen gut zu Pferde gewesen sein. Die Herzogin von
Schwaben schenkte zum Beispiel Abt Burchard von Sankt Gallen einen
Zelter als Reitpferd. Ebenso müssen alle die Bischöfe und Geistlichen,
die den Ottonenkaisern als Diplomaten oder als Heerführer dienten,
und alle, die die großen Romzüge und andere Kriege, etwa im Osten,
mitmachten, gute Reiter gewesen sein. Sonst benutzten Geistliche vielfach Esel und Maulesel als Reittiere in Erinnerung an den Einzug Jesu
in Jerusalem. Beide waren von den Römern in Deutschland eingeführt
worden.

Auch die Bienenzucht muß schon im 10. Jahrhundert recht geblüht
haben. Widukind berichtet davon, allerdings von einer sehr eigentümlichen Verwendung der Bienen: Ein Herr, Immo, wurde in seiner
Burg belagert und geriet in große Not. Da erinnerte er sich der vielen
Bienenstöcke, die er besaß, zerbrach sie und warf sie auf die Pferde
der anstürmenden Feinde. Dort richteten die Bienen eine große Ver-
wirrung an und brachten die Angreifer in große Gefahr. Oft begnügte
man sich allerdings mit einer sehr primitiven Bienenzucht, wenn man
es überhaupt so nennen kann. Man beobachtete und betreute Wald-
bienen in hohlen Baumstämmen und bezog von ihnen Honig und
Wachs.

Fische hat man schon immer in den Bächen und Flüssen gefangen.
In der Zucht der Fische gehen die Klöster als die Lehrmeister voran.
Denn sie brauchten für die streng durchgeführten Fastenzeiten viele
Fische. Dabei züchtete man nun auch edlere Fische, damit die sonst
recht eintönige Fastenkost etwas belebt werden könne. So kann man
noch heute, wo man Karpfenteiche in einem stillen Tal findet, auf die
Nähe eines Klosters schließen.

Auch der Garten verbreitete sich vom Westen Deutschlands nach
dem Osten. Zunächst war es der Baumgarten, das heißt der mit Bäumen
bestandene Rasenplatz, so wie wir ihn schon seit der Karolingerzeit fast
bei jedem Fronhof oder bei jedem Kloster, aber auch schon im kleinen
als Bauerngarten beim Dorf antreffen. Der Dichter des Heliand stellt
sich noch den Garten Gethsemane als solchen Baumgarten vor. Bald
baute man aber auch Gemüse, Kraut (Kohl), Hanf, Flachs, Hopfen und
anderes. Auch diese Pflanzungen wurden als Hopfengarten, Krautgarten
usw. bezeichnet. Wenig verbreitet war noch der Anbau von Ölfrüchten
und von Rüben.

Von den angepflanzten Bäumen stand immer der Apfelbaum im
Vordergrund; dabei wurden allmählich — zunächst im Westen — auch
bessere Sorten gezogen. Allmählich drang der Anbau von Birnen,
Quitten, Pflaumen, Kirschen (früher nur die Sauerkirsche), Pfirsichen,
Aprikosen und Walnüssen in Innerdeutschland ein, die die Römer
zur Zeit ihrer Besatzung in Deutschland heimisch gemacht hatten.
Aus Funden in der Saalburg hat sich ergeben, daß diese Bäume zur

Zeit der Römer im Taunus wuchsen, ebenso wie Kastanien bei Mainz
vorgekommen sein müssen. Sie drangen im Mittelalter von dort aus vor.

Gärten im engeren Sinne kannte man in Deutschland zunächst nur
als Klostergärten. Da findet sich die regelmäßige Anlage von Beeten,
so, wie die Römer sie schon pflegten. Heilkräuter, Küchenkräuter und
Nutzkräuter aller Art wurden hier gepflanzt, wie wir es zum Beispiel
von Sankt Gallen wissen. Auch der Garten von Reichenau wird schon
im Jahre 991 ausdrücklich gelobt. Zu den hier gezogenen Heilpflanzen
gehörten zunächst auch noch Rose und Lilie (Schwertlilie), bis man
anfing, Blumen um ihrer Schönheit willen zu ziehen. Auch dann standen
Rose und Lilie wie in aller mittelalterlichen Poesie obenan.

Von Ackergeräten ist der Pflug zu Beginn des Mittelalters schon
ziemlich ausgebildet, auch der meist (außer in den Weinbaugegenden)
verwendete vierrädrige Wagen gleicht dem unseren im Groben. Doch
verwendete man vor dem Pflug zunächst nur Ochsen, später erst Pferde.
Das Getreide schnitt man mit der Sichel, die Sense diente dagegen
zum Schneiden des Grases.

Der Weinbau dehnte sich sehr viel weiter aus als heute, bis nach
der Mark Brandenburg, Schlesien und dem Deutschordensland. Er
wurde also in Lagen gebaut, wo er uns seiner Säure wegen nicht mehr
schmecken will. Das liegt daran, daß man Abendmahlswein überall
brauchte, daß der Transport von weither aber sehr schwierig und kost-
spielig war. Dazu kommt, daß man den Wein damals wahrscheinlich
infolge dieser Säure fast immer als Würzwein, also mit Zucker oder
Honig und Kräutern verschiedener Art oder Obstzusätzen trank. So
ließen sich auch die Weine des Ostens schmackhaft machen. In den
Flurnamen und Ortsnamen hat sich oft die Erinnerung an den Weinbau
dort noch erhalten, wo heute niemand mehr daran denkt. Doch waren
es immer nur versprengte Stücke in der Gemarkung, die dem Weinbau
dienten. Anders in den heutigen Weingegenden, also hauptsächlich am
Rhein, der Mosel und in der Pfalz; dort gewann damals schon der
Weinbau aller anderen Bodenkultur gegenüber bei weitem die Oberhand,
sobald nur der Weinhandel sich recht entfaltet hatte. Der Wein gehört
zu den ältesten Gegenständen des Handels in Deutschland.

Die Rodung

Eine ungeheure Verschiebung der Landwirtschaft und der gesamten
Arbeitsverhältnisse brachten die schon erwähnten Rodungen seit dem
9. und 10. Jahrhundert mit sich. Sie erfaßten einmal die Wälder und
Moore des alten Deutschland, weiter den ganzen Osten Deutschlands
durch die große Eroberung und Besiedelung. Eine weitere Verschiebung
der landwirtschaftlich genutzten Fläche brachten schließlich die großen

Eindeichungen der deutschen Nordseeküste, der Mündungsgebiete von Weser und Elbe, dem Jadebusen und einigen anderen Buchten. Von ihnen war schon kurz oben die Rede.

Eine Rodung haben wir uns etwa folgendermaßen vorzustellen: Der Wald, ebenso wie alles ungenutzte Land, gehörte altem Recht nach dem König. Dieses Recht wurde wichtig, sobald man anfing, an Rodung von Waldland zu denken. Darum betonte damals der König, daß der Wald unter seinem Bann, das heißt unter seiner speziellen Befehlsgewalt stehe. Damit war er zum „Forst" im eigentlichen Sinne erklärt.

Freilich waren schon früh größere Stücke der königlichen Forste an Kirchen oder auch an Laien abgegeben worden. Oft hatte augenscheinlich auch der König seine Rechte an den großen im ganzen Reich verstreuten Forsten den Herzögen und anderen Laiengewalten gegenüber nicht in vollem Maße wahren und durchsetzen können. Auch hatten seit den Zeiten der Landnahme die damals begründeten alten Dörfer Anteil an den ihnen benachbarten Strecken des königlichen Waldes; er bildete einen Teil ihrer Allmende. Dennoch kann die große Menge des Waldes im 9. und 10. Jahrhundert noch als Königsforst angesehen werden. Der König aber, wie auch die reichen Kirchen, Klöster und großen weltlichen Herren, waren damals gern bereit, aus ihrem Forst oder Wald Gelände zur Rodung abzugeben, da die dort neugegründeten Dörfer und ihre Bauern der Schutz- und Schirmherrschaft des Herren unterstellt blieben, der das Land gegeben und meist auch die Leute dazu gestellt hatte. Denn roden konnte nicht der einzelne Bauer, wenn es sich nicht um ein seinem Feld benachbartes Stückchen, sondern um die Flur eines neuen Dorfes handelte. Nur ein Herr, der Waldland oder Forstland besaß, der aber auch genug überschüssige Jungbauern in seinen älteren Dörfern hatte, konnte im größeren Stil roden. Da aber im 9. und 10. Jahrhundert mit dem Nachlassen der äußeren Kriege und Wanderungen trotz Normanneneinfällen und Ungarnkriegen ein großer Bevölkerungsüberschuß bestand, der ebenso auch in den folgenden Jahrhunderten anhielt, sehen wir, sobald nur das Reich sich konsolidiert hatte, Könige, Bischöfe, Äbte, Herzöge und auch kleinere Herren um die Wette solche Gruppen von Jungmannen zur Rodung ansetzen. Die alten Benediktinerklöster taten sich zunächst dabei hervor, da sie als römisches Erbe im Besitz einer guten landwirtschaftlichen und Rodungstechnik waren. Außerdem besaßen sie viel Wald, denn zu dem besprochenen Besitz von Bauerngütern gehörte auch oft Wald, meist aus einer Schenkung des Königs. Bald folgten auch die anderen Herren. Daß die Gefahr der Entfremdung bei diesen neuen Dörfern die gleiche war wie bei dem alten Königs- oder Kirchenbesitz, ergibt sich aus dem oben Gesagten ohne weiteres.

Da die ursprünglichen Siedlungen die waldreichen Gebirge und ebenso die Stromwildnisse vieler Täler vermieden hatten, besiedelte man jetzt diese Landstriche. Vor allem trieb man die neuen Dörfer die Gebirgstäler hinauf, immer weiter in die mittel- und süddeutschen Gebirge hinein. Ein großer Teil des heutigen landwirtschaftlich genutzten Bodens wurde erst in den von uns geschilderten Jahrhunderten in harter und schwerer Arbeit gewonnen.

Praktisch ging man so vor, daß eine Gruppe von Jungmannen auf Veranlassung und unter dem Schutz eines Herren sich erst einmal an der Stelle, wo das neue Dorf entstehen sollte, in schnell errichteten Hütten notdürftig niederläßt. Damit ist dieser Boden und die Nachbarschaft in Besitz genommen, beschlagnahmt. Nun wird zuerst eine Fläche gerodet, die für jede der beteiligten Familien ein Feld ergeben kann. Die Rodung wird als gemeinsame Arbeit aller durchgeführt. Ist sie beendet, wird das Land an die einzelnen Familien der Gruppe verteilt. Damit ist das erste Gewann des Dorfes als Ackerland im Groben zur Bebauung bereit und für jede Familie eine erste Grundlage ihrer Existenz geschaffen. Im kommenden oder übernächsten Jahr wird dann nach einer anderen Richtung hin ein zweites Gewann aus dem Wald herausgerodet. Zugleich aber werden die Hütten nun durch Bauernhöfe ersetzt. Es ist ein hartes Stück Arbeit, bis auf diese Weise erst einmal etwa fünf Gewanne rings um das Dorf geschaffen sind und die dazugehörigen Höfe stehen. Es mag wohl fast ein Jahrzehnt darüber vergangen sein. Nun kann eine neue Gruppe von Jungmannen vielleicht weiter ins Gebirge hinein vorstoßen.

Eine zweite, aber weit unbedeutendere Form der Rodung ist der sogenannte „Bifang", das heißt die Urbarmachung eines kleineren, dem Hofe benachbarten Stück Waldes durch eine Sippe oder eine kleinere Gruppe, vielleicht gar durch eine einzelne Familie. Das gewonnene Stück Land wird dann meist eingezäunt und so als Eigentum des Hofes, der die Rodungsarbeit leistete, kenntlich gemacht.

Diese große Rodung hat einerseits den Bevölkerungsüberschuß dieser Jahrhunderte in eine fruchtbare Arbeit gebracht und anderseits für eine weitere Vergrößerung der Bevölkerung die wirtschaftliche Grundlage geschaffen.

Die Rodungstätigkeit begann in Frankreich im 6. Jahrhundert, verblieb aber zunächst in mäßigen Grenzen. Deutschland wurde davon noch kaum betroffen. Sie nahm zu unter Karl dem Großen. In Deutschland setzte sie jedoch erst eigentlich im 9. und 10. Jahrhundert ein. Im 12. Jahrhundert begann man die Rodungsarbeit einzuschränken, um die Wälder zu schonen, wie wir schon berichtet haben. Dann aber begannen — der Eroberung nachfolgend — die großen Rodungen im Osten, östlich von Saale und Elbe, wo aus Wäldern und Sümpfen damals viel Ackerland gewonnen wurde. Im 12. und 13. Jahrhundert erreichte diese Urbarmachung des Ostens ihren Höhepunkt. Am Ende des 13. Jahrhunderts ist dann die große Rodungsarbeit im wesentlichen abgeschlossen.

Das Vordringen in den Osten geschah in verschiedenen Strömen. Aus Südwestdeutschland und Süddeutschland ergoß sich eine solche Welle in die Ostmark (das spätere Österreich), eine zweite vom Mittelrhein durch die Mark Meissen nach Schlesien und Böhmen, eine dritte aus Mitteldeutschland durch die Mark Lausitz in das Land zwischen Oder und Weichsel und darüber hinaus ins Deutschordensland, eine vierte aus Niedersachsen durch die Nordmark nach Pommern und Westpreußen, eine fünfte aus Friesland, Niedersachsen und Schleswig an die Ostseeküste und eine sechste drang von Lübeck aus zur See bis nach dem Baltikum vor. Man sieht schon aus dieser kurzen Zusammenstellung, wie die Marken der alten Ostgrenze dann zum Sammelbecken der vordringenden Bauern wurden. Verlief die Ostgrenze des Reiches um 800 etwa von Passau über Regensburg nördlich bis Hamburg noch ein Stück von Holstein einschließend, so folgte sie unter den Sachsenkaisern etwa der Oder, von Magdeburg südlich allerdings noch in beträchtlichem Abstand von diesem Fluß. In der Stauferzeit aber deckte sie sich fast ganz schon mit der Grenze deutschen Volkstums, wie sie bis zum 20. Jahrhundert bestand. In diesem Vorschieben der Grenze, das zu verfolgen Sache der politischen Geschichte wäre, spricht sich zugleich aber auch das Vordringen der Kolonisations- und Rodungsarbeit nach dem Osten aus.

Es war schon davon die Rede, daß die Klöster überall an der Rodungsarbeit beteiligt waren. Der Tätigkeit der Benediktiner westlich der Elbe folgten im Osten die Prämonstratenser und Zisterzienser, das heißt die im 12. und 13. Jhrhundert „modernen" jungen Orden. Hatte schon Benedikt in seiner Ordensregel sieben Stunden Handarbeit den Mönchen vorgeschrieben, so verordnete die Zisterzienserregel ausdrücklich landwirtschaftliche Arbeit wie Rodung und Entwässerung neben einem intensiven Gebetsleben. Lehnin, Waldsassen, Doberan, Dobrilugk und Oliva bei Danzig können als Beispiele solcher Zisterzienserklöster genannt werden. Jedoch so wichtig die richtungweisende Tätigkeit dieser Klöster war, die Hauptleistung blieb doch immer Sache des Bauern.

Geld und Geldwesen

Eine große Veränderung im Leben der Bauern brachte die zunehmende Verwendung des Geldes und die Abstellung der ganzen Wirtschaft auf Geld und Geldeswert. Zwar hatte es immer in der deutschen Geschichte schon Geld gegeben, im 9. und 10. Jahrhundert nur in geringer Menge. Die Merowinger und ebenso die Karolinger besaßen in Weiterführung der römischen Tradition Münzen und ein gewisses Geldwesen,

doch waren die Münzen damals und noch im 10. und 11. Jahrhundert
in Deutschland sehr klein und unscheinbar und dazu wenig zahlreich.
Sie konnten also nicht für die Wirtschaft im ganzen bestimmend sein.
Trotzdem zeigte sich im 12. und mehr noch im 13. Jahrhundert die
Tendenz, die Abgaben der abhängigen Bauern in Geld festzulegen und
so auch zu erheben. Dennoch war damit noch keine Geldwirtschaft
im eigentlichen Sinne gegeben. Das zeigen die damals gerade neuge-
schaffenen und für Deutschland charakteristischen Münzen, die Brakteaten, ganz deutlich.

Die Brakteaten waren große, aber ganz dünne, einseitig geschlagene
Münzen, die dasselbe Gewicht und denselben Feingehalt hatten oder haben
sollten wie die früheren solidi. Im Gegensatz zu ihnen aber trugen sie
auf der ziemlich großen Fläche gut ausgeprägt das Bild oder das Wappen
des Herren, der die Münze geschlagen hatte. Die Münze war wegen
ihrer geringen Dicke sehr zerbrechlich, und da sie tief ausgeprägt war,
sehr schlecht zu verpacken oder zu horten. Was also konnte die Herren
dieser Zeit veranlassen, diese unpraktischen neuen Münzen zu schlagen?
Sicherlich nicht die Rücksicht auf einen über den Marktverkehr hinaus-
gehenden Handel. Außerdem galten sie wenige Meilen weiter in dem
nächsten Herrschaftsgebiet nicht mehr und wurden sehr oft wieder
eingezogen und neue ausgegeben. Entscheidend konnte für die Prägung
dieser dünnen Münzen für den prägenden Herren nur die Möglichkeit
sein, sein Bild oder Wappen gut erkenntlich auf ihnen anzubringen —
und es sind oft sehr reizvolle Bilder daraus geworden —, das heißt mit
anderen Worten, der Bauer sollte seinen Zins wenigstens teilweise mit
dem Bild oder Symbol des Herren, wie es die Münze bot, bezahlen,
und der Marktverkehr sollte sich unter steter Verwendung des Kenn-
zeichens der Herrschaft, also bei Anerkennung seiner Markthoheit,
vollziehen. Noch ist also der Geldcharakter der Münze nicht das, was
für ihre Gestaltung maßgebend ist, sondern ihre Symboleigenschaft.
Sie machte die Verwendung der Münze für den Herren erwünscht.
Man sieht also, daß die Einführung der Zahlung an den Herren mit
der Münze, das heißt dem Brakteaten, noch nicht das Vorhandensein
einer regelrechten Geldwirtschaft im Verkehr von Herr und Bauer
beweist, sondern daß die Herren nur auf die Anerkennung ihrer Hoheit
durch den Symbolcharakter der Münze Wert legten.

Die zweite Hälfte des 13. Jahrhunderts aber bringt schnell eine
entscheidende Wendung, die Brakteaten verschwinden im Westen wie
ein Spuk und halten sich nur im Osten noch einige Zeit. Dafür aber
dringen von Italien und Frankreich die internationalen Münztypen
des Großhandels ein in der Weise, daß man den Florentiner Goldgulden
oder den Venetianer Golddukaten mit den für sie charakteristischen
Prägebildern nachprägt und nur an einem kleinen Beizeichen erkennen
läßt, daß die Münze in Mainz, Köln oder Straßburg u. a. geschlagen

worden ist. Jetzt soll die Münze deutlich dem Großhandel dienen, Werkzeug einer ausgeprägten internationalen Geldwirtschaft sein. Damit ist zum mindesten für die Städte und die Staaten der Übergang zur Geldwirtschaft gegeben. Doch darf man nicht annehmen, daß damit der Tauschhandel, also die Naturalwirtschaft, aus Deutschland verschwunden sei. Der Bauer tauschte noch lange auf dem Markt sein Schwein gegen das, was er an Geräten brauchte, so etwa, wie wir es im Märchen von Hans im Glück miterleben.

Die Fixierung der bäuerlichen Lasten in Geldwerten, wie sie im 12. und 13. Jahrhundert erfolgte, hatte große Veränderungen für den Bauer zur Folge. Einmal sank der Geldwert in diesen Jahrhunderten ständig. Damit sah sich der ritterliche Herr in der Lage des Empfängers einer Rente, deren Kaufkraft ständig geringer wurde, während den Bauern die fixierten Abgaben, deren Wert geringer wurde, immer weniger drückten. Aber auch das Verhältnis zum Herren änderte sich dabei unversehens, es erhielt mehr den Charakter eines Rentenvertrages als eines Treuverhältnisses, das heißt, die Wärme der persönlichen Beziehung ging verloren. Das konnte bedeuten, daß die Willkür des Herren dem Bauern gegenüber geringer wurde, aber auch das Gegenteil; sicherlich wurde aber in vielen Fällen auch die patriarchalische Fürsorge des Herrn dem Vertragspartner gegenüber schwächer. Und diese persönliche Fürsorge des Herrn konnte in Notfällen weit wirksamer sein als die gesetzlich verordnete, aber unpersönliche des modernen Staates. Auch wußte der Bauer sich oft in der neuen Geldwirtschaft nicht zurechtzufinden. So finden wir denn gegen Ende des Mittelalters häufig Bauern, die städtischen, oft jüdischen, Geldgebern schwer verschuldet und daher in schwerer Not sind. Doch von diesen Fällen abgesehen war die Fixierung der bäuerlichen Abgaben in Geld ein entschiedener Vorteil für den Bauern.

Lebens- und Wirtschaftsverhältnisse

Versuchen wir, uns ein Gesamtbild von der Lage des mittelalterlichen deutschen Bauern etwa vom 9. bis zum 14. Jahrhundert zu machen, so muß man von der wichtigsten Tatsache ausgehen, daß nämlich der Bauer damals allezeit eine gesuchte Arbeitskraft darstellte. Es hat, soweit wir sehen können, nie ein Überangebot an Arbeitskräften (von rein lokalen Erscheinungen abgesehen) gegeben. Die von den Herren im Interesse der Ausdehnung ihrer Herrschaft sehr geförderten Rodungen verlangten immer wieder große Scharen von bäuerlichen Arbeitskräften, die Eindeichung der Nordsee und die Kolonisation des deutschen Ostens ebenso. Außerdem aber zogen die seit dem 12. Jahrhundert aufstrebenden Städte in ihren ersten Zeiten sehr gern handwerklich geschulte und andere Arbeitskräfte in ihren Kreis. Zwischendurch ließen einzelne Zeiterscheinungen wie die Kreuzzüge oder die Pest, vor allem um das Jahr 1347, plötzlich bedenkliche Lücken entstehen, zu deren Deckung Arbeitskräfte gesucht waren. Einer wirtschaftlichen Gruppe, deren Glieder ständig als Arbeitskräfte benötigt und gesucht werden, kann es, solange dieser Zustand anhält, nicht schlecht gehen. Das gilt auch für den mittelalterlichen Bauern bis zum Ende des 14. Jahrhunderts.

Als zweites kommt die schon besprochene Fixierung der Abgaben, zunächst noch in Naturalien, dann aber mehr und mehr in Geld, dazu. Auch sie hat die Lage des Bauern im allgemeinen verbessert.

Drittens hat sich im Laufe dieser Jahrhunderte unversehens der Begriff der Unfreiheit, das heißt der Leibeigenschaft, wie man damals sagte, verschoben. Da seit Jahrhunderten unfreie wie freie Bauern in ähnlichem Wirtschafts- und Rechtsverhältnis auf dem Grund des Herren saßen und ihm Abgaben zahlten, die einander ähnlich waren, da außerdem unter den freien, aber abhängigen Bauern Abstufungen und Unterschiede bestanden, die größer waren als die zwischen freien und unfreien Hintersassen, kann es nicht wundernehmen, wenn sich der Unterschied zwischen Freien und Unfreien (Knechten) verwischte. An bestimmten Abgaben wie dem „Besthaupt" beim Todesfall, an der geforderten Heiratserlaubnis und an einer oft straffer durchgeführten Bindung an den ihm überlassenen Boden ließ sich die Unfreiheit oft noch allein erkennen. Oft ist im 15. Jahrhundert auch diese Stufe noch überwunden worden, so daß der Leibeigene von freien Hörigen oft kaum noch oder gar nicht mehr zu unterscheiden war. Auch diese Entwicklung war keineswegs einheitlich für ganz Deutschland, sondern es bestanden sehr viele Abstufungen. Besonders uneinheitlich müssen die Verhältnisse im Allgäu für die Leibeigenen speziell des Klosters Kempten gewesen sein (Baumann, Geschichte des Allgäus II, 629 ff.).

Auch müssen in den früheren Jahrhunderten überall schon Freilassungen stattgefunden haben, denn wir hören häufig von Halbfreien, die den freien Hintersassen nahestanden. Das war schon eine erste Stufe im Schwinden der Unfreiheit. Die geschilderte Verringerung der speziell auf den Unfreien liegenden Lasten bis auf bestimmte Reste bedeutete die zweite Entwicklungsstufe in diesem Prozeß. Dazu kam dann schon im 13. Jahrhundert eine prinzipielle Wendung gegen die Tatsache der Unfreiheit von christlich-ethischen Gedanken aus: Es sei Unrecht, daß ein Christ sich des anderen Eigner nenne. In diesem Sinne nimmt schon der Sachsenspiegel Eikes von Repgow im 13. Jahrhundert sehr entschieden Stellung. Diese Ablehnung der Leibeigenschaft aus ethischen Gründen hat sich damals noch nicht durchgesetzt. Wir finden sie unter den Forderungen der Bauern von 1525 wieder. Aber damals, nach etwa 300 Jahren, war der Schwund der Leibeigenschaft um dieser Gegnerschaft willen und aus anderen Gründen schon weit fortgeschritten.

Von dem Einfluß der Kreuzzüge war schon kurz die Rede. Auch diese führten nicht nur zu einem Bedarf an jungen bäuerlichen Kräften als Knappen und Knechten für den Heereszug und zur Ausfüllung der durch den Krieg entstandenen Lücken in den Reihen der Bauern, sondern die lange, lange Abwesenheit vieler Herren trug zu einer Lockerung der Herrschaft über den einzelnen und über die Dorfgemeinde bei. Mußten dann gar die Herrenrechte, wie es oft der Fall war, während des Zuges verpfändet oder auch nur einem anderen Herren anvertraut werden, so verstärkte auch diese Tatsache die Tendenzen zu einer Lockerung der Herrenrechte.

Schließlich machte sich diese Auflockerung nicht nur bei dem einzelnen Bauern, sondern ebenso bei der Dorfgemeinde geltend. Der Schultheis (Schulze), der ursprünglich der von dem Herren zur Vertretung seiner Rechte eingesetzte, angesehene Bauer war, gewann sehr an Bedeutung und Selbständigkeit. Er wurde mehr und mehr zu dem von der Dorfgemeinde beauftragten Vertreter auch dem Herren gegenüber. Es kommt überhaupt seit dem 13. und im 14. und 15. Jahrhundert immer häufiger vor, daß die Dorfgemeinde, geführt vom Schultheis, dem Herren entgegentritt und mit ihm über die Rechtsverhältnisse, soweit sie strittig wurden, verhandelt. In Verträgen hat man das Ergebnis solcher Streitigkeiten und friedlichen Auseinandersetzungen festgelegt. Es sind das die berühmten Weistümer, von denen die Gebrüder Grimm vier Bände gesammelt, aber damit nur einen kleinen Teil der vorhandenen herausgegeben haben. Sie bezeugen, daß unblutige Neuregelungen der bäuerlichen Lebens- und Wirtschaftsverhältnisse vom 13. bis 16. Jahrhundert überall auf deutschem Boden stattgefunden haben. Das aber setzt eine bäuerliche (oder auch städtische) Gemeinde voraus, die dem Herren gegenübertreten und mit ihm verhandeln kann, die also augenscheinlich nicht auf Gnade oder Ungnade seiner willkürlichen Herrschaft ausgeliefert ist, wie man so oft sich vorgestellt hat.

Besonders an einer Stelle treten im späteren Mittelalter diese bäuerlichen Gemeinden deutlich handelnd in Erscheinung: in den königlichen Herrschaftsgebieten, die aus den Königsforsten herausgeformt worden sind. Hier war meist eine Gruppe von Gemeinden zu einer gesonderten Gemeinschaft zusammengeschlossen, weil sie gemeinsam Anrechte an dem Königsforst hatten, aus dem ihre Dörfer herausgerodet worden waren. Sie heißen Markgenossenschaften. Einst unterstanden sie der königlichen Munt- und Schutzherrschaft, die irgendein Herr oder Graf im königlichen Auftrag ausübte. Mit dem Absinken der Königsmacht seit dem Untergang der Hohenstaufen aber haben diese Markgenossenschaften immer mehr Selbständigkeit erlangt und diese in Weistümern festgelegt. Hier ist die steigende Bedeutung dieser dörflichen Genossenschaften, zu denen sowohl einzelne Dorfgemeinden wie solche markgenossenschaftliche Zusammenschlüsse mehrerer Dörfer gehören können, besonders ins Auge fallend. Die bekanntesten dieser Markgenossenschaften sind die Hohe Mark und eine ganze Reihe anderer im Taunus oder auch die Mark Dreieich südlich von Frankfurt. Es gibt sie aber überall in Deutschland, wo Königsforste und aus ihnen entstandene Siedlungen von Königsbauern oder Freibauern bestanden haben. Auch die Femgerichte des späten Mittelalters erwachsen aus denselben Kreisen ehemaliger, aber nun schwach gewordener Königsherrschaft. Doch darauf einzugehen würde hier zu weit führen. Hier sollen uns die Markgenossenschaften nur Zeugen sein für die Bedeutung und relativ selbständige Kraft der bäuerlichen Genossenschaften verschiedener Art in den späteren Jahrhunderten des Mittelalters.

Nach alledem ist es nicht verwunderlich, wenn wir gegen Ende des Mittelalters überall auf recht wohlhabende Bauern stoßen. Neuere Untersuchungen des Bauernkrieges von 1525 haben gezeigt, daß er in seinem ersten Stadium fast durchgehend von wohlhabenden und in der Gegend angesehenen Bauern geführt und getragen wird. Männer wie Ulrich Schmid, der Schmied von Sulmingen, oder Matern Feuerhaber waren keine kleinen, armen Leute. In Oberschwaben, im Allgäu, in Bayern, in Österreich, im Rheingau und im Elsaß war der Bauernkrieg in seinem ersten Stadium eine Angelegenheit angesehener, wohlhabender Männer.

Von einer wohlhabenden, aber vermutlich halbfreien Familie hören wir durch Zufall schon aus dem 10. Jahrhundert: von den Eltern eines lothringischen Abtes sagt die Biographie des Sohnes, sie seien „niedrigeren Standes, die Mutter liberioris generis (etwas freierer Abstammung), aber wahrhaft wohlhabend" gewesen, durch ihrer Hände Arbeit sei ihr Besitz an Gütern, Einkünften und Geld beträchtlich angewachsen (Kletler, S. 172/3). Was wir hier durch den Zufall, daß der Sohn Bischof wird, hören, hat sicherlich auch von vielen anderen gegolten, besonders in den letzten Jahrhunderten des Mittelalters.

Auch andere Einzelbeobachtungen bestätigen das. So zeigt sich, daß die Frondienste, die in einem Teil der historischen Literatur, vor allem aber in populären Darstellungen eine so große Rolle spielen, durch das allgemeine und stets als verbindlich betrachtete Herkommen überall zwölf Tage im Jahr, von denen nicht mehr als drei in einem Monat liegen durften, nicht überstiegen, daß in den meisten Fällen aber die Zahl von sechs Tagen Frondienst nicht überschritten wurde, ja es kam auch vor, daß nur zwei oder drei Tage verlangt wurden. Das bedeutete also keine große Belastung. Dazu kam, daß bei diesen Frontagen immer häufiger außer der Kost auch Lohn gezahlt wurde (Maurer, Fronhöfe III, 292 und 294, Grimm, Weistümer I. 668. II. 525, 538, 542 und 549.-V. 601, 34).

Auch der Grundzins, der hörige Hintersassen kennzeichnete,

bestand oft nur aus einer kleinen unbedeutenden Abgabe, die nur noch zur Anerkennung des Obereigentums des Herren bezahlt wurde (so urteilt Grimm, Rechtsaltertümer, S. 384 = neue Aufl., I., S. 5323. Zusammenstellung bei Mone, Zs. f. Gesch. d. Oberrheins, X. 264, 268). Diese Zahlung wurde aber dadurch noch weniger drückend gemacht, ja manchmal aufgehoben, daß der Ablieferer des Zinses eine Gegengabe in Verpflegung oder dergleichen erhielt. So durfte sich der Schmied, der ins Sendgericht Hufeisen und Nägel lieferte, dafür Holz in dem Allmendewald hauen (Grimm, Rechtsaltertümer 394 = neue Ausgabe, I., S. 545). In Hattweiler bekamen die Zinszahler eine Flasche Wein, „etliche mutschen in einem sack und je 6 pfennige", und zu Dahlsheim gab man ihnen „ein viertel weins und zwei schöne brot als dick das notte geschicht" und zu Froitzheim eine Gans, genügend Brot und achtzehn Garben als Futter für ihre Pferde (Grimm, Weistümer I, 804. – V, 683. – IV, 775). Da die Differenz zwischen dem Gezahlten und der Gegengabe oft sehr gering war oder gar nicht mehr bestand, bekommt diese Zinszahlung oft etwas Spielerisches, so wenn „das Walpertsmännchen", das den Freiherren von Buchenau Zins bringt, morgens um sechs Uhr auf einem bestimmten Stein auf der Brücke vor dem Schloß sitzen sollte. War es nicht zur Stelle, so mußte höherer Zins gezahlt werden, der mit zunehmender Verspätung ständig stieg. War es aber zur Stelle, so wurde es während drei Tagen reichlich bewirtet. Schlief es dabei nicht ein, so mußten es die Herren lebenslang ernähren. Übermannte es aber unter dem Essen und reichlichen Trinken der Schlaf, so wurde es aus der Burg hinausgejagt. In Hirschhorn wurde festgesetzt, daß das Pferd des den Zins bringenden Boten bis an den Gurt in Hafer gestellt werden müsse, und in Sigolsheim, wo die Gegengabe an den Boten besonders reich ausfiel (Wein, Brot, Geld, Tuch für Hosen und ein Paar Schuhe), wurden die Boten noch in den Schlaf eingegeigt (Grimm, Weistümer I, 668; I, 446. – Grimm, Rechtsaltertümer 388 = I, 536). Ins Groteske steigern sich solche Vorschriften, wenn in Hirschhorn gefordert wird, daß der Bote einäugig sei und auf einem einäugigen weißen Pferd reite. Dann aber soll dieser Bote reichlich Verpflegung, Proviant und Trinkgeld erhalten (Grimm, Rechtsaltertümer 257 = I, 358). Hier sind Willkür des Herren, Humor und Milde eine merkwürdige Verbindung eingegangen. Jedenfalls bedeutet aber in allen diesen Fällen die Zinszahlung keine wirkliche Belastung der Bauern mehr.

Immerhin wirkte dabei der Einschlag von Willkür peinlich auf die Bauern. Bekannt ist, daß zu Beginn des Bauernkrieges die Forderung einer Gräfin von Lupfen an ihre Bauern, in der Erntezeit Schneckenhäuser für sie zu sammeln, damit sie ihr Garn darauf wickeln könne, sehr böses Blut erregte. Ähnlich erscheint es uns, wenn an einer ganzen Reihe von Orten von den Bauern verlangt wird, in den Nächten, in denen der Herr in der Burg übernachten will, die Frösche im Burggraben zum

Schweigen zu bringen dadurch, daß man mit Ruten das Wasser schlage
(Grimm, Rechtsaltertümer 355/6 = I, 492. — Grimm, Weistümer II,
10). Denn mochte das Froschgequake in den Gräben der mittelalterlichen Burgen auch gar oft unerträglich sein, so bleibt doch das Mißverhältnis zu der geforderten Arbeit und die eigentümliche Mischung
von Willkür und Groteske. Solche Dinge nahmen mancherorts der
zweifellos vorhandenen Verbesserung der Lage viel von ihrer psychologischen Wirkung.

Ein sozialer Aufstieg aus den unteren Schichten ist das ganze Mittelalter über zu beobachten. Die große Zahl der Halbfreien weist darauf
hin, das langsame Nachlassen oder Verschwinden der Leibeigenschaft,
die Lockerung der Lasten der Hörigen ebenso. Aber den größten Aufstieg brachte die Entwicklung der Ministerialität, die unfreie Waffenknechte des kriegerischen Dienstes zu Rittern und teilweise zu den
führenden Stellen des Reiches aufsteigen ließ. Davon muß bei der
Geschichte der Ritterschaft noch eingehender gesprochen werden. Schon
die Erzählung von der Schulvisitation Karls des Großen, bei der er die
strebsamen Buben aus niederen Schichten untüchtigen Söhnen des Adels
gegenüber hervorhebt, scheint auf derartige Tendenzen Karls hinzuweisen, die auch sonst gerade unter ihm deutlich zu erkennen sind. Es
kam sogar vor, daß Bauernsöhne und Unfreie zu Grafen und Bischöfen
ernannt wurden. So gab es eine gewisse Möglichkeit eines sozialen
Aufstiegs im ganzen Mittelalter, doch darf das nicht darüber hinwegtäuschen, daß für weitaus die meisten die Grenzen der Stände hart und
unerschütterlich waren.

Um so wichtiger ist deshalb die Beobachtung, daß die Herrschaft
über die bäuerlichen Hintersassen im allgemeinen mit patriarchalischer
Freundlichkeit und mit Milde ausgeübt wurde. Der freundlich-gastliche
Empfang der den Zins bringenden Boten weist darauf hin und ebenso
die Tatsache, daß oft den fronenden Bauern nach getaner Arbeit ein
festliches Essen gegeben oder daß ihnen zum Tanz aufgespielt wurde.
Deutlicher wird eine solche menschliche, ja gütige Handhabung der
Herrschaft, wenn bestimmt wird, daß die Zinserhebung dort, wo sie
durch Boten des Herren geschieht, so „gnediglich, geruchlich und still"
vor sich gehen muß, daß weder der Hahn auf dem Gitter erschrickt noch
das Kind in der Wiege geweckt wird (Grimm, Weistümer II, 531. —
II, 539. — II, 546). Klarer wird das noch dort, wo eine schwangere Frau
Zinsgeberin war. Da nahm der den Zins erhebende Bote das geforderte
Huhn nicht mit, sondern schnitt ihm den Kopf ab, den er allein seinem
Herren brachte, während das Huhn selbst der Wöchnerin verblieb
(Grimm, Weistümer I, 534. — II, 129, 534, 544. — I, 239 und 376).
Solche Sonderbestimmungen für die Schwangeren finden sich oft. Einmal wird ihrem Mann gestattet, eine große Schüssel voll Fische zu fangen,
wenn ihr Gelüste danach steht (Grimm, Weistümer VI, 222), ein anderes

mal für sie Wild zu jagen, oder ein drittesmal Obst zu brechen (Grimm, Weistümer II, 454 und Salzburger Landtäding = Hagelstange 79). Dieselbe Grundhaltung der Herrschaften den Bauern gegenüber zeigt auch die als altes Gewohnheitsrecht (antiqua consuetudo) bezeichnete Vorschrift, daß in unfruchtbaren Jahren der Zins und andere Abgaben nicht eingezogen werden dürfen, sie sollen ganz erlassen oder doch mindestens für ein Jahr gestundet werden.

Von der Fürsorge, die der Herr seinen Bauern im Alter und in Notzeiten angedeihen ließ, reden unsere Urkunden nicht. Wahrscheinlich war diese Fürsorge nicht schlechter als unsere gesetzlich geregelte. Denn einmal schrieb alte Sitte und Gewohnheit sie dem Herren vor, außerdem aber war es sein eigener Vorteil, da die Familien ja bei ihm verblieben. Dazu sah er täglich mit eigenen Augen, wo Not und Elend war, und schließlich legte die Kirche jedem die Fürsorge für Arme und Kranke als von Gott gebotene Pflicht auf. Alles das zusammen ergibt das Bild einer nicht zu straffen, ja vielerorts milden Handhabung der Herrschaft über die Bauern, wenn auch manche Willkür dieses Gesamtbild störte.

Am schlechtesten war die Lage des Gesindes, der Knechte und Mägde nicht nur der relativ wenigen großen Fronhöfe, sondern vor allem des Gesindes der mittleren Bauernhöfe. Ihre Lage war ursprünglich schlecht, was den Lohn anging; denn sie arbeiteten in alter Zeit für die Kost und jährlich ein Hemd oder ein Kleid. Bald kamen noch einige Schillinge Geld im Jahr dazu (Grimm, Rechtsaltertümer 357). Der Geldlohn steigerte sich im Laufe des Mittelalters, so daß gegen Ende des 15. Jahrhunderts der neben der Beköstigung gegebene Lohn eines Oberknechts 23 Gulden, 37 Kreuzer und dazu 54 Kreuzer für ein Kleidungsstück betrug. Die Stellung des Gesindes auf dem Hof war nicht schlecht. Sie wurden völlig zur Familie gerechnet, sie hatten ein Recht, in den Fragen der Arbeit mitzureden, wenn sie einige Zeit auf dem Hofe waren, und sie wurden in dem Begräbnis des Hofes begraben, wenn sie bis an ihr Lebensende ausgeharrt hatten. Freilich gab es auch harte Herrinnen für die Mägde. Ein Lied erzählt von einer solchen, die oft geschlagen wurde und doch, als ihr Liebhaber mit ihr fliehen will, es ablehnt, um Stelle und Lohn nicht zu verlieren (Grimm, Rechtsaltertümer 357 = I, 494). Ist so die Lage des Gesindes auch sehr gedrückt, besonders in den ersten Jahrhunderten des Mittelalters, so muß man zur rechten Beurteilung doch bedenken, daß diese Tätigkeit als Knecht und Magd für sehr viele nur eine Lehrzeit war, bis sie selbst ein kleines Gut übernehmen oder auf dem heimischen Hof mitarbeiten konnten. Rechtlich war das Dienstverhältnis gut geregelt. Der Knecht und die Magd konnten gegen ihren Herren klagen, wenn ihnen Unrecht geschah. Auf größeren Höfen im Osten des Landes waren diese Verhältnisse allerdings weniger günstig, zumal wo das Gesinde sich großenteils aus slawischen Volksteilen ergänzte.

Überschauen wir nun noch einmal das Ganze: die Tatsache, daß
man überall die Arbeitskraft des Bauern brauchte und suchte, daß man
seine Abgaben bei sinkendem Geldwert in Geld fixierte, die Wandlung
der Unfreiheit (oder Leibeigenschaft), die steigende Macht der bäuerlichen Gemeinden und Genossenschaften, die gering werdenden Grund-
zinsen und Frondienste, die verschiedenen Möglichkeiten zu einem
sozialen Aufstieg, so ergibt sich, daß die Lage des deutschen Bauern
bis zum Ende des 14. Jahrhunderts immer besser wurde und daß er
eine gewisse Wohlhabenheit und eine weitgehende Selbständigkeit des
Wirtschaftens im Rahmen der ererbten Abhängigkeit erreichte.

Freilich muß gesagt werden, daß die ungeheure Mannigfaltigkeit
der bäuerlichen Lebens-, Wirtschafts- und Rechtsverhältnisse über ganz
Deutschland hin es sehr erschwert, sich ein einheitliches Bild von der
Lage des Bauernstandes zu machen. Das erklärt sich daher, daß die
geschilderten Verschiebungen alle ohne generelle Regelung innerhalb
der kleinen und kleinsten Herrschaftskreise vor sich gehen, in dem einen
für die Bauern günstiger, in dem anderen schlechter, und auch dort,
wo die Verhältnisse für die Bauern erfreulich zu sein scheinen, können
sie nach dem Wechsel des Herren ein paar Jahre später viel drückender
sein. Man hat diese Mannigfaltigkeit aus den geschilderten Entwick-
lungen allein zu erklären versucht. Aber ich glaube, sie sind schon älter.
Wo wir einen Einblick in diese Fragen bekommen, ist diese Mannigfaltigkeit und verwirrende Verschiedenheit schon am Anfang des deutschen Mittelalters zu beobachten. Uns modernen Menschen, die wir an
generelle Regelungen durch staatliche Maßnahmen und Gesetze ge-
wöhnt sind, fällt es nur schwer, uns eine solche unabhängige Entwicklung an so vielen Stellen und doch mit den gleichen Tendenzen und im
Großen gesehen auch mit denselben Ergebnissen vorzustellen. Dazu
kommt die stete Unsicherheit der Lage, die trotz aller Bindungen der
Nachkommen durch Verträge oder durch Sitte beim Wechsel des Herren
bestehen bleibt. Es entscheidet eben nur der kleine Lebenskreis der
Herrschaft und keine übergeordnete Stelle, wenigstens bis zum Ende
des 14. Jahrhunderts.

Besonders günstig waren die Verhältnisse für die Bauern einmal
dort, wo ehemals königliche Schutzherrschaft sich gelockert hatte, also
bei den alten Freibauern oder Königsbauern. Die die Dörfer oder Täler
zusammenschließenden Freigrafschaften ergaben schon unter königlicher Herrschaft eine Organisation, die wohl anderen Ansprüchen gegenübertreten konnte. Außerdem war die Lage der Bauern in Österreich
günstig, wo, wie wir schon hörten, Ehen zwischen Rittern und Bauern
nicht ausgeschlossen waren. Auch die Niederlande, besonders Flandern,
weisen wohlhabende Bauern auf. Die Bilder ihrer Maler wie etwa
Breughels geben uns (allerdings erst aus dem Ende des Mittelalters) ein
lebendiges Bild dieser flandrischen Bauern.

Der Bauer in der deutschen Literatur des 14. und 15. Jahrhunderts

Auch ein Blick in die Literatur dieser Zeit bestätigt das gewonnene Bild. Wir finden hier (neben anderen) doch recht wohlhabende, ruhige Bauern und solche, die durch ihre gute Lage übermütig geworden, den Ritter zu spielen suchen oder sich durch Protzerei in der Kleidung hervortun.

Am klarsten spricht für seine gute Stellung der deutlich hervortretende Stolz des Bauern den anderen Ständen gegenüber. So sagt im „Meier Helmbrecht" der Vater seinem Sohn im Rückblick auf sein Leben:

> *„noch gerner bin ich ein gebûr,*
> *danne ein armer hoveman,*
> *der nie huobegelt gewan* (Ackerzins)
> *und niuwan zallen zîten*
> *uf den lip muoz rîten*
> *den abent unde den morgen"*   (1104 ff.)

Demselben legt der Dichter vorher auch die Worte in den Mund:

> *„lieber sun, nu bouwe.* (baue deinen Acker)
> *ja wirt vil manic frouwe*
> *von dem bouwe geschoenet.*
> *manic künic wirt gekroenet*
> *von des bouwes stiuwer,*
> *wan nieman wart so tiuwer,*
> *sin hochvaert waere kleine,*
> *wan durch dàz bou aleine"*   (553 ff.)

Ein Volkslied weist denselben Stolz auf, hier mit bestimmter Wendung gegen den Ritter. Da heißt es:

> *„was hilft dein stechen* (turnier) *und dein tanz?*
> *darin ich chain gut spür,*
> *mein herte arbeit die ist ganz*
> *und tregt die welt pass für."*   (Hagelstange S. 5)

Das ist dieselbe stolze Haltung, die sich in dem Wort ausspricht, das man heute noch als Inschrift an alten Bauernhäusern finden kann: „Der erste Mensch, das war ein Ackersmann."

Diesem Bauernstolz entspricht auch die Selbstzufriedenheit, die der Dichter des Meier Helmbrecht an dem Vater erkennen läßt. Er läßt ihn sagen:

„so kumst du in dîne gruobe
mit grozen eren, alsam ich.
zware des versihe ich mich.
ich bun getriuwe gewaere,
niht ein verraetaere.
darzuo gibe ich alliu jâr
ze rehte minen zehenden gar.
ich han gelebet mîne zît
âne haz und ane nît."

Solche Selbstzufriedenheit kann nur aus einigermaßen befriedigenden, wohlhabenden Verhältnissen erwachsen. Da nur gibt es diesen hier so klar geschilderten Typ des stolzen, sicheren Bauern, so wie er heute noch da in Deutschland lebt, wo sich altererbtes gutsituiertes Bauerntum rein erhalten hat.

Was die Geschichtsquellen erkennen ließen, wird auch in der Literatur unmittelbar geschildert. Im „Ruodlieb" (1. Hälfte des 11. Jahrhunderts) fragt der Held einen Hirten nach Quartier in seinem Dorf, und der Hirt antwortet, in seinem Dorf gäbe es viele Bauern, die einen Grafen mit 100 Schilden wohl aufnehmen könnten (Ruodlieb VI, 14 ff.), und dann wird das große Haus des reichen Geizhalses am Eingang des Dorfes geschildert.

Den gleichen Eindruck gewinnen wir von dem Bauern, den um 1200 Hartmann von der Aue in seinem „Armen Heinrich" schildert. Von ihm heißt es:

„Der ê ditz geriute (gerodet hatte)
und der ez dannoch biute (bebaute)
daz was ein frîer bûman (Bauer)
der vil selten ê gewan
dehein grôz ungemach,
daz andern gebûren doch geschach,
die wirs gehêrret wâren (die einen schlechteren
swaz dirre gebûre gerne tete,   Herren hatten)
des duhte sinen hêrren gnuoc."

Die letzten Worte zeigen auch hier die milde Handhabung, von der auch mancherorts schon die Geschichtsquellen geredet haben. Und wenn diese Dichtungen auch im allgemeinen von Mitgliedern der Herrenschicht verfaßt sind, so können ihre Schilderungen doch, da sie neben den Zeugnissen der Geschichtsquellen stehen. diese bestätigen und ihre Aussage bekräftigen.

Dazu paßt auch, was wir im „Meier Helmbrecht" über die Aussteuer hören, die ein anderer Bauer seiner Tochter mitgibt: *„vîl schafe,*

swin und zehen rint, alter und junger . . .". Der Sohn des Meiers wird
in derselben Dichtung, als er in die Welt hineinzieht, in ähnlicher Weise
ausgestattet:

> *„den gap er an den hengest,*
> *und guoter küje viere,*
> *zwen ohsen unde dri stiere,*
> *und vier mütte kornes.*
> *(owê, guots verlornes!)*
> *er koufte den hengst um zehen phunt* (S. 394 ff.)

Das weist auf recht wohlhabende, wenn auch nicht gerade reiche
Verhältnisse dieser Bauern hin.

So ist denn nicht zu verwundern, wenn auch die Auswüchse, die
eine solche Lage gern erzeugt, auch hier sichtbar werden. So schildert die Dichtung Neithart Fuchs (Deutsche National-Literatur XI,
14. Jahrhundert) einen Bauern Heinczelin Gogelwart (Gogel = Kapuze
mit Schulterkragen, ein damals elegantes Kleidungsstück), der sich
lächerlich macht durch seine geckenhafte, übertrieben gezierte Kleidung
und durch seine überspannten krampfhaften Bemühungen, den Minnedienst und das Tanzen der ritterlichen Herren zu kopieren. Schärfer
noch ist die kritische Darstellung des jungen Bauernsohnes im „Meier
Helmbrecht", der auszieht, um unter Rittern ritterlich zu leben, ebenfalls geckenhaft auftritt, dann aber in Räubereien dieser Ritter hineingezogen wird und am Galgen endet.

Freilich dürfen solche Bilder nicht darüber hinwegtäuschen, daß
neben solchen verhältnismäßig wohlhabenden Bauern viele andere
stehen, denen es viel schlechter geht. Gerade die zitierte Darstellung
des zufriedenen und gutgestellten Bauern bei Hartmann von der Aue
weist darauf hin. Denn dort heißt es:

> *„der vol selten ê gewan*
> *dehein grôz ungemach,*
> *daz anderen gebûren doch geschach,*
> *die wirs gehêrret waren,*
> *und si die niht verbaren*
> *beidiu mit stiure und mit bete.*
> *. . .*
> *des was deheiner sîn gelîch*
> *in dem lande als rîch.*

Und etwas später hören wir, daß eben dieser wohlhabende Bauer
und seine Frau sich Sorgen machen:

> *„Denn es kümmerte sie sehr:*
> *mußten sie doch auch befürchten,*

> *daß sein Tod sie treffe schwer* (der Tod des Herren) .
> *und daß sie des Glücks und Gutes*
> *balde könnten ledig sein*
> *wenn ein neuer Herr ein strenger*
> *erst die Herrschaft nehme ein"*
>
>   (Übersetzung von August Hagedorn, S. 358 ff.)

und ähnlich heißt es dort später:

> „*den wir sollten bald verlieren*
> *und mit ihm auch Glück und Gut.*
> *Keinen finden wir je wieder,*
> *der uns so viel Gutes tut*" (S. 505 ff.)

Diese Stellen zeigen neben dem Licht die schweren Schatten: die geschilderte Wohlhabenheit ist keineswegs allgemein, und sie ist immer angesichts der Willkür der Herren ungewiß, ein Wechsel des Herren kann einen Wechsel in der wirtschaftlichen und sozialen Lage des Bauern bedeuten.

Auch das weist uns wieder auf die Mannigfaltigkeit, die landschaftliche und die zeitliche Verschiedenheit der Lage der Bauern im Mittelalter hin. Sie muß als Hintergrund des gezeichneten Bildes gesehen werden, ohne daß aber das Ganze des gewonnenen Resultates darum anzuzweifeln wäre und ohne daß wesentliche Abstriche an dem gefundenen Bild eines aufsteigenden Bauerntums zu machen wären. Doch begrenzen wir das auf die Zeit vor 1400. Auf die dann eintretenden rückläufigen Tendenzen und die Gefahren für eine gesunde Entwicklung des Bauernstandes wird an einer späteren Stelle einzugehen sein.

Die Entwicklung der Bauern Ostdeutschlands beginnt sich damals schon — stärker aber noch im 15. und 16. Jahrhundert — von der der westdeutschen und süddeutschen Bauern zu unterscheiden. Dort nehmen die Beziehungen von Herr und Bauer von vornherein den Charakter eines Vertrages an; ein Treu- und Gefolgschaftsverhältnis, wie es im Westen zunächst bestand, dann zwar austrocknete, aber doch stark nachwirkte, bestand hier nie im eigentlichen Sinne. Außerdem geht im Osten das Streben des Herren auf den großen Gutsbetrieb, während im Westen das Kleinbauerntum (auf von dem Herren ihm verliehenen Boden) überwiegt — in beiderseitigem Interesse. Als Drittes kommt dazu, daß im deutschen Osten polnische Bauern zwischen den deutschen sitzen und daß diese mit schlechterem Recht angesetzt sind. Das führte dazu, daß die Rechte beider Gruppen sich anglichen zuungunsten der deutschen Bauern. Auch hatte es einen Einfluß, daß die Dörfer dort nicht als Haufendörfer, sondern als Straßendörfer oder Reihendörfer gebaut waren, daß also die Höfe weiter auseinander lagen und darum mit der abgeschwächten Nachbarschaft auch die Dorfgemeinde an Zusammenhalt verlor und dem Dorfherren nicht so gegenübertreten konnte, wie dies im Westen so oft geschah. Auch die Tatsache, daß dort die neuen Herren in einer Atmosphäre der Geldwirtschaft ihre Herrschaft antraten, war für den Bauern ungünstig. Denn nun stellte man von vornherein den Gutsbetrieb weit mehr auf Geldertrag ab, als dies im Westen möglich war, wo die doch immer möglichst bewahrte Tradition noch aus Zeiten stammte, die eine solche Einstellung auf das Geld und den Verkaufsertrag der landwirtschaftlichen Produkte nicht gekannt hatte. Mit diesen Verhältnissen aber war die Grundlage zu der besonderen Entwicklung der sozialen und wirtschaftlichen Lage der Bauern im Osten schon gelegt.

Sieht man nun noch einmal zurück, so wird die Bedeutung klar, die der Aufbau auf den rein persönlichen Bindungen von Treue und Gefolgschaft und das damit gegebene Obereigentum des Herren an dem dem treuverpflichteten Manne geliehenen Gut hatte: er ließ einen weiten Raum für Willkür des Herren offen und hatte mancherlei Bedrückungen im einzelnen zur Folge, aber bei dem Fehlen eines allgemeinen Schutzes durch einen Staat oder eine ähnliche Gewalt stellte er damals die einzige Lösungsmöglichkeit dar. Er entsprach dem in allen bäuerlichen Lebenskreisen damals stark hervortretenden Bedürfnis nach Sicherheit von Arbeit und Ernte und nach Konstanz der Lebensverhältnisse. Dadurch wirkte er sich trotz seiner Schattenseiten günstig aus, schuf ein gesundes Kleinbauerntum mit einem gewissen Stolz und Selbstbewußtsein und gab schließlich den festen Rahmen, in dem die hochbedeutende Arbeit der Rodung und Melioration im Westen wie im Osten und die Besiedelung der neugewonnenen Gebiete in Ostdeutschland geleistet werden konnte. Schließlich hat auch die Weiterentwicklung auf diesem Grunde bis zum Ende des 14. Jahrhunderts zu einem gesunden Aufstieg der deutschen Bauernschaft in allen Teilen geführt. Dies System, das unter dem heute politisch so sehr belasteten Namen des Feudalismus so viel verlästert wurde, hat also doch große Leistungen und eine gute Entwicklung des Bauerntums, das hieß aber damals des deutschen Volkes, ermöglicht in einer Zeit, in der mangels der notwendigen Voraussetzungen Methoden unserer Politik und Formen unseres Lebens noch nicht bestehen konnten, und die deshalb mit unseren Maßstäben nicht gemessen und durch Vergleich mit unserer Zeit nicht beurteilt werden kann.

Die Bauersfrau

Über das Leben der bäuerlichen Frau ist das meiste schon gesagt, da sie das Schicksal des Mannes und der ganzen Familie teilt, aber einiges muß noch zugefügt werden. Frau und Kinder standen nach altem deutschen Recht, das nur die Sitte mäßigte, unter der unbedingten Herrschaft des Mannes. Er konnte sie dem Recht nach ursprünglich verkaufen oder verspielen (gerade das soll nach Tacitus Bericht oft vorgekommen sein). Unangefochten standen Frau und Kinder unter dem Züchtigungsrecht des Hausherrn. Vergehen innerhalb der Familie richtete der Hausherr, betrafen sie Außenstehende, so vertrat der Mann Frau und Kinder vor Gericht. Das ist ein recht unerfreuliches Bild für das Leben der Frau, besonders da wir gelegentlich hören, daß dieses Recht, zum Beispiel das Züchtigungsrecht, auch wirklich ausgeübt wurde, und zwar auch in fürstlichen Kreisen. Im Nibelungenlied schlägt Siegfried seine Frau Kriemhilt, und sie sieht darin augenscheinlich eine wohlverdiente Strafe, weil sie Brünhild verraten hat, daß Siegfried sie in ihrer Brautnacht bezwungen hat. Denn dort schreibt der Dichter, Kriemhilt habe Hagen erzählt:

> *„daz hat mich gerouwen — sprach daz edel wîp —*
> *ouch hat er so zerblouwen darumbe minen lîp:*
> *daz ich ie beswarte ir mit rede den muot,*
> *daz hat vil wol errochen der helt küene unde guot.“*

Wenn das in fürstlichen Häusern so derb geschah, wie mag es dann erst in Bauernhäusern zugegangen sein. Darauf weist auch eine Stelle in einer Predigt von Bertold von Regensburg hin, in der er die Männer ermahnt: „du solt ir (der Frau) daz har alle zit niht uz ziehen umbe sus und umbe niht (um nichts und wieder nichts) unde slahen wie dicke (oft) dich guot dünket unde schelten unde fluochen und ander boese handelunge tun unverdienet.“ Das ist auch noch, gemessen an der allgemeinen Grobheit des Mittelalters, eine harte Ausübung des dem Manne zustehenden Rechtes, die hier nur, weil es unverdient sei, getadelt wird.

Auch das vordringende Christentum vermochte daran nicht viel zu ändern. Denn wenn es auch immer dringlicher predigte, daß auch die Frau eine lebendige Seele habe, daß auch sie ein Glied am Leibe Christi und der Kirche sei, so stand doch daneben eine religiöse Literatur dieser Zeit, in der die Frau immer eine ungünstige Stellung hat: Im Anschluß an die Paradiesesgeschichte erscheint sie dort als der zur Sünde geneigte, den Mann verführende Teil. Auch wird seitens der Kirche die volle Unterstellung der Frau unter den Mann gebilligt. Doch ist zu bedenken, daß diese kirchliche Literatur meist von Mönchen

1. Beschwerliches Reisen. Der Wagen Papst Johannes' XXIII. (Schisma-Papst, 1415 abgesetzt) kippt auf der Fahrt über die Alpen um

2. Dörfliche Landschaft im Schwabenland. Um 1500

Ch pin geheissen der mertz Den pfluey ich auff stetts in disem monadt
lass cham plit Doch ist swais paden gut
Des haubts soll man schonen Dan in dem wider stimet der manen Mit Jw
ader lassen aber paden Ist gut an allen schaden Dy oren segen soll man

3. Bauern bei der Feldbestellung. 15. Jh.

Elcher ochs geren zeucht den pfluey Dem will ich geben heres ge
nuey Auch will ich dir mit trewen sagen zhuet dich vor den hundt
sthen tagen Der leo meret den smertzen Der lungen vnd dem her
zen Nit ley an ain newes klaid oder gewant Pistu ye laden dir veirsechst
ut Dw solt cham erneuer messen Dich soll auch freben sere vdriessen

4. Heumahd. 15. Jh.

o der hærmęt tunen vol des selben voissprans vnd sprach
er stuer der es bracht Es gestunden ob vierhundet guldin
on kittow bis gen Costentz

5. Bauern führen Lebensmittel zur Stadt. 15. Jh.

Duo got mit finer chrefti uol worhte alle fine gefcephte do fprach er gut mit frolichem mut. Nu tun wir ouch einen man nach unferem pilidi getan. der aller unfere getate nach unf gebi te deme fich dah witr mere nicht u were. dah er dar inne neme. al def in geheime. ih ne fi niener fo tief. dah ime dar inne fi liep. ih ne ile dare. da er ime hare. uerneme wah er welle tu

6. Frömmigkeit im Mittelalter. Deutsche Paraphrase über das Buch der Genesis. Um 1175

Do nu der schenk chant wid an genut

7. Der König als Oberster Gerichtsherr. Ende des 14. Jhs.

Die enphecht di chunigin mit grozzi ritterschaft

8. Höfische Begrüßung. 1320

9. Der Kampf als Bewährung im ritterlichen Leben. Ende des 14. Jhs.

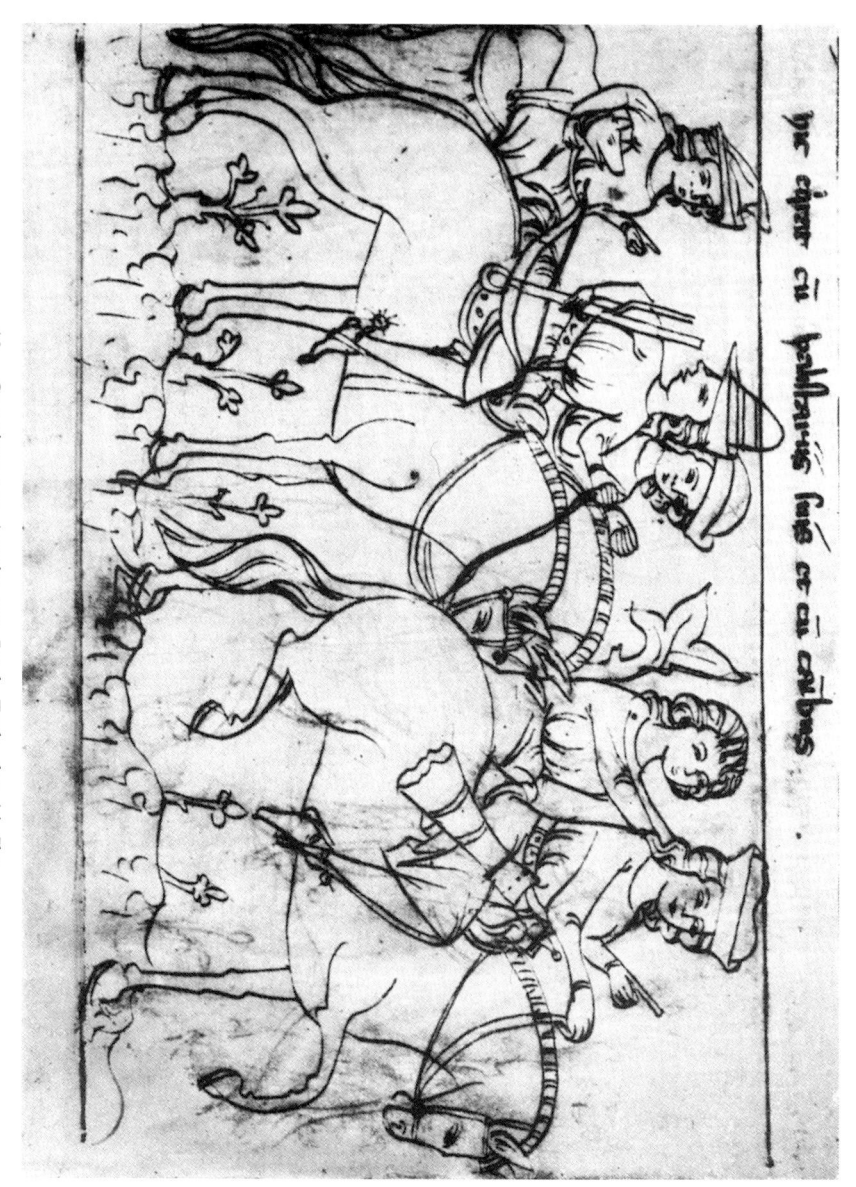

10. Gemeinsamer Ausritt zur Jagd. Ende des 14. Jhs.

geschrieben ist, die naturgemäß leicht eine andere Einstellung zur Frau hatten als die Laien.

Es würde darum ganz falsch sein, nur auf diesen Tatsachen fußend, sich ein Bild von dem Leben der Bauersfrau im Mittelalter zu machen, besteht doch in bäuerlichen Kreisen zu allen Zeiten eine Arbeitsteilung von Mann und Frau in der Weise, daß die Frau den Haushalt, den Garten und die Kleinviehzucht in der Hand hat, der Mann aber die Zucht des Großviehs und den Ackerbau im weitesten Sinn. Damit aber hat jeder von beiden eine gewisse Selbständigkeit in seinem eigenen Bereich, und Mann und Frau sind in ihrer Arbeit aufeinander angewiesen. Schon darum ist keine wirklich abhängige Stellung der Frau auf einem Bauernhof der alten Zeit möglich. Wo wir in der Literatur einen Einblick in diese Verhältnisse bekommen, bestätigt sich diese Annahme eines guten Zusammenarbeitens und einer gewissen Gleichberechtigung der Frau im Alltagsleben trotz der rechtlich vollkommen abhängigen Stellung. Ein schönes Beispiel dafür ist Hartmanns von der Aue „Armer Heinrich", wo der Bauer und seine Frau alle ihre Sorgen um die Zukunft ihres Hofes unter einem neuen Herren miteinander besprechen und treulich teilen, ebenso wie sie gemeinsam über das Schicksal ihres Kindes beraten. Es ist also, wie dies Beispiel zeigt, eine wirklich gute Ehe in gegenseitiger Achtung sehr wohl auch auf dem Boden der rechtlichen Abhängigkeit möglich und auch Wirklichkeit gewesen. Aus der gegen Ende des Mittelalters immer häufiger werdenden Schwankliteratur geht sogar hervor, daß es Ehen gab, in denen trotz der rechtlichen Machtstellung des Mannes die Frau das Regiment führte, ja sogar den Mann schlug. Auch das war also praktisch miteinander vereinbar. Und wenn diese Schwänke auch von Bürgern, die auf den Bauern herabsahen, geschrieben sind, und man deshalb einiges abziehen muß, so bleibt diese Tatsache doch bestehen.

Wir haben also trotz der eindeutigen rechtlichen Herrenstellung des Mannes in der Familie keinen Anlaß, die Stellung der Bauersfrau allzu düster zu beurteilen. Ihre Arbeit schuf ihr eine feste und sichere Stellung im Haus. Darum sind auch die bäuerlichen Ehen dieser Zeit nicht schlecht gewesen, wenn sie auch oft keine reinen Liebesehen waren, sondern praktische Gesichtspunkte bei der Gattenwahl oft ausschlaggebend waren. Die Stellung der Frau im Haus wurde auch dadurch gehoben, daß die Erziehung der kleinen Kinder in ihrer Hand lag. Eine Schule gab es für Bauernkinder nicht, wenn sie nicht für den geistlichen Stand bestimmt und dann früh schon einem Kloster zur Erziehung übergeben wurden. War schon die Zahl der Adeligen, die lesen und schreiben konnten, gering, so erst recht die Zahl der Bauern. Was man in bezug auf Kenntnisse geistiger Art von dem Bauern verlangte, zeigt eine Art Examen, das nach dem Bericht von Heinrich Wittenweiler mit dem Bräutigam abgehalten wurde. Er mußte das

Vaterunser, das Glaubensbekenntnis und das „Ave Maria" hersagen. Das war alles.

Aus der Tatsache, daß weitaus die meisten Bauern nicht schreiben konnten, ergibt sich die große Ausbildung des Gedächtnisses all dieser Männer und Frauen, denn alle sehr komplizierten Rechtsformeln und Rechtsgebräuche mußten im Gedächtnis festgehalten werden, ebenso alle Kirchenlieder und Responsorien, aber auch alle Volkslieder, Volkssagen, Märchen und Heldenlieder, die von einem an den anderen weitergegeben wurden. Das ist eine erstaunliche Ausweitung des Gedächtnisses ohne die Hilfen, die heute Bücher aller Art geben.

Von diesem Analphabetentum der Bauern aus wird auch verständlich, daß man mit so großer Hochachtung allem Geschriebenen gegenüberstand. Darum hatten die Urkunden eine so große Beweiskraft, darum aber wurden sie auch so oft gefälscht oder verfälscht. Darum spielt auch in allen Sagen die Unterschrift unter einen Pakt eine so große Rolle. Mit ganz besonderer, fast ehrfürchtiger Haltung trat man den reichgeschmückten Handschriften kirchlicher oder biblischer Texte gegenüber. Von hier aus wird aber auch umgekehrt die Sorgfalt, die man auf die Ausstattung dieser hochverehrten Bücher verwendete, voll verständlich. Auch zu allerlei Zauberwerk verwendete man die Schrift gern.

Das alles bedeutet nun keineswegs, daß die Kinder ohne Erziehung aufgewachsen wären. Sie wurden zunächst von der Mutter, später die Buben von dem Vater in all das eingeführt, was die bäuerliche Arbeit von ihnen verlangte, dazu in die durch die Sitte und die Frömmigkeit bestimmte Zucht des Dorfes und in die Frömmigkeit der Eltern, die Knaben auch in alles, was das öffentliche Leben später von ihnen erwarten mußte, also vor allem in die Kenntnis des Rechts und seiner festgelegten Formeln. Eine gewisse Fähigkeit im Gebrauch der Waffen mindestens zum Schutz gegen wilde Tiere oder in der Notwehr kam ergänzend dazu.

Im ganzen muß man dabei recht streng vorgegangen sein. Denn die Mahnung von Hans Sachs war sicherlich nicht nur an bürgerliche Eltern gerichtet. Er schreibt:

> *„Hiebei merket ihr ehrbaren alten,*
> *dass ihr sollt eure kinder halten*
> *unter der ruten, die mit schmerzen*
> *des kinds thorheit treib aus dem herzen."*

Auch die Lieder Neidharts von Reuenthal und anderer, die immer wieder Mädchen schildern, die der Mutter die Erlaubnis zum Tanz zu gehen, mühsam abbetteln oder abtrotzen, zeigen, daß die jungen Mädchen von den Müttern in Zucht gehalten wurden, entsprechend den Grenzen, die die Sitte zog.

Frömmigkeit und Volksglaube. —
Gott, Recht und Ordnung

Es fehlen uns sehr wesentliche Züge im Bild des mittelalterlichen Bauern, solange wir nichts von seiner Frömmigkeit, von seinem Christentum wissen. Dabei ist wohl zu beachten, daß das wirkliche Eindringen des Christentums in das deutsche Volk ein sehr langwieriger Prozeß war. Mit der offiziellen Annahme des Christentums durch einen germanischen Stamm ist es in seinen Männern und Frauen noch nicht lebendig geworden. Zwischen beidem liegen oft Jahrhunderte, und die Art und Weise, wie verschiedene Stämme oder verschiedene Stände eines Volkes sich das Christentum innerlich aneignen, wie sie es sich anpassen, so daß sie es erfassen können, ist dabei sehr verschieden. Das gilt auch für das deutsche Volk. Langsam nur faßte das Christentum Wurzeln; und es vollzog sich dabei ein Prozeß der Anpassung an vom Heidentum her verbliebene Grundhaltungen in religiösen Fragen. Nur von da aus wird man die Besonderheiten der Frömmigkeit des mittelalterlichen Bauern verstehen können. Die Christianisierung begann in Deutschland etwa um das Jahr 700. Iroschottische Mönche „bekehrten" die Alemannen, Bayern und Teile der Thüringer. Wichtiger aber noch wurde die zweite, durch die Persönlichkeit von Bonifatius (gestorben 755) bestimmte Welle der angelsächsischen Missionare. Sie wendete sich hauptsächlich Hessen und Thüringen zu, später auch Bayern. Zu dieser Gruppe gehörten auch Pirmin, der Gründer des Klosters Reichenau und anderer Klöster, und Bonifatius' Schüler Lul und Sturm. Überall in diesen beiden Kreisen ging man entsprechend den Ratschlägen vor, die einst Papst Gregor der Große einem Missionar gegeben hatte. Man solle die heidnischen Gotteshäuser nicht zerstören, sondern die gewohnten Stätten heidnischen Kultus in solche christlichen Gottesdienstes umwandeln, man solle die heidnischen Feste mit Opfern und Gelagen zu christlichen Festen umgestalten, überall also Christus als neuen Gott an die Stelle der alten heidnischen Götter setzen. Es läßt sich heute noch beobachten, daß christliche Kirchen auf den Stellen stehen, oft auf Höhen, auf denen einst heidnischer Kult seine Stätte gehabt hatte; die Wintersonnenwende wird zu Weihnachten, das Mittsommerfest zum Johannistag, das Osterfest wird nach der heidnischen Göttin Ostara benannt; wo man an heiligen Quellen oder an heiligen Bäumen den Heidengott verehrt hatte, entstehen nun Kapellen, wo Götzenbilder standen, findet man bald Heiligenbilder. Aus Opfern werden die Weihgaben von Bildern, Kränzen und anderem, und in den alten Zaubersprüchen werden die Namen der heidnischen Götter durch den von Christus ersetzt oder es bleibt zweifelhaft, ob der „druhtin" (Herr), der da helfen soll, der christliche oder der heidnische Gott ist. Da diese

Zaubersprüche des 9. und 10. Jahrhunderts besonders markant diese
Nachfolge des Christengottes in der Rolle und an der Stelle des Heiden-
gottes zeigen, sollen einige im Wortlaut oder in der Übersetzung folgen:
Merseburger Zauberspruch, 10. Jahrhundert (Braune, Althochdeutsches Lesebuch, S. 31/85):

Phol ende Wodan vuorun zi holza (fuhren in den Wald)
do wart dem Balderes volon (Fohlen) *sin vuos birenkit* (verrenkt).
thu bihuolen Sinthgunt, Sunna era suister (Schwester)
thu biguolen Friia, Volla era suister;
thu biguolen Wodan, sò hê wola conda: (*biguolen* = besprechen, zaubern)
„sose bênrenki, sose bluotrenki
sose lidrenki: (Einrenkung von Bein, Blut und Gliedern)
bên zi bêna, bluot zi bluoda,
lid zi geliden, sose gelîmida sin" (gleich, als ob sie geleimt seien)

Das ist also ein völlig heidnischer Zauberspruch aus christlicher
Zeit. Anders ist es bei einer altsächsischen Zauberformel aus dem
10. Jahrhundert. Hier treten keine heidnischen Götter mehr auf, sondern
nur „druhtin", der Herr. Er hat, wie berichtet wird, einen Fisch geheilt,
und nun soll „the selvo druhtin" auch die Lähmung des Pferdes heilen.
Man steht hier also zwischen Heidentum und Christentum. Der Spruch
ist für beide zu verwenden. Doch die Handschrift, die ihn überliefert
hat, verlangt vorher das Sprechen eines Pater noster und schließt das
Ganze mit „Amen" ab (ebenda, S. 45/116). Ebenso beschränkt sich
ein gleichzeitiger Zauberspruch gegen Würmer auf die Anrufung des
druhtin. Der sogenannte Lorscher Bienensegen, der schon aus dem
9. Jahrhundert stammt, hat hingegen nichts Heidnisches mehr als —
die Hauptsache — den Inhalt des Zaubers. Im Wortlaut sind alle
heidnischen Götter durch „den Christ" und die „heilige Maria" ersetzt. Er lautet:

> *„Christ, der Immenschwarm ist draußen!*
> *Nun flieg, du mein Tierchen, hierher*
> *friedlich, fromm in Gottes Hut,*
> *daß du gesund nach Haus kommst.*
> *Sitz nieder, sitz nieder, Biene,*
> *so gebot dir die heilige Maria.*
> *Urlaub hast du keinen mehr,*
> *Zum Wald flieg nicht,*
> *du sollst mir nicht entlaufen,*
> *noch sollst du dich losmachen*
> *sitz schön still*
> *und tue so Gottes Willen."* (ebenda, S. 31/85)

Man sieht hier deutlich, wie der alte Zauberglaube weiterbesteht, nun in christlicher Verbrämung.

Es steht auf derselben Stufe, wenn Widukind von Corvey von der Verwandlung eines heidnischen Sieges- und Gefallenen-Gedächtnis-Festes in ein christliches Fest berichtet mit den Worten: „Dieser Tag heidnischen Irrglaubens wurde durch die Segnung frommer Männer umgewandelt zu einem Tag der Fasten, der Gebete und der Meßopfer für die vor uns verstorbenen Christen" (Widukind I, 12, S. 20/10).

Was ist also geschehen? Ein König hat seinen himmlischen Herren gewechselt und mit ihm sein ganzes Volk, so wie das Volk, wenn der Herzog sich einem anderen König unterstellt und sein Lehensmann wird, selbstverständlich mit ihm dem neuen König untertan und treu-verpflichtet wird. Der König hält — das geht für den Mann daraus hervor — den neuen Schutzherren für stärker als den alten, deshalb schließt sich auch das Volk diesem Glauben an. Widukind erzählt, daß bei den offiziell schon christlichen Dänen in Gegenwart des Königs ein Streit entstand, ob Christus stärker sei als andere Götter oder schwächer. Da erbietet sich ein Geistlicher, Poppo mit Namen, durch ein Gottesurteil zu erweisen, daß Christus der Stärkere sei. Und wirk-lich, er trägt das glühende Eisen, und alle sehen damit als erwiesen an, daß Christus stärker, daß also der christliche Glaube der rechte sei (Widukind III, S. 65/140).

Was aber wird nun nach diesem Wechsel des Herren von den Männern des Volkes verlangt? Wie sie einem neuen weltlichen Herren einen Treueid leisten und dem alten Herren die Treue aufsagen müssen, so auch hier. Alle Taufgelöbnisse, die uns erhalten sind, zeigen das deutlich (Braune, Althochdeutsches Lesebuch, S. 166, Nr. 46 und S. 40, Nr. 12): „Schwörst du ab dem Teufel (der mit dem Heidengott gleichgesetzt wird)? Ich schwöre dem Teufel ab. Schwörst du ab allem Teufelsopfer? ... und allen Teufelswerken? Ich schwöre ab aller Werken und Worten des Teufels, Donar und Wodan und Saxnot und allen Unholden, die ihre Genossen sind." Was ist nun in der neuen Lage den Männern des Volkes verboten? Es ist immer wieder das-selbe, was genannt wird: Teilnahme an Opfern und Opfermahlen, an heidnischen Tänzen, an heidnischen Weissagungen, kurz, jeder Dienst des alten Gottes. Aber es dauerte lange, bis solches Verbot sich durch-setzte. Es ist darum nicht verwunderlich, wenn Pirmin, der Zeitgenosse von Bonifatius, schreibt, Baumkult, Weissagungen und heidnische Tänze bestünden noch weiter, und wenn Papst Gregor II. (gestorben 731) über die Thüringer sagt, daß sie unter dem Mantel des Christen-tums ihren Götzen dienten. Und noch lange später fragen die auf-gestellten Beichtfragen immer wieder nach der Teilnahme an solchen heidnischen Feiern. Bischof Burchard von Worms gibt in seinem „Poenitential" von etwa 1020 genauer einige Punkte des noch be-

stehenden und zu bekämpfenden heidnischen Glaubens an: heidnische
Wettermacherei, der Glaube an die Verwandlung eines Mannes in
einen Werwolf, an den geschlechtlichen Verkehr von elfischen Frauen
mit Männern und an die Nachtfahrten von Hexen. 1020 sind also die
heidnischen Hauptgötter zwar vergessen, aber der Glaube an Dämonen
und Geister aller Art lebt noch.

Von einem persönlichen Verhältnis des Menschen zu Gott und
Christus, von Forderungen der Nächstenliebe und dergleichen ist
lange Zeit noch gar nicht oder kaum einmal die Rede. Erlösung be-
deutet Schutz vor den immer noch gefürchteten Unholden und dem
Teufel als Haupt aller dieser Geister, Sünde ist Abfall von dem rechten
Gott und von Christus und Dienst der heidnischen Unholde.

Was an die Stelle des Alten tritt, ist der Dienst des neuen Herren
und Gottes, Christus, mit Loben und Danken in Gesängen und Gebeten,
mit Opfern, die nun in Schenkungen an die Kirchen gesehen werden.
Geblieben ist der uralte Versuch, mit besonderen Handlungen und
Symbole verwendenden Sprüchen magisch den Gott zu Hilfe in Not,
zur Erfüllung bestimmter Wünsche zu bewegen, das heißt die Zauberei.
Auch das Gebet tritt nun oft in den Dienst dieser Zauberei. Ich erinnere daran, daß der noch ganz heidnische Zauberspruch gegen die
Lähmung eines Pferdes mit einem Pater noster eingeleitet werden
sollte. In dies Zauberwesen wurden nun auch die Kirche und ihre
Symbole einbezogen, denn für das primitive, an heidnische Vorstellungen
gewöhnte Denken der neubekehrten Christen war der Wechsel des Herren,
die Abkehr von den alten Göttern und die Kirche als die neue Macht
nur mit den altgewohnten Gedanken zu erfassen. Auch die alten Götter
wurden nicht weggeleugnet von der neuen Lehre, sondern als unter-
worfene, besiegte, grollende, aber machtlose Geister angesehen, und so
auch in den Plastiken der romanischen Kirchen dargestellt. Denn diese
Figuren, die auf Kapitälen oder Säulenfüßen oder an Gestühlen unter
der auf sie gelegten Last seufzen und stöhnen, sind nicht als dekorative,
der Phantasie des Künstlers entstammende Bilder anzusehen, sondern
als Abbilder real geglaubter, geschlagener, besiegter Dämonen.

Daß diese die neue Herrschaft Christi und seiner Kirche zu stürzen
suchen würden, erschien selbstverständlich, ebenso aber auch, daß man
gegen sie die alterprobten Zaubermittel nun im Namen und mit der
ihnen verliehenen Macht des neuen Gottes anwendete. Alle Zeichen,
alle Symbole des neuen Herren mußten diesem Zweck dienen. So erschien gerade die Kirche mit all ihrem neuen Glanz von Gewändern,
Kerzen und Gebäuden als die große Macht, die solchem Zauber gegen
die alten Unholde und Geister die Kraft gab. So wurde der Kirche und
allem, was zu ihr gehörte, eine große, sachlich wirkende Kraft zuge-
schrieben, die über unsere heutigen Vorstellungen weit hinausgeht und
Anklänge an heidnische Zauberkraft bei grober und plumper Hand-

habung zeigen kann: im Weihwasser, im Zeichen des Kreuzes, das in jeder Form — als Kreuzschlagen oder als Kruzifix in den Feldern und in den Stuben — die bösen Geister bannt. Auch das Glockenläuten, das Gewitter und Hagel abhält, das Vaterunser, das den Teufel und von ihm gebrachte Versuchungen vertreiben kann, muß in diesem Zusammenhang genannt werden. Es war eine lange und kaum zu kontrollierende Entwicklung nötig, um aus einer solchen unmittelbar sachlichen Wirkung kirchlicher Objekte durch Berührung oder Aussprechen eine tiefere vergeistigtere Auffassung der Macht und Hilfskraft kirchlicher Riten entstehen zu lassen.

Wir besitzen ein Gedicht des Meistersingers Michael Behaim aus der Mitte des 15. Jahrhunderts, also rund 700 Jahre nach der Christianisierung, das beweist, wie viele Reste von heidnischem Glauben und Zauberglauben noch lange lebendig waren. Aus dem, was er in seinem langen Lied aufzählt, ergibt sich folgendes Bild: Der Glaube an die germanischen Hauptgötter, wie Wodan und andere, ist erloschen, wohl aber glaubt man noch an Hauskobolde (Schretzlin), die dem Haus Gut und Ehre geben, aber auch kleine Kinder in Kobolde verwandeln oder das Vieh quälen können. Man richtet ihnen in der Nacht vor dem 7. Januar (Perchtennacht) einen Tisch mit einer Mahlzeit. Man glaubt weiter an Unholde, die Gewitter, Blitzschlag und Hagelwetter schicken, an Albe, mancherorts an Trolle und an Werwölfe. Vor allem aber glaubt man noch an Parzen, Nornen oder ähnliche Wesen, die das Schicksal des Menschen im voraus schon unabänderlich bestimmen. Das ist die Stelle, wo der alte Glaube noch am meisten Tiefe hat. Der Glaube an diese Unholde und Geister bestimmt das Tun des Menschen in dreierlei Weise. Einmal glaubt man mit Zauberei aller Art die Macht dieser Geister brechen und das kommende Geschehen beeinflussen zu können. Es sind dies teils alte, teils mit christlichen Namen ausgestattete Zaubersprüche (Besprechen des Viehes), teils Runenzauber, teils die Verwendung von bestimmten Wurzeln und Kräutern, deren Wirkung an bestimmten Tagen und zu bestimmten Stunden besonders groß sein soll. Ferner sucht man böse Geister mit Lärmen, Schreien und dergleichen zu vertreiben. Man geht hier so weit, daß man noch glaubt, mit solchen Mitteln auch Tote erwecken oder doch ihre Seele zur zeitweisen Rückkehr bewegen zu können. Schließlich ist man überzeugt, wahrsagen zu können, im Zusammenhang mit dem alten Schicksalsglauben. Dazu befragt man das Feuer (Blick in den Ofen oder Herd), die Wolken, den Wind, das Wasser, den Sand, das Vogelgeschrei und den Vogelflug, die Linien der Hand, Träume und den Stand der Sterne. Unter christlichem Einfluß dienten dann auch die Bibel, der Psalter oder das Gebet- oder Gesangbuch solchem wahrsagenden Tun.

Doch die größte Bedeutung im öffentlichen und privaten Leben hat der damit verwandte Glaube, die Wahrheit auch der Vergangenheit

mit zauberartiger Hilfe Gottes in den sogenannten Gottesurteilen fest-
stellen zu können, gefunden. Sie gehören zu den offiziell von Staat und
Kirche anerkannten und immer wieder angewandten Rechtsmitteln.
Gott ist der Gott des Rechtes und der Gerechtigkeit. Er muß dem Recht
zum Sieg verhelfen, es deutlich erkennen lassen, und es gibt bestimmte
Handlungen, die Gott nötigen (ähnlich wie das der Zauber tut), die
Wahrheit zu erkennen zu geben. Solche Mittel sind der gerichtliche
Zweikampf. Wer hier siegt, ist unschuldig, hat Gott und das Recht auf
seiner Seite. Oder — und das geschah häufig — man legte den Ver-
dächtigten gefesselt in eine Bütte mit Wasser. Sank er unter, so war er
schuldig. Oder man ließ ihn über glühende Pflugscharen schreiten.
Blieb er unverletzt, so war er unschuldig. Das gleiche galt von dem,
der glühendes Eisen tragen, aus kochendem Wasser einen Gegenstand
herausholen konnte. Handelte es sich um einen Mord, so führte man
den Beschuldigten vor die Leiche. Begannen dann die Wunden neu zu
bluten, so stand der Mörder an der Leiche seines Opfers. Nicht immer
bejahte die Kirche diese Gottesurteile. Noch Papst Nikolaus I. wendete
sich mit aller Entschiedenheit gegen sie und ihre Anwendung am
karolingischen Hof im Jahre 867. Damit trat er einem Gutachten des
Bischofs Hinkmar von Reims aus dem Jahre 860 entschieden entgegen.
Dennoch setzten sich die Gottesurteile im Abendland durch. König
Harald von Dänemark ließ durch Gottesurteil erweisen, ob das Christentum die Wahrheit darstellt, und 887 wurde die Jungfräulichkeit einer
Kaiserin durch Gottesurteil erwiesen. Auch strittige Rechtsfragen, so
die über die Gleichstellung von Oheim und Enkel eines Verstorbenen
im Erbrecht, wurden auf einem Reichstag durch Gottesurteil entschieden
(Widukind von Corvey II, 10; III, 65; Regino von Prüm zu 887).
Später begegnen wir dem Gottesurteil als offiziell anerkanntem Mittel
zum Finden des Rechts in der Lohengrinsage und im Nibelungenlied.
Die germanisch-fränkische Gedankenwelt mit den Resten altheidnischen
Zauberglaubens hatte sich kräftiger und wirksamer erwiesen als der
Einspruch des Papstes aus dem Jahre 867, der sich gegen einen solchen
Einbruch wehrte.
    Die heutige ländliche Volkskunde weiß uns ebenfalls noch solche
Reste heidnischen Glaubens in christlicher Form aufzuzeigen, wenn
auch der harte Ernst solchen Glaubens meist nachgelassen hat. Auch
die Märchen legen uns Zeugnis dafür ab. Denn wenn wir die alten
heidnischen Vorstellungen hier auch verharmlost und als Kinderge-
schichten nicht mehr ernst genommen vorfinden, so steht dahinter
doch noch deutlich die Erinnerung an eine Zeit, in der man an die feindlichen und freundlichen, in den Wäldern hausenden Hexen, Riesen,
Zwerge, Trolle und an Heinzelmännchen noch fest glaubte, da der
ganze Schrecken des wilden Waldes und die Angst vor den vom Christentum vertriebenen bösen Geistern noch mit voller Lebendigkeit vor den

Menschen stand. Das Märchen zeigt dann eine Spätstufe, auf der man aus alter Tradition noch viel von den alten Geistergestalten und von den Zaubermitteln zu erzählen weiß. Da treffen wir zum Beispiel noch auf Werwolfgestalten wie den „Bärenhäuter", einen vom Teufel ausgestatteten Mann in Bärengestalt. Doch schon ist die alte Schwere gemäßigt, denn er kann nach sieben Jahren erlöst werden. Im Märchen von Allerleirauh ist dies Bild abgeblaßt, wo der Prinz in Pelzen vermummt und das Gesicht geschwärzt erscheint. Auch der Bär in „Schneeweißchen und Rosenrot", der sich als verwunschener Prinz entpuppt, entstammt diesem Werwolfglauben, den Bischof Burchard von Worms 1020 ausdrücklich verwarf und bekämpfte. Verzauberungen und böse und freundliche Geister aller Art kehren in allen Märchen so häufig wieder, daß es zu weit führen würde, dem hier nachzugehen. Ein sehr klares Beispiel eines Blutzaubers zeigt das Märchen von der „Gänsemagd", wo die Königinmutter sich schneidet, um drei Tropfen ihres Blutes auf ein weißes Tüchlein fallen zu lassen, damit sie dies ihrer Tochter als Schutzmittel mitgeben kann. Und wirklich gerät diese, als sie den Zauber beim Trinken im Bach verliert, ganz in Abhängigkeit von der bösen, herrschsüchtigen, betrügerischen Kammerfrau. Baumzauber liegt vor, wenn das Aschenbrödel seine Kleider und seine Schuhe von einem Bäumchen schütteln kann. Die volle Belebung des heiligen zauberkräftigen Baumes aber zeigt das Märchen vom Machandelboom, wo das Schwesterchen die Knochen des Brüderleins, das die Stiefmutter getötet und dessen Fleisch der Vater ahnungslos gegessen hat, unter den Machandelbaum (Wacholderbaum) ins Gras legt. „Do füng de Machandelboom an sik to bewegen, un de Twygge deden sik jümmer so recht vom eenanner und denn wedder tohoop, so recht, as wenn sik eener so recht freut un mit de Händ so dait. Mit des so güng dar so'n Newel von den Boom, un recht in dem Newel dar brennt dat as Führ, un ut dem Führ flöög so'n schönen Vagel herut." Der fliegt dann davon und singt überall sein Lied, das zur Aufdeckung des Mordes und zum Tod der bösen Stiefmutter führen muß. In diesem Augenblick aber verwandelt sich der Vogel wieder in den getöteten Stiefsohn. Das Lied aber, das der dem Baumzauber entstammende Vogel im Dienst von Recht und Gerechtigkeit singt, lautet:

> „mein Mutter, die mich schlacht',
> mein Vater, der mich aß,
> mein Schwester, das Marlenichen,
> sucht alle meine Benichen,
> bind't sie in ein seiden Tuch,
> legt's unter den Machandelbaum.
> Kywitt, kywitt, wat vör'n schöön Vagel bün ik."

Auch der Glaube an die Zauberkraft der Totengebeine spielt hier
mit, wie er auch in dem Märchen vom singenden Knochen zutage
tritt, wo der Knochen des Ermordeten, als ein Schäfer sich ein Mund-
stück daraus machte, anfängt, zu singen:

> *„Ach, du liebes Hirtelein,*
> *du bläst auf meinem Knöchelein.*
> *Mein Bruder hat mich erschlagen,*
> *unter der Brücke begraben,*
> *um das wilde Schwein*
> *für des Königs Töchterlein."*

Von der Zauberkraft der Quelle weiß das Märchen auch wiederholt
zu berichten, so in dem Märchen vom „Brüderchen und Schwesterchen",
wo das Schwesterchen die Quelle murmeln hört: „Wer aus mir trinkt,
der wird ein Reh (ein Löwe u. a.)", und wo, als das Brüderlein dann
dennoch trinkt, die Verwandlung auch eintritt.

Die Beispiele ließen sich leicht vermehren. Doch auch so schon
leuchtet ein, daß das Märchen das Weiterbestehen und die allmähliche
Verharmlosung des heidnischen Glaubens auch in christlicher Zeit uns
deutlich macht. So läßt es Rückschlüsse zu auf die religiöse Vorstellungs-
welt des mittelalterlichen Menschen und vor allem des Bauern, in dessen
Gedankenwelt diese alten Bilder am längsten gehaftet haben. Noch
heute kennen wir abgeblaßte Reste solchen halbheidnischen, religiösen
Brauchtums, zum Beispiel in Kinderversen wie „Heile, Heile
Segen . . .".

Die ritterliche Herrenwelt des Mittelalters hat aus diesen Anfängen
eines nur äußerlich übernommenen Christentums sich eine eigene
kämpferische, vom ritterlichen Sein her bestimmte Religion geschaffen,
von der noch die Rede sein wird. In den Kreuzzügen ist sie am klarsten
in Erscheinung getreten. Damals scheinen auch Bauern sich dem Bann
der allgemeinen Begeisterung der ritterlichen Kreise nicht haben entziehen zu können, wenn sie mit den Rittern zum Kreuzzug auszogen
oder sich den Scharen Peters von Amiens anschlossen. Gerhoch von
Reichersberg berichtet bei dem Zweiten Kreuzzug besonders von einem
großen Aufbruch auch der Bauern (Antichr. II, 59/374). Aber das ist,
soweit wir sehen können, doch nur eine Erscheinung am Rande, im
allgemeinen bleibt der Bauer Bauer auch in seiner Frömmigkeit.
Wir werden bäuerliche Stimmen wohl auch unter der Opposition gegen
die Kreuzzugsidee und Kreuzzugsbegeisterung, die die Kreuzzugs-
prediger Söhne Belials und Eideshelfer des Antichrist nannten, zu suchen
haben (Würzburger Annalen zu 1147).

Will man sich ein Bild von dieser bäuerlichen Frömmigkeit des
Mittelalters und damit zugleich von seiner Haltung den großen Lebens-

problemen gegenüber machen, so darf der geschilderte Restbestand des Heidentums nicht einseitig in den Vordergrund gestellt werden. Er bestand weiter, aber nur noch im Halbschatten, während die jahrhundertelange Predigt des Christentums andere Grundzüge des Denkens und Glaubens in den Vordergrund stellte. Teils zogen sich die heidnischen Gedanken und Bräuche unter dem Titel von „Aberglauben" an eine offiziell mißachtete Stelle, aber doch noch voll Leben im Dunkeln zurück. Teils aber verdrängte man diese Vorstellungen auch in Erzählungen, die nicht mehr ernst genommen und im wesentlichen Kindern erzählt wurden.

Versuchen wir, von diesen versteckten Resten des Alten absehend, uns ein Bild der Frömmigkeit dieser Tage zu machen, so fällt auf, daß die Zahl der eigentlichen Probleme, die dem bäuerlichen Denker zu schaffen machen könnten, klein ist. Die Predigt in den Dorfkirchen hat sie nicht aufkommen lassen. Dem entspricht auch, daß die Antworten, die auf solche Fragen gegeben werden können, besonders deutlich herausgearbeitet sind und so von einer Generation der anderen weitergegeben werden. Die Volkskunde des Bauerntums der letzten Jahrhunderte wird uns trotz vieler Veränderungen und Angleichungen stellenweise manche Hilfe bei dem Suchen nach alten Vorstellungen geben können.

Einmal ist Gott damals wie heute der Herr der Welt und damit der Gott des Wetters und der Fruchtbarkeit, der das gute Wetter wie auch das Unwetter schickt und der ebenso den Haustieren Gesundheit und Fruchtbarkeit schenkt. Im Dienst dieses Gottes finden sich Gebete rein christlicher Art mit allen Abstufungen des geschilderten Zauberglaubens zusammen, bisweilen kaum trennbar miteinander verbunden. Zugleich ist Gott aber auch Herr über Leben und Tod des Menschen selbst, über alles Geschick, das ihm widerfährt. Aber bei dem allen ist er der gütige Herr, der „milde", wie man in der alten Sprache sagt, zu dem man das Zutrauen haben kann, daß er alles zu einem guten Ende führt. Darum gebührt ihm, ähnlich wie dem großen irdischen Herren, Lob, Preis und Dank. Das ist die erste Forderung und zugleich die erste Anerkennung seiner Herrschaft, seiner Macht und seiner Güte. (Man beachte nur, wie sehr die Lob- und Danklieder unserer Gesangbücher der Ehrung von Fürsten und siegreichen Königen des Mittelalters gleichen!) Diesem Herren, der Strenge und väterliche Güte miteinander vereint, wie so mancher irdische Herr auch, dient man, wie man solchem Herren auf Erden dient, mit Preis und Ehre, mit Bitten und Danken, aber auch mit Gaben (Zehnten, Almosen) und Dienst („Gottesdienst" im doppelten Sinn), und man hofft auf seine Gnade und Milde, so wie man sie vom irdischen Herren des Dorfes oder des Tales erwartet.

Aber Gott ist nicht nur der Herr und Vater, sondern auch Richter, und zwar tritt diese Seite in der Frömmigkeit des Mittelalters wie in der des Alten Testamentes besonders deutlich heraus. Denn das Recht, das heißt das geltende ererbte Recht, ist Gottes Werk und seine Forderung. Es ist heilig. Das ist einer der wichtigsten Gedanken in der Welt des mittelalterlichen Bauern. Dem Recht und seiner Reinerhaltung dient er mit seinem ganzen Willen. Kleists Michael Kohlhaas hätte sehr wohl in jenen mittelalterlichen Jahrhunderten leben können. Auch hier ist wieder das deutsche Märchen aufschlußreich, das trotz aller internationalen Wanderung der Stoffe doch die Lebensgrundhaltung der bäuerlichen Kreise des alten Deutschlands spiegelt. Denn alle Märchen haben das Anliegen, daß die Gerechtigkeit siege. Das gute Recht muß zum Durchbruch kommen: der Mord aufgedeckt (Machandelbaum), der Betrug entlarvt (Gänsemagd), die Verzauberung gelöst werden (Dornröschen und viele andere) und so weiter. Und als, wie wir noch später sehen werden, um die Wende des 15. und 16. Jahrhunderts eine kämpferisch-bäuerliche Religionsform in Deutschland sich bildet und verbreitet, ist es der Gedanke des alten Rechts und neben ihm der der göttlichen Gerechtigkeit, der im Mittelpunkt des Denkens dieser bäuerlichen Aufständischen steht, das heißt die Forderung, die Heiligkeit allen Rechts dadurch durchzusetzen, daß man alle Rechtsinstitutionen an der Hand des Evangeliums auf ihre Berechtigung hin prüft.

Dieses Recht ist unabänderlich. So wie die Väter es gekannt haben, muß es auch in alle Zukunft bleiben. Aufgabe des Richters ist es darum, die Rechtskundigen, die im Besitz der Tradition sind, und das sind für ihn die Schöffen, zu fragen, was von altersher Rechtens sei. „Was Recht ist, muß Recht bleiben", dieser Spruch charakterisiert diese Rechtsauffassung und den mittelalterlichen Bauern. Was ich heute als Unrecht vor mir sehe, kann nur eine Abweichung vom guten alten Recht, eine Entartung eines besseren Rechtes sein. Dem Menschen der ersten Jahrhunderte des Mittelalters fehlt darum jedes Verständnis für eine mögliche und notwendige Wandlung des Rechtes bei veränderten Verhältnissen. Es fehlt der Gedanke an das, was wir Menschenrechte und Naturrecht nennen, die Idee eines Rechtes des Wachstums und Werdens.

Das alles gibt der Wesensart des mittelalterlichen Bauern ein Beharren, ein zähes Festhalten am Überkommenen, das den Bauern zum ruhenden Pol in der deutschen Geschichte gemacht hat. Aber es enthält auch die Gefahr eines Erstarrens, einer starren Abkehr von allem Neuen oder Fremden. Wir kennen dies Beharren aus den spätmittelalterlichen Kämpfen der Bauern um ihr ererbtes Recht, so wie es in einem Teil der Weistümer seinen Niederschlag gefunden hat; den gleichen Zug weist aber auch die neuere bäuerliche Volkskunde auf.

Da das Recht als solches von Gott stammt, sind auch die aus Recht und Sitte gewobenen Regelungen des Lebens, das heißt die Ordnung, von Gott gegeben und heilig. Damit aber bekommt dies Beharren erst seine rechte Farbe. Beharren in der heiligen Ordnung, ihr in Gehorsam sich unterwerfen, das ist die Hauptforderung der bäuerlichen Religion in alter wie in neuerer Zeit, solange die alte Art des Bauern noch nicht zerstört oder gestört war.

In diese Ordnung sind auch die ererbten, zu Recht bestehenden bäuerlichen Besitzrechte einbegriffen, die „Gerechtigkeiten" des Bauern oder des Hofes, wie die alte Sprache sagt. Darum ist jeder praktische Angriff auf dies Eigentumsrecht ein schweres Unrecht. Wer den Grenzstein verrückt, wird schwer bestraft, er findet auch keine Ruhe im Grab.

Die Ordnung des Dorfes wird dargestellt durch die Herrschaft des Herrn, der es sich gehorsam zu fügen gilt, weil auch diese Ordnung für den Bauern gottgewollt ist, sie wird aber ebenso dargestellt durch die Dorfgemeinde, die Summe aller Nachbarn, die Genossenschaft des Dorfes oder der Mark. Auch in diese Ordnung sich einzufügen, ist Pflicht. So kommt es zu dem zähen Zusammenhalten des Dorfes in gegenseitiger Hilfe und in dem Kampf um die Rechte des Dorfes und seiner Bauern. So kommt es aber auch, wie die Volkskunde feststellt, zu der Leichtigkeit, mit der der Bauer sich dem Urteil und der Meinung der Gesamtheit des Dorfes anschließt, auch wenn er im Grunde anders denkt (L'Houet, S. 63). So entsteht auch die enge Verbundenheit des Bauern mit seinem Besitz, an dem er mit großer Zähigkeit hängt. Leider läßt sich nicht feststellen, ob dies enge Verhältnis zum bebauten Boden auch im Mittelalter bei den hörigen Bauern in gleicher Weise bestand, deren Boden rechtlich im Eigentum des Herren stand und ihnen nur geliehen war, allerdings in steter Folge von einer Generation zur anderen.

Dieses starre Festhalten an den Ordnungen des Rechts, der Gemeinschaft und des Eigentums hat es den Bauern meist nicht leicht gemacht, alle Seiten des Christentums zu erfassen. „Was hülfe es dem Menschen, wenn er die ganze Welt gewänne und nähme doch Schaden an seiner Seele", war schwer zu fassen für den, der nie bereit war, von seinem Besitz oder seiner Gerechtigkeit abzusehen, und die persönliche Verantwortung des einzelnen Menschen leuchtete nur schwer dem ein, der sich so ganz auf das Urteil und den Entschluß der „Gemeinde" verließ. Gerade an dieser Stelle fand das volle Christentum nur langsam Eingang in die alten deutschen Dörfer.

Ordnung bedeutet aber auch: jedes Ding zu seiner Zeit und so wie es für das betreffende Geschlecht und die Altersstufe paßt. Ein bestimmtes Verhalten ist für jede Lebensstufe und Lebenslage vorgeschrieben. Hier ist das Wirkungsfeld der Sitte, das wir in den Bauerngestalten der spätmittelalterlichen Literatur wie auch der Holzschnitte finden. Auch die Trachten sind nach dem Lebensalter abgestuft. Dahin gehört zum Beispiel auch, daß der ältere Bauer einen würdigen Ernst bewahrt.

Laute Fröhlichkeit am Werktag schickt sich nicht, aber ebenso auch
nicht zuviel Eile, die dem Gang seinen ruhigen gemessenen Charakter
nimmt. Auch das Lachen hat seine Zeit. Dabei kennt man in mittelalterlichen Bauernkreisen den Humor sehr wohl; das beweisen die
Weistümer oft in grotesker Weise, so wenn festgesetzt wird, daß die
Bauernmädchen des schwäbischen Klosters Sponheim bei ihrer Heirat
dem Kloster einen Kupferkessel geben mußten „so groß als ihr Hinterer
war" (Grimm, Rechtsaltertümer 384 = I, 531), oder wenn in ähnlicher
Weise die von den Bauersfrauen abzuliefernde Menge von Butter und
Käse mit demselben Maß gemessen wird („als dick und schwer ir hinter-
teil" = Hagelstange, S. 27 = Sugenheim, Aufhebung der Leibeigenschaft, S. 360, Nr. 2). Mit ähnlichem Sinn für komische Situationen wird in
Gillenfeld bestimmt, daß, wenn man sich nicht darüber einigen kann, ob ein
abzuliefernder Hahn groß genug sei, entscheidend sein soll, ob er auf einen
dreieinhalb Fuß hohen Stuhl springen kann. Kann er das nicht, so muß
der Bauer ihn wieder nach Haus mitnehmen und ihn so lange füttern, und
wohl auch dressieren, bis er dieser Forderung genügen kann (Grimm, Weistümer II, 414). Aber auch die oben schon geschilderte Forderung, daß
das den Zins abliefernde „Walpertsmännchen" bei bester Versorgung mit
Essen und Trinken in drei Tagen nicht einschlafen darf, zeigt denselben
grotesken Humor. So kann es gar nicht zweifelhaft sein, daß diese
bäuerliche Welt voll eines eigentümlichen Humors steckt.

Heiterkeit scheint auch den Charakter dieser Welt des Dorfes
bestimmt zu haben. Im Jahr 1045 berichtet ein Eichstätter Kanoniker,
durch die übergroße Bautätigkeit der Bischöfe seien die Bauern schwer
geschädigt und die bis dahin herrschende frohe Stimmung habe sich in
Traurigkeit verwandelt (Anonymus Haserensis, cap. 29 = Kletler, S. 134).
Mit Recht hat man auch in diesem Zusammenhang auf die Lebens-
freude und Heiterkeit in den Dichtungen des Reichenauer Abtes Walahfrid Strabo hingewiesen (Kletler, S. 100). Freilich muß man daneben-
stellen, daß eine gewisse Angst vor den durch das Christentum ver-
drängten Dämonen in allen Schichten und zu allen Zeiten des früheren
Mittelalters neben solcher Heiterkeit steht. Doch der Bauer ist im allgemeinen zu nüchtern und sachlich, um solche Angst allzusehr auf-
wuchern zu lassen.

Jede Übersteigerung der Gefühle und Empfindungen widerspricht
dieser bäuerlichen Ordnung. Darum kennt der Bauer keine Mystik
(sie wächst in Klöstern und Bürgerhäusern). Darum gibt es auch keine
Bauern als Heilige, es sei denn, daß man den Schweizer Nikolaus von
der Flüe (1417 bis 1487, selig gesprochen 1669) dahin rechnen wolle.
Aber auch er wurde nicht als Bauer, sondern als Einsiedler ein Seliger.
Bauernmägde sind allerdings heilig gesprochen worden, aber nicht als
Bäuerinnen, sondern als Jungfrauen, so Notburga, Germana, Jeanne
d'Arc, Genoveva und andere. Der Bauer soll der „ordentliche" Mann,

er soll „recht" sein, aber kein Heiliger. Vielleicht bewirkte diese seelische Grundhaltung, daß der Bauer keine große Kunst kennt, von den kunstgewerblichen Verzierungen oder der Nachahmung von in den Klöstern oder den Städten entstandenen Kunstwerken und von dem Gesang von Volksliedern oder Heldengesängen und Märchen abgesehen. Für Bauern scheint die Weitergabe des Ererbten, die Tradition, der Hauptantrieb gewesen zu sein.

Auch die Enge des bäuerlichen Lebenskreises, von der schon einleitend die Rede war, bestimmt die ethische Haltung und den Charakter des Bauern dieser mittelalterlichen Welt. Manche der bekannten bäuerlichen Tugenden haben nur innerhalb der überschaubaren Grenzen Gültigkeit. So hat die Ehrlichkeit, die dem Nachbarn und Dorfgenossen gegenüber absolut zuverlässig ist, dem Städter gegenüber doch sehr ihre Grenzen. Hier darf man mit schlechten Waren oder durch allerlei Pfiffigkeit im Handel betrügen, und man ist auch noch stolz darauf, wie die Schwankliteratur das immer wieder zeigt. Auch die mit Recht vielgerühmte Gastfreundschaft hat bei den übersehbaren Grenzen des Stammes ein Ende. So sagt man im Meier Helmbrecht zu einem Fremden, der um ein Quartier bittet:

> „sît ir ein Bêheim oder ein Wint,, (Wende),
> sô vart hin zuo den Winden . . .
> sît ir ein Sahse oder ein Brâbant
> oder sît ir von Walhen . . .
> von iu wirt gerüeret
> des mînen niht zeware . . . (Vers 776 ff.)

Ja auch an den Grenzen des Standes macht bisweilen — doch das ist die Ausnahme — die Gastfreundschaft Halt. Denn in demselben Gedicht lesen wir auch: „iunkherre, ir sult bî herren sîn" (Vers 422).

Alle diese Charakteristika, alle diese Formen der Frömmigkeit, alle diese ethischen Forderungen sind, soweit wir sehen, den allermeisten Bauern dieser Zeit eigen. Es bilden sich bestimmte Typen des alten Bauern, des bäuerlichen Jungmannes, des Mädchens, der Hofbäuerin, der Magd und so weiter, die dieselben Handgriffe, dieselben Redewendungen, dieselbe Art ihrer Kleidung, dieselbe Weise, sich zu begrüßen, haben und so weiter. Der mittelalterliche Bauer erscheint so als der durch die enge Lebensgemeinschaft, durch den Abschluß von anderen, durch die gleiche Arbeit und jahrhundertelange Zucht und Erziehung typisierte Mensch. Doch wäre es verfehlt, darum anzunehmen, daß es keine ausgesprochenen Persönlichkeiten in diesem Kreis gegeben habe. Nein, wo wir eine genauere Schilderung haben, stoßen wir auf sehr ausgeprägte Persönlichkeiten wie beispielsweise im „Ruodlieb", im Meier Helmbrecht oder später unter den Führern des

Bauernkrieges. Aber sie halten sich fast alle trotzdem in den durch
den Typus vorgezeichneten Grenzlinien.

Einer Gegensätzlichkeit sei noch gedacht, die die Bauern des Mittelalters mit den anderen Ständen gemeinsam haben, die aber doch auch
wesentlich zum Bilde des Bauern gehört: Da steht vor uns einmal eine
oft erstaunliche Härte und Grausamkeit, wie sie uns zum Beispiel in
den mittelalterlichen Gerichtsurteilen entgegentritt. Besonders altertüm-
lich und grausam sind die Strafen für das Veranlassen von Waldbränden
oder für das Schälen von lebenden Bäumen in den Marken, das heißt
also in alten königlichen Forsten. Im letzten Fall soll dem Frevler der
Nabel herausgeschnitten und er damit an den geschädigten Baum
gebunden und so oft um den Baum herumgejagt werden, bis sein heraus-
gezogener Darm die Wunde des Baumes bedeckt (Altenhaslauer Mark-
ordnung und Wendhager Bauernrecht = Grimm, Rechtsaltertümer
520 = II, 39). Daneben aber finden sich Züge von Güte, Weichheit und
Innerlichkeit, so etwa in dem persönlichen, ja geradezu frommen Verhältnis des Mannes zu seinem Schwert − und Schwerter trugen damals
auch die Bauern − oder zu seinem Pferd. Oder man sehe die kindliche
Freude an Frühlingsblumen oder die engen Beziehungen des Menschen
zu den sein Haus umstehenden Bäumen, wobei Reste des heidnischen
Baumkultes mitspielen. Auch die oft zu beobachtende Verbundenheit
mit der Heimat, der die Fremde zum „elende" wird, die Neigung zum
Grübeln und Träumen oder die Gutmütigkeit und Vertrauensseligkeit,
die uns an Helden wie Siegfried oder Parzival geschildert wird. Diese
und andere Gegensätze haben keine endgültige Lösung für den Menschen des Mittelalters gefunden, sondern immer nur eine von Fall zu
Fall. Grausamkeit und Weichheit, Geborgenheit im eigenen engen
Kreis und Furcht vor den jenseits dieser Grenzen drohenden Geistern
des wilden Waldes, heidnische Reste und christliche Frömmigkeit, Ver-
trauen in Gottes Güte und doch Angst vor dem Weltgericht (besonders
um 1000), Heiterkeit und Angst, Offenheit gegen den Nachbarn und
zurückgezogene Schweigsamkeit, treue Ergebenheit gegen den Herren
und schnelle Bereitschaft zum Kampf um das Recht mit ihm. Das alles
und anderes mehr stehen unverdeckt nebeneinander. Diese Spannungen
erschüttern auch das Leben der Bauern und nicht nur das der intellek-
tuell Entwickelten. Denn es sind dies keine theoretischen, gedanklichen,
sondern Lebensfragen, die alle Schichten ergreifen.

Nahrung

Doch wird es nun Zeit, nach den materiellen Lebensbedingungen
und -formen zu fragen, nach Essen, Trinken, Kleidung und Wohnung
der Bauern. Dabei muß man sich von vornherein klarmachen, daß zwei
Nahrungsmittel, die heute eine große Bedeutung haben, völlig fehlten:

die Kartoffel und der Kaffee. Besonders für Mittel- und Norddeutschland erscheint uns das schwer vorstellbar. Auch Ersatzmittel für den Kaffee wie Malzkaffee und dergleichen fehlten. Dafür war ein Hauptnahrungsmittel der Brei aller Art: Haferbrei, Gerstenbrei, Bohnenbrei; als besonders gut galt der Hirsebrei; und zwar wurde der Brei nicht nur von Kindern, sondern auch von Erwachsenen gern gegessen. Der Vater von Meier Helmbrecht empfiehlt seinem Sohn in der schon öfters erwähnten Dichtung: „din muoter durch die wochen kan guoten brien kochen" (447). Ebenso ist das Schlaraffenland mit dem Berg von Brei nicht nur als Traumland für die Kinder, sondern ursprünglich auch der Erwachsenen gedacht. Und als im Märchen eine Frau einem armen Kind im Wald ein Töpfchen schenkt, das selbst Speisen hervorbringt, kocht dies Zaubertöpfchen „guten, süßen Hirsebrei" (Grimm, Märchen II, 103/223).

Dreimal am Tag wurde gewöhnlich im Bauernhaus gegessen: Morgens gab es eine Suppe, mittags den genannten Brei oder auch Suppe, Gemüse und je nach der wirtschaftlichen Lage des Bauern selten oder öfters Fleisch, und zwar vor allem Schweinefleisch und Schaf- und Hammelfleisch. Vom Wild erlaubte die Sitte den Bauern nur das Kleinwild, während das Hochwild als ausgemachte Herrenspeise galt. Auch Eselsbraten wurde gern gegessen. Dagegen war Pferdefleisch im ganzen Mittelalter verpönt, weil es die typische Speise der heidnischen Opfermähler und Festmähler gewesen war. Das ist auch der eigentliche Grund, warum es heute noch verachtet ist. Als Fastenspeise wurden Fische mit Vorliebe gegessen, und zwar wurde der Fisch meist getrocknet und eingesalzen. An der Küste war der Fisch sogar das Hauptnahrungsmittel. Als Fastenspeise verwendete man auch Eier in den verschiedensten Formen, so wie man auch Nachspeisen gern aus Eiern herstellte. Wurst kannte man gut, und zwar Blut-, Hirn- und Leberwurst. Das Abendessen war sehr einfach, Käse spielte dabei eine Hauptrolle. Der Bauer aß meist ein einfaches Brot aus Hafer. Gerstenbrot dagegen galt als Knechtsspeise, so wie Weizenbrot als Herrenbrot angesehen wurde. Roggenbrot wurde auch am bäuerlichen Tisch gern gegessen. Doch wurde Roggen damals nicht überall gebaut. Auch aus Dinkel und Spelt buk man ein einfaches, doch recht schmackhaftes Brot. Kuchen gab es verschiedener Art: Honigkuchen, Butterkuchen, Speckkuchen, Pfefferkuchen und andere. Obst aß man gern an Feiertagen als Vorspeise oder als Nachtisch, auch gebratene Äpfel waren beliebt. Aus Pflaumen und Kirschen machte man durch Zusatz von Honig eine Marmelade, Salat war dagegen noch fast unbekannt. Von Italien aus lernte man ihn in den Klöstern kennen und von dort drang er weiter vor, wie so manche Speise auf diesem Wege bekannt geworden ist. Als ein besonders gutes Bauerngericht, das aber auch Herren gut schmeckte, galt die österreichische „Clamirre". Sie bestand aus übereinandergelegten, in Schmalz gebackenen Semmelschnitten, zwischen die gekochte Zwetschen oder auch Kalbshirn gelegt wurde. Dies Gericht empfiehlt der Meier Helmbrecht seinem Sohn als besondere Delikatesse.

Alles Essen wurde stark gewürzt. Oft wurden Kräuter aller Art verwendet. Daher wird in Liedern Steinmars und Hadlaubs besonders gerühmt, daß beim Essen der Mund wie eine Apotheke gerochen habe (Bartsch, Deutsche Liederdichter, S. 240).

Man hat sich bei den meisten Bauern, die ja meist Kleinbauern waren, das Essen an Wochentagen sehr einfach vorzustellen. Man trank dazu Wasser, Molke oder Milch. Anders an Festtagen und vor allem bei bäuerlichen Festen. Hier wurde reichlich und gut gegessen. Der Unterschied von Alltag und Festtag im Speisezettel war außerordentlich groß, die Abwechslung aber gering.

Beim Essen führte selbstverständlich auch im Bauernhaus der Familienvater den Vorsitz, und alle anderen, bis hinunter zu den Kindern und Knechten, hatten ihren Platz, wie es ihrer Stellung in der Familie entsprach. Ein Tischgebet eröffnete und beschloß die Mahlzeit, bei der alle aus ein und derselben Schüssel, und zwar mit den Händen oder auch — aber das galt schon als etwas vornehmer — mit dem Löffel aßen. Benötigte man Messer, so benutzte man das, das der Bauer meist am Gürtel hängend bei sich trug. Teller gab es keine. Bei festen Speisen dienten oft Brotschnitten als solche. Die Knochen warf man hinter sich oder unter den Tisch, wie es im Märchen vom Machandelbaum der Vater tut. Tischtücher verwandte man schon früh, doch wusch man sie meist nur einmal im Jahr. Die Finger wurden natürlich beim Essen sehr schmutzig und fettig. An Herrentischen reichte man deshalb Schüsseln zum Händewaschen herum und besondere Tücher dazu. Bauern wischten sich die Hände an Stiefeln oder Kleidern ab.

Die Kost scheint im allgemeinen, wenn sie reichlich genossen wurde, recht nahrhaft gewesen zu sein. Denn wir sehen auf vielen Stichen und Holzschnitten Bauerngestalten eines rundlichen und feisten Typs. Dabei ist allerdings zu beachten, daß das wohl Abbildungen von wohlhabenden Bauern sind und diese wohl auch in etwas übertreibender Weise dargestellt sind. Es hat sicherlich daneben eine Masse schlecht ernährter Bauern gelebt. Auch hier ist mit großen Unterschieden zu rechnen.

Trank der Bauer auch wochentags im allgemeinen zum Essen nur Wasser oder Molke (vgl. Johannes Boemus), so wurde daneben doch auch Met und Bier und — je nach Landschaften verschieden — Wein, Obstwein oder Most getrunken.

Das älteste dieser Getränke ist der Met, der aus Honig und Wasser hergestellt, gesotten, in offenen Gefäßen zur Gärung abgestellt und dann durch allerlei feine Kräuter gewürzt und schmackhafter gemacht wurde. Er wurde vor allem in Niedersachsen getrunken. Das Bier wird schon bei Tacitus erwähnt, auch die Kelten kannten es schon früh. Zunächst lag die Brauerei fast ganz in den Händen der Klöster, die die Qualität vor allem durch die Verwendung von Hopfen erhöhten. Zuerst braute man Haferbier, bis das Gerstenbier und in manchen Gegenden auch das Weizenbier es verdrängte. Als man das Brauen allgemein erlernt hatte, wurde die Herstellung des Bieres im Haushalt Sache der Frauen. Doch war im Mittelalter nicht Bayern das Land der Bierherstellung und des Bierkonsums, sondern Norddeutschland. In Bayern trank man bis gegen Ende des Mittelalters Landwein und Most.

Wein wurde dort, wo er gebaut wurde, auch viel getrunken, vor allem allerdings in Herrenkreisen. In Bauernhäusern trank man ihn nur bei besonderen Festen. Dagegen wurde in manchen Landschaften Obstwein auch unter der bäuerlichen Bevölkerung viel getrunken.

Im ganzen ist recht viel Alkohol im mittelalterlichen Deutschland getrunken worden. Tacitus berichtet schon davon, Karl der Große versuchte dagegen vorzugehen und war persönlich sehr mäßig, was den Zeitgenossen bemerkenswert erschien. Besonders groß war der Wein- und Biergenuß an den Fürstenhöfen des 15. und 16. Jahrhunderts, und auf den Burgen der Ritterschaft wußte man dies Vorbild nur zu gut nachzuahmen. Bei Bauern muß man in dieser Beziehung Alltag und Werktag sehr auseinanderhalten. An bäuerlichen Festen und an hohen Feiertagen wurde, soweit wir sehen können, immer reichlich getrunken. Dagegen vertrug die harte Alltagsarbeit des Bauern sich nicht mit starkem Alkoholgenuß, wie auch die in den vorherrschenden engen Bauernkreisen geforderte Einfachheit für den Werktag solchen verbot. In Bauerndörfern wurde damals dem Mann die Trunkenheit am Alltag sicherlich ebenso schwer angekreidet, wie es dort heute noch geschieht.

Krankheit, Heilkunde

Auch in diesen einfachen Lebensverhältnissen fehlte es keineswegs an Körperpflege. Schon Tacitus berichtet, daß die Germanen gern und viel badeten, vor allem in den Flüssen und Bächen. Diese Sitte hat sich auch das ganze Mittelalter über erhalten. Zu Hause kennt man das Wannenbad in kreisrunder „Bütte" und das Dampfbad. Das Bad zu Hause war eine regelmäßige Einrichtung. Besondere Badstuben, vor allem für das Dampfbad, gab es allerdings nur in den etwas wohlhabenderen Bauernhäusern. Wahrscheinlich war man im ganzen Mittelalter reinlicher als in der Zeit des Rokoko, wo oft genug Puder und Parfum die fehlende Sauberkeit überdecken mußte. So war es von jeher eine Selbstverständlichkeit auch in Bauernhäusern, daß dem

ankommenden Gast nach einem anstrengenden Ritt oder nach einer
Wanderung zunächst ein Bad bereitet wurde. Wie hoch man das Baden
einschätzte, ergibt sich auch daraus, daß, als die im 10. Jahrhundert
sich verschärfende Askese von den Mönchen den Verzicht auf ein
Bad für bestimmte Frist forderte, das als ein dem Fasten gleichschweres
Sich-Versagen galt.

Die später errichteten Badstuben waren mancherorts auch auf dem
Land vorhanden, wie einige Weistümer beweisen (Grimm, Weistümer III,
S. 630; VI, S. 232). Unter den Heilmitteln stehen immer die Bäder,
vornehmlich die in heißen Quellen, an führender Stelle.

Wie behalf man sich überhaupt in Krankheitsfällen? Arzt und
Apotheke gab es in den mittelalterlichen Dörfern nicht. In der
Merowinger- und Karolingerzeit bis hin zu Karl dem Großen hatte
man noch ausgebildete Laienärzte gekannt. Aber auch diese konnten
keinen Bauern und kaum einen Ritter behandeln, denn sie lebten am
königlichen Hof oder allenfalls in einer der alten Kulturstädte Frankreichs. Aber auch dort starben diese Laienärzte aus. Gelegentlich wird
uns von praktizierenden Juden berichtet, doch war es diesen oft verboten, Christen zu behandeln. Im allgemeinen gab es im mittelalterlichen Deutschland bis zum 14. Jahrhundert und in den Dörfern noch
weit darüber hinaus nur zwei Stellen, die bei Krankheiten oder Unfällen helfen konnten: die „weise" Frau oder auch der alte Mann,
vielleicht der Hirt im Dorf, der sich darauf verstand — oft war es der
Schäfer —, oder der Mönch eines vielleicht benachbarten Klosters.
Beide Stellen waren Träger verschiedener Traditionen: die „weise"
Frau oder der Schäfer des Dorfes hatten ihr Wissen von älteren Gene-
rationen ererbt, und es umfaßte alles, was wir heute Volksmedizin
nennen; die Klöster aber bewahrten Reste der antiken Heilkunde. Doch
trotz der verschiedenen Traditionen von „weiser" Frau und Ordens-
bruder war praktisch der Unterschied von beiden nicht so groß wie
man sich wohl vorstellen könnte, denn jeder Teil hat im Laufe der
Zeit von dem anderen viel gelernt und manches Absonderliche der
eigenen Tradition aufgegeben. Die Ströme der Volkstradition und des
römischen Erbes gingen ineinander über und glichen sich einander
an, nicht so sehr in Literatur und Theorie, wohl aber in der Praxis
des täglichen Lebens.

Heilkundliche Kenntnisse und Fähigkeiten beschränkten sich aber
nicht auf einzelne besonders erfahrene Frauen oder Männer des Dorfes,
sondern es haben augenscheinlich die meisten Frauen als altes Erbe
solche Kenntnisse und Fähigkeiten bewahrt. Wir hören in der Literatur
immer wieder von verwundeten Rittern, die von edlen Frauen oder
sogar von Königinnen gepflegt und ärztlich behandelt werden. Das
war bei den großen Entfernungen, die vielleicht zum nächsten Kloster
oder zum anderen Dorf bestanden, eine Notwendigkeit, wenn bei

Unfällen oder plötzlichen gefährlichen Krankheitsanfällen Hilfe schnell geleistet werden mußte.

Die alten großen Benediktinerklöster wie Sankt Gallen, Fulda und andere hatten von italienischen, französischen und angelsächsischen Klöstern her die Kenntnis der antiken Heilkunde wenigstens in Resten übernommen. Dort gab es früh namhafte Ärzte, wie zum Beispiel in Sankt Gallen Iso und Notker Pfefferkorn.

Wir wissen auch, daß es dort Krankenstuben für die Klosterinsassen und ebensolche für Auswärtige gab. Dazu befanden sich dort Heilkräutergärtlein und Heilkräuterkammern. Das aber besagte, daß die Kenntnis der Heilkräuter hier gepflegt wurde, daß römische Kenntnisse auch hier die heimischen ergänzten. Auch eine gewisse, für die Praxis bestimmte heilkundliche Literatur entstand in diesen Klöstern. So schrieb Abt Walahfrid von Reichenau, der Schüler von Hrabanus Maurus (gestorben 849), ein „Hortulus" genanntes Buch, das in 444 Hexametern als Merkverse die Heilwirkungen der Arzneipflanzen beschrieb in dem Gedanken, daß die Arzt-Mönche an Krankenbetten sich der Verse erinnern möchten. Ein größeres Werk dieser Art entstand im 11. Jahrhundert in Frankreich unter dem Titel „Macer Floridus" in 2269 Hexametern; es ist in allen Ländern des Abendlandes bearbeitet und benutzt worden. Doch die bedeutendsten heilkundlichen Werke aus deutschen Klöstern des früheren Mittelalters schrieb Hildegard von Bingen (gestorben 1179), die Äbtissin des Klosters Rupertsberg bei Bingen. Sie ist Trägerin der medizinischen Überlieferung und Schulung der Klöster und zugleich die „weise" Frau, die die volksmedizinische Tradition ihres Volkes kennt. Ihr Buch „Causae et Curae" gibt die Darstellung der wichtigsten Krankheiten und ihrer Behandlung. Es zeigt Hildegard im Besitz der ganzen medizinischen wissenschaftlichen Bildung ihrer Zeit, zugleich aber auch als am Krankenbett erfahrene Frau, die ein warmes Gefühl und Verständnis für ihre Kranken hat.

Sehr weite Verbreitung fand auch eine Zusammenstellung von Gesundheitsregeln in lateinischen Versen. Sie schmückte sich mit dem Namen der berühmten Universität Salerno (Regimen sanitatis Salernitanum), enthielt aber im wesentlichen antike und deutsche volkstümliche Gesundheitsregeln. Da alle diese Bücher in lateinischer Sprache abgefaßt waren, kamen sie für Bauern unmittelbar nicht in Frage, sondern nur für die die Dörfer betreuenden Klosterbrüder.

Bei der Diagnose legte man im ganzen Mittelalter den allergrößten Wert auf die Harnschau, daher auch die Ärzte meist mit dem Uringlas in der Hand abgebildet werden. Aus Sankt Gallen erzählt man, daß Herzog Heinrich I. von Bayern den dortigen Arzt Notker Pfefferkorn, der schon einen guten Namen hatte, prüfen wollte und ihm deshalb statt seines eigenen den Urin einer Kammerzofe schickte. Notker habe

ihm darauf geantwortet, es werde ein großes Wunder geschehen, denn
der Einsender dieses Harns, also der Herzog, werde in einem Monat
ein Kind zur Welt bringen. Und wirklich gebar die Kammerzofe einen
Knaben.

An Heilmitteln verwendete man einmal vorhandene natürliche, wie
warme Quellen oder Heilkräuter aller Art in der Weise, daß Abko-
chungen oder Aufgüsse eingegeben oder mit ihnen Kranke eingerieben
wurden. Auch Dämpfe und Räuchern wurde angewendet. Manche
Heilpflanzen wurden auch als Vorbeugungsmittel oder Amulette
getragen, wie heute noch Namen wie Lendenwurz oder Beifuß erkennen lassen. Daneben wurden aber auch Einzelteile oder Säfte von
den verschiedensten Tieren, von Säugetieren, Vögeln, Amphibien,
Fischen, Reptilien oder Würmern, wie Herz, Leber, Gehirn, Knochen,
Blut und anderes gekocht oder als Asche verbrannt eingegeben, auch
als Zusatz zum Bad verordnet. Auch Amulette dieser Art wurden nach
den wunderlichsten Rezepten hergestellt. Später bekamen diese Verordnungen eine gewisse Ordnung dadurch, daß man sich bemühte,
ein krankes Organ eines Menschen durch das gleiche eines Tieres zu
heilen oder ihm von dort aus heilende Säfte und Kräfte zuzuführen.
Hier schon dringen magische Vorstellungen ein, die an anderen Stellen
noch deutlicher werden: die Heilkräuter müssen unter besonderen
Bedingungen (Mondschein, Mitternacht) gepflückt und ebenso die
benötigten Tierorgane gewonnen werden. Außerdem aber verwendete
man zum Beispiel Edelsteine oder Halbedelsteine bei solchen Rezepten,
da man ihnen magische Kräfte zuschrieb. So stärken Stäubchen von
Saphir die Sehkraft, solche vom Smaragd zügeln die libido sexualis
und so weiter.

Von hier ist es nicht mehr weit zu den reinen Zaubermitteln, von
deren Anwendung schon die Rede war. Man verwendete auch häufig
die Zauberkraft, die man dem Kirchenraum zuschrieb, indem man
den Kranken dorthin brachte, oder die christlicher Symbole. Es geschah
das in der mannigfachsten Weise und oft von der Kirche gefördert,
um den Zauberglauben aus dem alten Heidentum zu lösen. Doch wurde
damit der Zauberglaube in verchristlichter Form neu bekräftigt. Das
geschah ebenso auch dadurch, daß in den Dörfern die ärztlichen
Klosterbrüder die Vertreibung der Dämonen, die „Aussegnung",
übernahmen.

Eine besondere Stelle nahmen diejenigen Krankheiten ein, die man
als das unmittelbare Werk unheilvoller Dämonen betrachtete, wie zum
Beispiel der heute noch danach benannte „Hexenschuß". Es waren dies
meistens Psychosen oder nervöse Störungen verschiedenster Art, zu
denen akute Geistesstörungen, eheliche Impotenz, Gedächtnisverlust,
öfter Unfruchtbarkeit bei Menschen und Tieren gehörten. Hier mußten
die Dämonen mit Zaubermitteln vertrieben werden. Schwierig war oft

die Diagnose, ob eine solche dämonische oder eine gewöhnliche Krankheit vorliege. Hier half man sich etwa damit, daß man dem Kranken bestimmte Evangelienstellen oder heilige Namen ins Ohr rief. Zeigte dann der Kranke eine stärkere Erregung, so war dies ein Zeichen, daß der Dämon in ihm saß und durch solche Worte getroffen wurde. Hier war also weiter Raum für das Weiterleben eines alten primitiven Dämonenglaubens gegeben.

Leider wissen wir über den allgemeinen Gesundheitszustand der Bauern des Mittelalters so gut wie nichts. Wir können auch kein durchschnittliches Lebensalter für ihn errechnen. Die Kindersterblichkeit war sicherlich sehr hoch, aber ob sie größer oder kleiner war als die in den mittelalterlichen Städten, wissen wir nicht zu sagen. Auch wissen wir nicht, ob es in den Dörfern eigentliche Hebammen gegeben hat, oder ob die ältere erfahrene Nachbarin und Verwandte der jüngeren Frau half, unterstützt von der „weisen" Frau des Dorfes, wenn eine solche vorhanden war.

Kleidung

Die Kleidung des Bauern bestand in den ersten Zeiten des Mittelalters oft nur aus einem langen, bis zu den Knien reichenden leinenen Leibrock und Stiefeln. Noch Johannes Boemus beschreibt sie am Anfang des 16. Jahrhunderts so. Dabei gab es Unterschiede der Stämme. So trugen die fränkischen Männer kürzere, die sächsischen längere Röcke. Daneben sind auch schon sehr früh Hosen üblich gewesen, und zwar lange Leinenhosen oder auch kurze. Seit dem 10. und 11. Jahrhundert wurde der anfangs eng anliegende Leibrock der Männer weiter zu einer Art von mit einem Gürtel zusammengehaltener Bluse. Im Winter trug man sehr oft Pelzkleidung aus Schaffell oder dergleichen. Man war darauf angewiesen der Kälte wegen, mit der man auch in den Räumen oft rechnen mußte.

Im großen und ganzen war zunächst die Kleidung der Herren noch nicht wesentlich von der der Bauern unterschieden. Nur war von jeher die Herrenkleidung kostbarer, etwa aus besserem Pelz verfertigt. Auch verwendete man mehr und mehr für die Kleidung der Herren bunte Farben. Wir hören von roten, grünen, violetten Röcken, blauen oder weißen Hosen und roten, weißen oder violetten Mänteln, während die Kleidung der Bauern meist auf gedeckte Farben wie grau, blau oder braun beschränkt war. So lesen wir bei Seifried Helbling (2, S. 70ff.):

„*do man dem lant sîn reht mâz,*
man erloubt im hûsloden grâ
und des viretages blâ
von einem guoten stampfhart.

dehein varwe mer erloubt wart
in noch sînem wîbe."

War es hier noch die Sitte, das Herkommen, das solche Verbote
erließ, so sah man sich gegen Ende des Mittelalters veranlaßt, von
Reichs wegen durch Gesetz die Überschreitung solcher Grenze durch
die Bauern zu verbieten. Im Lindauer Reichstagsabschied von 1497
wird bestimmt, „dass der gemaine Pawersmann und arbaitend Leut
in Stetten oder auf dem Land kain Tuch anmachen oder tragen sollen,
des die Ele über ainen halben gulden kostet; auch sollen sie kainerley
Gold, Perlen, Samat, Seiden, noch gestückelt claider tragen, noch ihren
Weiber noch Kinder zu tragen gestatten" (Hagelstange, S. 52). Das
war die Zeit, als die Bauern teilweise mit den Rittern in Luxus der
Kleider wetteifern wollten, wie wir es schon im „Meier Helmbrecht"
dargestellt fanden. Dort wird vor allem die Haube, die der Sohn des
Meiers trug, ausführlich beschrieben. Doch gilt es in traditionstreuen
Bauernkreisen auch damals noch als „hoffärtig" für Bauern, auf-
fällige und ritterliche Kleidung zu tragen. Der wirtschaftliche Aufstieg
des Bauerntums spricht sich hier in dem Versuch eines Wechsels der
bäuerlichen Kleidung deutlich aus.
    Meist trug der Bauer eine Kopfbedeckung. Die Sachsen des
10. Jahrhunderts fielen hierbei durch breite, kegelförmige Strohhüte,
die sie auch auf Heereszügen trugen, allgemein auf (Widukind von
Corvey III, S. 2, 2/105).
    Während der freie Germane das Haar lang und in einem Knoten
gebunden getragen hatte, schor man es später im allgemeinen unter
römischem Einfluß. Nur die fränkischen Könige trugen ihre Haare
lang herabwallend. Bei den Franken war es nachher Sitte, den Hinter-
kopf ganz kahl zu scheren, während die Sachsen an der alten Sitte
der lang herabwallenden Haare noch länger festhielten. Es bildete sich
aber neben diesem landschaftlichen Unterschied der zwischen Herren
und Bauern aus, da die Bauern schon ihrer Arbeit wegen das Haar
ziemlich kurz trugen, die Ritter aber längere, fallende Haare bevor-
zugten. Auch hier griff man, ähnlich wie bei den Kleidern, mit gesetz-
lichen Bestimmungen zugunsten der Sitte und des von ihr betonten
Standesunterschiedes ein. In dem Landfrieden Herzog Ottos von Bayern
aus dem Jahre 1244 wird bestimmt, daß die Bauern ihre Haare nicht
über die Ohren herabfallend tragen dürften (ähnlich Berthold von
Regensburg I, S. 114 und Meier Helmbrecht, S. 10 – 13). Im allgemeinen ging man bartlos. Es fiel auf, daß Kaiser Otto I. einen wal-
lenden Vollbart trug. Ließ man das Haar lang und ungepflegt wachsen,
so galt das als Zeichen großer Trauer.
    Frauen trugen lange wallende Kleider und einen mannigfachen
Kopfputz. Schleier kamen aber erst im 12. Jahrhundert auf. Seit dem

Anfang des 11. Jahrhunderts trugen sie die Kleider gern am Ober-
körper eng anliegend, die natürlichen Körperformen so betonend;
allerdings erregte diese Art, sich zu kleiden, vielfach Anstoß. Schon
früh müssen wohlhabendere Frauen goldene Gewandnadeln und Ohr-
gehänge getragen haben, denn es wird berichtet, daß Seeräuber solche
in beträchtlicher Zahl raubten.

Auch der Bauer ging im Mittelalter bewaffnet einher. Friedrich
Barbarossa verbot es zwar im Jahre 1152 und andere Fürsten folgten
seinem Beispiel, jedoch vergebens. Der Brauch ist sehr verständlich
angesichts der Gefahr von Räubern und vagabundierenden Elementen
aller Art, aber auch angesichts der wilden Tiere, die den Bauern auf
einsameren Wegen und auf Äckern am Rande der großen Wälder oder
beim Weiden des Viehes im Wald überfallen konnten. Meist trug man
ein kurzes Schwert, und zwar gilt dies für die Freien wie für die besser
gestellten, angesiedelten Unfreien, für die Erwachsenen wie für die
älteren Knaben.

Haus und Hof

Von dem Bauernhaus war schon kurz die Rede. Es ist ein Holz-
oder Fachwerkhaus. Steinbauten waren in den Dörfern nicht vorhanden. Nur wenige Kirchen machten eine seltene Ausnahme. Widukind
von Corvey betont das ausdrücklich gelegentlich seines Berichtes über
die Burgenbauten König Heinrichs I. Die Wohnungen ärmerer Leute
müssen wir uns als Holzbauten in der Art der bayerischen Sennhütten
oder gar der Köhlerhütten des Spessarts und der Rhön vorstellen.
Doch finden wir bei den etwas größeren und den reicheren Häusern
schon die Formen ausgebildet, die heute noch die Bauernhäuser der
verschiedenen Landschaften charakterisieren. Das oberdeutsche Haus
ist wohl durch Zusammenziehung mehrerer Bauten (Wohnung, Stall,
Scheuer usw.) unter ein Dach (alemannisch, bayerisch) oder zu einem
Gehöft (fränkisch) entstanden zu denken. Ob bei seiner Herausbildung
als besonderer Typ römisches Vorbild mitgewirkt hat, läßt sich nicht
sagen. Es ist, sobald der Typ sich geformt hat, dadurch gekennzeichnet,
daß eine heizbare, abgeschlossene Stube in das Haus wie ein Kasten
hineingestellt wird. Meist wird dafür die Hausecke gewählt. Dort ist
eine Ausstattung mit etwas mehr Fenstern nach beiden Seiten des
Hauses möglich.

Ursprünglich wurde die Stube vom Herd aus geheizt, der den
Mittelpunkt des Raumes darstellte. Bald aber wurde er im oberdeutschen
Haus durch den Ofen ersetzt. Zunächst wurde dieser aus Steinen
gemauert und in seinem oberen Teil gewölbt (Wölbtopf), so wie man
es bei den Töpferöfen gesehen haben mochte. Doch hielt sich diese
Form nicht auf die Dauer. An ihre Stelle drang der Kachelofen vor,

von dem wir zuerst bei den Langobarden hören. Um das Jahr 1020 muß er schon recht verbreitet gewesen sein, denn Bischof Burchard von Worms redet von ihm als von etwas Selbstverständlichem. Die Holzschnitte des 15. und 16. Jahrhunderts zeigen die Kachelöfen schon in mannigfacher Form in ländlichen wie in städtischen Wohnungen.

Dieser Ofen übernahm von dem Herd alles mit der Heiligkeit oder Besonderheit des Feuers und Herdes zusammenhängende Brauchtum. In den Losnächten konnte das junge Mädchen im Ofenloch den zukünftigen Bräutigam sehen und ebenso in der Weihnachts- und Silvesternacht das Schicksal des kommenden Jahres. Die ins neue Heim einziehende Braut aber schützte sich durch einen Blick ins Ofenfeuer vor Heimweh. Dem Ofen erzählt man auch Geheimnisse, um die schlimmen Folgen von diesen zu verhüten, wie es im Märchen von der Gänsemagd noch vorkommt. Auch Kranke wurden oft auf den Ofen gelegt, wahrscheinlich nicht nur um der Wärme willen.

Meist wurde der Ofen von außen geheizt. Dadurch wurde der Raum rings um den Ofen voll benutzbar, hier waren Bänke oder Sitzplätze eingebaut. Hier schlug man auch nachts die Lager auf, denn feste Betten und Bettstellen kannte man nicht, ebensowenig wie leinene Bettücher. Für den Gast wurde ein frischgewaschenes Hemd auf das Bett gebreitet.

Wir dürfen uns diese mittelalterlichen Bauernstuben nicht allzu wohnlich vorstellen. Denn da man (von einigen Kirchen abgesehen) eine Verglasung der Fenster noch nicht kannte, machte man diese klein und setzte sie hoch in die Wände, auch schon um der größeren Sicherheit willen. Man verschloß die Fenster mit Tüchern oder mit Brettern als Läden. So muß es in diesen Stuben dunkel und im Winter schon in geringer Entfernung vom Ofen recht kalt gewesen sein. Der Rauch mußte ursprünglich durch Luken im Dach abziehen, die man mit kleinen Schutzdächern versah, um das Eindringen des Regens zu verhindern. In primitiveren Häusern mußte gar der Rauch sehen, wo er ein Loch oder einen Spalt zum Abziehen fand. Erst später wurde ein Funkenhut über dem Herd oder Ofen mit einem Schlot verbunden. Auch die Schornsteine bestanden ursprünglich aus Holz.

Bei einer solchen Regelung zog der Rauch natürlich nicht völlig ab. Die Stube war daher recht verräuchert und schmutzig. Das wurde noch dadurch verstärkt, daß als Beleuchtung entweder Kienspäne oder Fackeln dienten, die beide stark rußten. Oder man verwendete kleine, mit irgendeinem Öl gefüllte Näpfe, in denen ein Docht schwamm. Später ging man zu Talglichtern über. Das waren alles Beleuchtungsweisen, die die Luft im Raum nicht gerade verbesserten. Bedenkt man, daß dazu oft Hühner im Winter in der Stube gehalten wurden, daß der Boden oft nur aus gestampftem Lehm bestand, daß die Wände und die Decke oft feucht gewesen sein müssen und daß man infolge von alledem mit recht viel Ungeziefer rechnen mußte, so wird man die Wohnlichkeit dieser Häuser nicht allzu groß einschätzen. Dennoch müssen diese Holz- und Fachwerkbauten, geziert mit allerlei Schnitzereien und ausgesägten Brettern, einen besonderen Reiz gehabt haben. Schon um 600 rühmte der Oberitaliener Bischof, Venantius Fortunatus, in einer Dichtung diese Bauten der Germanen, die damals sicherlich noch primitiver waren als im eigentlich deutschen Mittelalter des 10. bis 15. Jahrhunderts, mit den Versen: ,,Weg mit Euch mit den Wänden von Quadersteinen! Viel stolzer scheint mir, ein meisterlich Werk, hier der gezimmerte Bau! ... Nirgends klaffenden Spalt duldet des Zimmermanns Hand." Vielleicht ließ sich dieses Urteil auch auf die deutschen Dörfer des Hochmittelalters übertragen. Als der Fachwerkbau den reinen Holzbau zurückdrängte, wurde auch der Bau eines zweiten Stockwerkes möglich, so daß die reicheren Häuser stattlicher aussahen.

Im Inneren war die Ausstattung der Räume höchst einfach. Tisch, Stühle und Bänke an den Wänden waren zwar vorhanden und schufen zusammen eine recht einheimelnde Sitzecke. Das Haus- und Küchengerät war nur sehr einfach und gering an Zahl. Schüsseln und dergleichen waren gewöhnlich aus Holz oder Ton, gelegentlich auch von Zinn. Es bildete auch den einzigen Schmuck der Stube.

Gedeckt waren die Häuser des Dorfes mit Stroh oder mit Schilf. Nur in den Städten gab es Schindeln und bald auch Ziegel.

Das niederdeutsche Haus unterscheidet sich vom oberdeutschen durch seine Einräumigkeit. Um den Herdplatz gruppieren sich hier im hinteren Teil des Hauses die eigentlichen Wohn- und Schlafräume, während der Hauptteil des Hauses von der Tenne eingenommen wird und rechts und links von ihr die Ställe liegen. Hier sind also die verschiedenartigen Räume des Bauernhofes alle unter einem Dach zusammengezogen, während das oberdeutsche und mitteldeutsche Haus die Wohnräume einerseits und die Stall- und Scheunenräume gesondert anordnen, entweder um einen Hof gruppiert oder die Wohnräume über den Ställen aufgebaut. Auf die Einzelheiten, die das Schwarzwaldhaus, das bayerische und fränkische Haus charakterisieren, kann hier nicht eingegangen werden.

Gemeinsam ist dem oberdeutschen wie dem niederdeutschen Haus die oft übliche Kennzeichnung des Hauses oder besser des Hofes durch eine bestimmte Hausmarke, die durch das Bild einer Garbe, einer Sichel, eines Haustieres oder ähnliches gebildet wird. Meist ist sie am Eingang des Hauses angebracht, oft auch auf den Werkzeugen. Sie war zugleich das Zeichen der Zugehörigkeit des Hofes zu der Gemeinschaft des Dorfes oder der Mark mit den dadurch gegebenen Anrechten. Darum wurde auch das im Allmendewald geschlagene Holz mit dieser Marke gekennzeichnet.

Ein Baumgarten schloß sich schon sehr früh an die Häuser an, bald kamen unter dem Einfluß der Klöster auch Kräuter- und Gemüsegärten, ja auch Ziergärtchen dazu.

Das Dorf als Ganzes war, von den ostdeutschen Siedlungsdörfern abgesehen, nicht nach einem einheitlichen Plan gebaut, sondern Häuser, Höfe, Gärten, Zäune, Hecken und Gassen schoben sich so ineinander, wie es das Gelände ergab. War für eine Durchfahrt durch das Dorf noch einigermaßen Sorge getragen, so war die Zufahrt zu den einzelnen Höfen augenscheinlich oft sehr schwierig. Ein Zaun umschloß meist das ganze Dorf, und der Anger fügte sich daran an. Hier lag oft der Versammlungsplatz des Dorfes, den meist ein alter Baum (Linde) kennzeichnete. Oft lag dieser Platz auch in der Mitte des Dorfes, so wie das Gelände es gestattete.

Feste und Bräuche im Jahreslauf

Die ganze Umwelt des Bauern sah nun ganz verschieden aus, je nachdem, ob wir in sie am Alltag oder am Sonntag eintreten. Denn für alles, was der Werktag an Enge und Not, an harter Arbeit und Druck der Herrschaft mit sich brachte, sollten die Sonntage und Feiertage entschädigen. Das gilt für alle Sonntage, in erhöhtem Maße aber für die hohen kirchlichen Feste und vor allem für Hochzeiten, aber auch für Taufen, das jährliche Kirchweihfest und den Tag des Heiligen der Kirche. Den Sonntag des Bauern schildert Johannes Boemus, ein Humanist des 15. Jahrhunderts (1416 bis nach 1474), folgendermaßen: „In der Kirche ... kommen sie an Festtagen vormittags alle zusammen und hören von ihren Priestern Gottes Wort und die Messe. Nachmittags verhandeln sie unter der Linde oder an einem anderen öffentlichen Ort ihre Angelegenheiten; die Jüngeren tanzen darauf nach der Musik des Pfeifers. Die Alten gehen in die Schenke und trinken Wein. Ohne Waffen geht kein Mann aus; sie sind für alle Fälle mit dem Schwert umgürtet ... (omnium gentium mores)."

Feste aber feierte man mancherlei. In der Sprichwörtersammlung des Johannes Agricola von 1529 findet sich folgende Darstellung und Aufzählung der bäuerlichen Feste: „Fröhlich und guter Dinge sein, wohlleben, herrlich essen und trinken ist löblich, wenns selten geschieht; wenn es aber täglich geschieht, so ist es sträflich. Wir Deutsche halten Fastnacht, Sankt Burchard und Sankt Martin, Pfingsten und Ostern für die Zeit, da man soll für andern Gezeiten im Jahr fröhlich sein und schlemmen. Burchards Abend um des neuen Mostes willen, St. Martin vielleicht um des neuen Weins willen; da brät man eine feiste Gans und freut sich alle Welt. Zu Ostern bäckt man Fladen. Zu Pfingsten macht man Lauberhütten und man trinkt Pfingstbier wohl 8 Tage. Zu den Kirchmessen oder Kirchweihen gehen die Deutschen vier, fünf Ortschaften zusammen; es geschieht aber des Jahres nur einmal, darum ist es löblich und ehrlich, sintemal die Leute dazu geschaffen sind, daß sie freundlich und ehrlich unter einander leben sollen".

In dieser Reihe fehlt, und das fällt zunächst auf, Weihnachten. Aber dies Fest wurde damals vor allem durch kirchliche Festgottesdienste gefeiert. Nur von da aus gesehen steht Weihnachten obenan. Die deutschen Kaiser und Könige haben sich ihren Aufenthalt über Weihnachten deshalb immer sorgfältig ausgewählt. Es mußte eine Stadt sein, die Sitz eines angesehenen Bischofs oder Erzbischofs war und die zugleich Raum für einen größeren Reichstag bot, damit das kirchliche Fest in großem Rahmen gebührend gefeiert werden könne. In Bauernkreisen wurde an Weihnachten nicht so viel und festlich gegessen wie an anderen Festtagen. Neujahr war der Tag für Glückwünsche und gegenseitige Geschenke. Fastnacht wurde auf dem Land noch nicht als Narrenfest gefeiert, wie am Ende des Mittelalters schon in den Städten. Man aß an diesem Tage viel und gut vor der beginnenden Fastenzeit. Ostern war nach der Fastenzeit damals der Tag für allerlei Späße innerhalb und außerhalb der Kirchen.

Von der Hochzeit soll unten noch die Rede sein. Sie war im Familienkreis das höchste Fest. Aber auch die Kindtaufe wurde oft sehr ausgedehnt gefeiert. Es kam vor, daß nach einer Kindtaufe im Haus der Eltern die Gevattersleute die Taufgesellschaft wieder zu sich einluden, und das konnte sich zwei- bis dreimal wiederholen, so daß man in besonders üppigen Fällen eine Woche lang Kindtaufe feiern konnte. Auch der Leichenschmaus mußte reichhaltig sein. Denn es galt im allgemeinen der Satz:

> *„Je mehr Braten man verzehrt,*
> *desto höher wird der Verstorb'ne geehrt."*

Vom Erntefest heißt es bei Hadlaub:

> *„da wirt kosen*
> *mit vil losen*
> *sprüchen von der minne*
> *da zuo manger wunnen spil*
> *wî, wiest erne recht so guot,*
> *wan sî wol gisellen tuot*
> *knappen kluoge wol mit fuoge*
> *zuo dien dirnen schoenen."*

Das ist also in der Hauptsache ein Sommertanzfest auf der Aue. Zum Kirchweihfest, von dem schon Agricola sprach, lud man Verwandte und Freunde von weither ein. Es war des Bauern Stolz, an diesem Tag einen großen Tisch voll Gäste zu haben, die sich bei Speise, Trank und Tanz ergötzten.

Hochzeit, Liebe und Ehe

Alle Feiern erreichten bei der Hochzeit ihren Höhepunkt. Da wurde mehr geboten, als verzehrt werden konnte. Gegen Ende des Mittelalters sahen sich darum die Obrigkeiten veranlaßt, durch Verordnungen Grenzen zu ziehen, festzusetzen, wieviel Gäste eingeladen werden und wieviel Gänge verabreicht werden durften (Grimm, Weistümer I, S. 489 ff. Weitere Belege siehe Hagelstange, S. 240).

Heinrich Wittenweiler hat uns in seinem komischen Heldenepos „Der Ring" ein solches Fest geschildert und ebenso Werner der Gärtner im „Meier Helmbrecht". Hier fährt der alte Bauer, als er die Heimkehr seines Sohnes feiern will, auf: fettes und mageres Fleisch mit kleingeschnittenem Kraut, Käse, eine große am Spieß gebratene Gans, ein gebratenes Huhn, ein gekochtes Huhn und manche andere Speisen, die der Bauer sonst nicht kennt; und das alles dort nur für den engsten Kreis. In solchen Massen wurde auch bei Hochzeiten gegessen und entsprechend getrunken. Daran schloß sich ein lebhaftes Tanzen, und augenscheinlich endete das Ganze sehr oft in einer großen Prügelei (so in den beiden oben genannten Gedichten).

Zur Feier einer Hochzeit gehörte auch eine große Anzahl alter Gebräuche, die sich teilweise auch heute noch in rein bäuerlichen Gemeinden finden. Als Beispiel sei genannt das spielerische Rauben der Braut durch den Brautführer oder durch Burschen des Dorfes während der Hochzeit. Es erinnert an jene fernen Zeiten, in denen die Braut noch wirklich durch den Bräutigam oder den Brautführer den Eltern geraubt wurde. Doch der Ernst des Raubes lag lange zurück, er war nun zum Scherz geworden. In der deutschen Geschichte kennen wir nur noch die sogenannte „Muntehe". Nur schwache Erinnerungen oder Brauchtumsreste bewahren die Erinnerung an eine Raub- oder Kaufehe.

Beides ist als eine historisch nicht mehr nachweisbare Vorstufe der Muntehe anzusehen. Dieser letzte Begriff besagt, daß die Braut aus der Munt des Brautvaters und seiner Sippe in die des Bräutigams und dessen Sippe übergeht. Als Anerkenntnis und Gegengabe war dafür dem Braut-vater ein „Mahlschatz" zu zahlen. Allmählich wurde aus dieser gefor-derten Zahlung ein Geschenk der einen Sippe an die andere. Als eine Art von Gegengeschenk brachte die Frau eine Mitgift in die Ehe mit, auch Heimsteuer genannt, die aber im Eigentum der Frau selbst ver-blieb. Das rechtlich Wesentliche an der Hochzeit ist also, daß die Braut aus der Munt des Brautvaters in die ihres Mannes überging und daß sie damit aus der einen Sippe in die andere übertrat. In dem Maße, in dem die Bedeutung der Sippe abnahm, trat das letzte zurück, nur der Wechsel der Munt blieb. Das zeigt eine schwäbische Verlöbnisformel aus dem 12. Jahrhundert deutlich. Dort überantwortet der „Vogt" der Braut diese dem Bräutigam mit den Worten: „Hiermit befehle ich mein Mündel Eurer Treue und Gnade und bitte Euch, Ihr wollet ihr ein gnädiger Vogt sein und ihr kein schlechter Vormund werden" (Müllenhoff-Scherer 99. − Massmann, Kl. Sprachdenkmale, S. 179 ff.). Dabei wurden ein goldenes Ringlein, ein Mantel, ein Hut, ein Pfennig und ein Schwert als Symbole mit übergeben, während die Handschuhe des Bräutigams dessen Zusage des Schutzes bekräftigten. Ausdruck der neuen Muntgewalt des Mannes war auch, daß er der Braut auf den Fuß trat (Meier Helmbrecht 1529 ff./442). Später wurde das ins Scherzhafte gewandelt: nun bemühte sich jeder von beiden, dem anderen zuerst auf den Fuß zu treten. Gelang das der Braut, so wurde das als Zeichen dafür angesehen, daß sie die Herrschaft im Haus führen werde.

Ursprünglich war Verlobung und Hochzeit eines. Beides war miteinander identisch, und zwar zunächst eine zwischen zwei Familien oder Sippen zustande kommende Vereinbarung über die eheliche Verbindung der beiden jungen Leute. Daß dabei der Wille der beiden Brautleute zunächst nicht in erster Linie entscheidend war, liegt nahe. Erst langsam setzte sich unter dem Einfluß der Kirche der Grundsatz durch, daß die Zustimmung der beiden Brautleute als notwendig erachtet wurde. Doch ist auch damit noch keineswegs gesagt, daß nun die Ehen rein als Liebesehen geschlossen worden seien. Denn auch für den Entschluß des Burschen, ein Mädchen zu heiraten, war vor allem die Frage maßgebend, ob sie als Bäuerin auf seinen Hof passen werde, ob sie die dort auf sie wartenden Pflichten werde erfüllen können. Ergänzend kam dann erst die Frage dazu, ob sie Äcker erben und wie diese sich zu dem Vorhandenen fügen würden. So spielte die erotische Zuneigung der jungen Menschen für den Entschluß zur Ehe (mit oder ohne Überredung der Familie) keine entscheidende Rolle. Gegen Ende des Mittelalters, im 15. Jahrhundert, stellt dann allerdings der Dichter Heinrich Wittenweiler die Forderung, eine rechte Ehe solle „von rechter liebschaft nit umb gelt" eingegangen werden (Wittenweiler, Ring 93). Doch das war ein Dichter, und nicht immer war es nur das Geld, sondern mehr noch die Eignung zur Bäuerin, die entschied.

Lag von den beiderseitigen Sippen aus schon ein schwerer Druck auf der Gattenwahl, so war das nicht der einzige. Mindestens so belastend war die Notwendigkeit der Zustimmung des Herren bei allen abhängigen Bauern. Hier waren meist von vornherein Grenzen gezogen, daß die Hintersassen eines Herren nur unter diesen sich eine Frau suchen konnten oder doch in dem eng begrenzten Kreis bestimmter Herrschaften, etwa der der Bauern des Königs oder einer oder mehrerer Kirchen. Besonders hart war diese Grenzziehung zum Beispiel in einem Ort am Main, der in der Hand dreier Herren war und in dem die Burschen sich nur ein Mädchen aus dem Herrschaftsbereich desselben Herren zur Braut aussuchen konnten, bis im 14. oder 15. Jahrhundert diese im vorliegenden Fall ganz besonders drückende Einschränkung aufgehoben wurde, weil der Ort gar so klein sei (Grimm, Weistümer III, S. 522). Heinrich Sohnrey hat uns noch aus viel späteren Jahrhunderten die Geschichte eines liebenden Paares und ihres Kampfes gegen solche Verbote sehr eindrucksvoll geschildert (Friedesinchens Lebenslauf). Das konnte sogar so weit gehen, daß der Herr einem Burschen oder einem Mädchen, das das heiratsfähige Alter erreicht hatte, oder auch einem Witwer oder einer Witwe befehlen konnte, zu heiraten (Wopfner, Urkk. z. dt. Agrargeschichte 267/216 von 1344, Propstei Weitenau am Oberrhein).

Dagegen bestand ein Jus primae noctis, wie es in Frankreich vorkam, in Deutschland nicht. Soweit meine Kenntnis reicht, kennen wir nur einen Fall, wo in der Schweiz ein solcher Anspruch erwähnt wird, auch dort in recht abgeschwächter Form. Es heißt da: „nur sprechent die hofjünger, weller hie zu der heiligen ê kumet, der sol einen meier laden und ouch sin frowen. da sol der meier ... einen hafen leihen, 1 Fuder Holz bringen und 1/4 Schwein und so das hochzit zergot, so sol der brütgum den meier bi sinem wîp lassen ligen di erste nacht oder er sol sie lösen mit 5 sch. 4 pf." (Grimm, Rechtsaltertümer 384 = I, 541). Grimm fügt hinzu: Er wird also nie verfehlt haben, diese kleine Summe zu erlegen. Augenscheinlich stehen wir also hier vor einem Rest eines Rechtes, das faktisch nicht mehr ausgeübt wurde, und das dazu wohl von Lothringen oder von Frankreich her über die Grenze eingeschleppt worden ist. Seine Gültigkeit für Deutschland kann jedenfalls aus diesem versprengten Rest aus der Schweiz nicht abgeleitet werden.

Man heiratete damals sehr früh. Das zeigt die oben genannte Urkunde der Propstei Weitenau. Denn dort heißt es, der Propst könne einem zwanzigjährigen oder auch achtzehnjährigen jungen Mann oder einem Mädchen von vierzehn Jahren befehlen, sich nach einem Ehepartner umzusehen, und das ist keine Ausnahme. Wir hören öfters davon, daß Mädchen mit vierzehn Jahren verheiratet wurden.

Ursprünglich war die Hochzeit eine rein weltliche Angelegenheit ohne Mitwirkung der Kirche. Im „Meier Helmbrecht" wird uns noch eine solche Hochzeitsfeier ohne Kirche geschildert. Es ist die Heirat von Helmbrechts Schwester Gotelinde. Da heißt es:

> „ûf stuont ein alter grîse
> der was der worte wîse,
> der kunde so getâniu dinc.

er stalt es beide in einen rinc.
er sprach: ... (es folgt Ringwechsel und
Treuversprechen)
dô gap er Gotelinde
ze wîbe Lemberslinde
und gap Lemberslinde
ze manne Gotelinde.
si sungen alle an der stat.
ûf den fuoz er ir trat."

Darauf folgt das festliche Essen. Augenscheinlich ist es der Sippen-
älteste, der die Trauung vollzieht, während die Gesamtheit der Anwesenden durch einen gemeinsamen Hochzeitsgesang mitwirkte.

Allmählich errang aber die Kirche ihre Mitwirkung. Schon Karl
der Große hatte es gefordert. Aber gerade das Beispiel des Meier Helmbrecht aus dem 13. Jahrhundert zeigt, wie langsam die Kirche damit
durchdrang. Zunächst erreichte sie die Einsegnung der Ehe nach der
Hochzeit. Diesen Zustand weist das Nibelungenlied auf, wo sogar der
Kirchgang erst einige Tage nach der Hochzeit stattfindet. Dann erreichte
sie die Gegenwart des Priesters bei der Übergabe der Braut. Zur letzten
Stufe aber, der Übergabe der Braut allein durch den Priester, kam es
erst sehr viel später. Doch wurde meist schon früh der Ort der Eheschließung an die Kirchentür verlegt.

Ehescheidung war altem deutschem Recht nach einerseits dem Mann
gestattet, der sich aber, wenn kein genügender Grund dazu vorlag,
die Feindschaft und Fehde der Sippe der Frau aussetzte. Das vermied
man aber. Außerdem war auch eine Ehescheidung durch vertrags-
mäßige Übereinkunft beider möglich. In diesem Fall erklärten beide
Ehegatten, wie eine aus der Merowingerzeit stammende Formel beweist: „Da es wohl bekannt ist, daß wir unmöglich zusammen bleiben
können — der Teufel hat das bewirkt und Gott will unser Zusammensein nicht — so ist es am besten, wir lösen unseren Bund vor geeigneten
Männern, was wir auch getan haben. Will also mein Mann ein anderes
Weib nehmen, so soll es ihm freistehen und in gleicher Weise auch meiner
Frau, wenn sie einen anderen Mann will." Schon früh gelang es der
Kirche, sich in diesen Fragen einzuschalten und schon vom 10. Jahrhundert an setzte es sich durch, daß Ehescheidungsfragen nur von den
geistlichen Gerichten und nach kanonischem Recht behandelt wurden.

Doch darf die verhältnismäßig leichte Lösbarkeit der Ehe in den
ersten Jahrhunderten des Mittelalters nicht zu der Annahme einer
gewissen Laxheit in Ehefragen überhaupt führen. Ehebruch in flagranti
ertappt wird mit dem unmittelbaren Tode bestraft (Sachsenspiegel,
II. Art. 13: „die in overhure begrepen werdet, den sal man dat hovet
afslan").

Anders war es mit den Beziehungen der jungen Menschen zueinander
v o r der Ehe. Da, wie wir sahen, die Ehen meist nach praktischen Ge-
sichtspunkten und unter dem starken Einfluß der Familien abgeschlossen
wurden, da also nach der Neigung der beiden nicht sehr viel gefragt
wurde, liegt es nahe, daß die Liebesbeziehungen der jungen Leute vor
der Ehe oft andere Wege gingen als die Verheiratung. Die Regel scheint
es gewesen zu sein, daß man auf dem Dorfanger zusammen tanzte
und in Frühlings- und Sommerwetter spazieren ging, daß aber oft
bald schon die Ehe mit einem anderen oder einer anderen folgte und
solchen Liebesbeziehungen ein jähes Ende setzte, daß also verhältnismäßig selten das eine in dem anderen seine Fortsetzung finden konnte.
So lag es nahe, daß ein Paar, das das Ende seiner Beziehungen in einer
anderen Ehe kommen sah, in illegalen Verbindungen zu erreichen suchte,
was die gesetzliche Eheschließung verweigerte.

Geselligkeit und Tänze

Bei den Tänzen unterschied man die langsameren, die „getreten,
geschliffen oder auch gegangen" werden, von den viel lebhafteren, die
„gesprungen" werden. Will man eine gewisse Parallele haben, so wird
man bei den ersten an die heute wieder lebendig gewordenen Volks-
tänze, bei den zweiten mehr an die Schuhplattler denken dürfen. Bei
dieser zweiten, nur im Freien getanzten Art wetteiferten Burschen und
Mädchen in kunstvollen hohen und weiten Sprüngen, die zu unserem
heutigen Tanzen gar nicht passen würden. So heißt es von einem Mädchen:

> *„da si spranc*
> *mer dan einer klafter lanc*
> *und noch hoher danne ie magt gesprunge"*
> (Neidhart von Reuental 7, 6 ff. — 13, 25. — 18, 28. — 31, 38)

Die Leidenschaftlichkeit dieses Tanzens läßt sich schon ahnen aus
den Gedichten, die uns Mädchen schildern, die mit allem Nachdruck
und aller Kraft von der Mutter die Teilnahme an diesen Tänzen fordern.
So schreibt Neidhart:

> *„der mit einem seile*
> *sprach ein maget geile*
> *bunde minen fuoz,*
> *mit den kinden*
> *zuo der linden*
> *uf den anger ich doch muoz."*   (8, 12 ff.)

Oder wir hören von einem Mädchen, das die Truhen der Mutter erbricht, um an die verschlossenen Festgewänder zu gelangen (Neidhart 24 ff.). Derb und laut lärmend sind diese Tänze sicherlich gewesen. Denn wir hören, daß man dabei wild durcheinandergröhlt und -schreit mit einzelnen Ausrufen der Lust. Es nimmt darum nicht wunder, wenn Tanzende mit Bären, Böcken, Gemsen und Löwen an der Kette verglichen werden.

Auch die Tanzmusik war laut. Die Geige verdrängte die alte Harfe, meist von Leiern begleitet. Aber damit begnügte man sich nicht, sondern Trommeln, Tamburins, Becken und Pfeifen kamen dazu, und von den Pfeifen wiederum vor allem die Sackpfeifen, die in ritterlichen Kreisen als unfein galten. Die letztgenannten Instrumente hatte man auf den Kreuzzügen bei den Muslim kennengelernt und von dort übernommen. Sie bürgerten sich schnell ein, und sie gerade waren es, die das Lärmende des Tanzes verstärkten und zum Rufen und Johlen anstachelten.

Da wir weiterhin von sehr, sehr derbem Zugreifen der Burschen und einem Sichwehren der Mädchen mit kräftigen Schlägen hören (Neidhart von Reuental 44, 11. − 65, 2 und 153) und ebenso von den großen Schlägereien der eifersüchtigen Burschen, mit denen diese Feste meist abschlossen, können wir sie uns, die mit so zarter Freude an dem Anger und seinen Blumen begannen, wohl vorstellen. So wird es denn schließlich auch verständlich, wenn gegen Ende des Mittelalters an manchen Orten die Obrigkeiten einschreiten und diese Tänze, wahrscheinlich unter dem Einfluß der Geistlichkeit, bei einer Geldbuße (Grimm, Weistümer I, 490. − V, 137, 3. − V, 154, 49. − I, 353) verbieten und wenn Volksprediger wie Geiler von Kaisersberg sich dagegen wenden (Brösamlin 1517). Doch ist es auf die Dauer beiden nicht gelungen, diese bäuerlichen Tänze zu verhindern oder auch nur wesentlich zurückzudrängen. Sie bestanden weiter.

Auch Ballspiele wurden an solchen Sommertagen unter den jungen Burschen und Mädchen auf dem Anger gespielt (Neidhart Fuchs, Vers 3170 ff.). Beides, Ballspiele und die gesprungenen Tänze, muß recht anstrengend gewesen sein, denn gelegentlich wird uns geschildert, wie törichte ältere Bauern versuchen, es im Schweiß ihres Angesichtes den Jüngeren gleichzutun, ohne daß es jedoch gelang (Neidhart Fuchs, Vers 3561 ff.).

Im Winter bot dann die Spinnstube einen gewissen Ersatz. Freilich, tanzen ließen sich in den Bauernstuben höchstens „getretene" Reihen, und die kaum. Tanzsäle aber kannte man nicht, und der Anger war kalt und voll Schnee. Da trafen sich dann die jungen Leute in den Spinnstuben, die Mädchen zum Spinnen, daneben aber zu allerlei Spielen und oft derben Späßen. Unser Spinnrad hat man sich allerdings aus diesem Bild hinwegzudenken. Es kommt erst um die Wende vom 15. zum 16. Jahrhundert auf. Seine Stelle nahm der Spinnrocken ein, den man

meist zwischen den Knien hielt oder auch schon das als Handrad betriebene Spinnrad. Auch die Spinnstuben wurden mancherorts am
Ende des Mittelalters verboten oder eingeschränkt, aber der Erfolg
war hier wahrscheinlich nicht größer als bei den sommerlichen Tänzen
(Grimm, Weistümer I, 489. — VI, 200, 11).

Wir verdanken unsere lebendige Anschauung dieser bäuerlichen
Tänze im Frühjahr und Sommer auf dem Anger des Dorfes oder auf
der Wiese am Waldrand und von den sich hier anspinnenden Liebesbeziehungen der Burschen und Mädchen vornehmlich einigen der
reizendsten Lieder von Walter von der Vogelweide, Neidhart von
Reuental und anderen uns unbekannten Dichtern. Sie lassen heute
noch die Heiterkeit und Frische solcher Sommertage und solcher
Liebesbeziehungen spüren. Es ist kein Zufall, daß gar manche ritterliche
Dichter wie Walter von der Vogelweide und Neidhart von Reuental
oft diese dörflichen Beziehungen dem höfischen Minnedienst vorzogen.
Dabei ist nicht zu übersehen, daß die meisten dieser Dichtungen mit
einer gewissen Selbstverständlichkeit mit der Erfüllung der Liebes-
sehnsucht rechnen. Es erscheint fast als Regel, daß dem Tanz auf dem
Anger irgendwann einmal auch der Tag folgt,

> *„do het er gemachet*
> *also riche*
> *von bluomen eine bettestat.*
> *des wirt noch gelachet*
> *innecliche*
> *kumt iemen an das selbe pfat.*

In der gleichen Richtung weisen die in verschiedenen Formen erhaltenen Lieder, in denen die Mutter die Tochter vom Tanz zurück-
halten will, die Tochter aber sich — oft unter Hinweisen auf die Jugend-
zeit der Mutter — die Erlaubnis erkämpft. Oder hören wir folgendes
Lied eines unbekannten Dichters aus dem 13. oder 14. Jahrhundert:

> *„. . . Zu der Linde soll mich mein Liebster bringen*
> *Süß will ich ihn nah an Herz und Brüstlein zwingen . . .*
> *Ich weiß wohl, nichts Süßes wird er mir verwehren,*
> *Alles darf ich froh von seiner Lieb begehren.*
> *Leid und Kummer soll mein Herze nie beschweren.*
> *Blumen, weiß ich, werden wir noch viel verheeren*
> *Nah mit weißen Armen will ich ihn umfangen,*
> *und mit meinem roten Mund an seinem hangen*
> *Meine Augen sagen ihm ein tief Verlangen.*
> *So von Herzen Liebes hab ich nie empfangen."*

Uneheliche Kinder

Aus alledem geht hervor, daß es in mittelalterlichen Dörfern nicht selten uneheliche Kinder gegeben haben muß. Ihnen gegenüber war man damals allgemein recht weitherzig. Meist wurde das uneheliche Kind neben den anderen Kindern eines Mannes vom Vater aufgezogen und im Todesfall des Mannes auch testamentarisch mit einem Erbe, das allerdings kleiner war als das der anderen Kinder, bedacht. Denn das unterschied vor dem Recht die ehelichen von den unehelichen Kindern, daß nur diese erbten und an den Rechten der Familie Anteil hatten. Auch die ehelichen Kinder selbst und die anderen Verwandten stellten sich zu unehelichen Kindern ebenso verwandtschaftlich. Nur die Kinder von Huren und die diesen gleichgeachteten Kinder von Klerikern besaßen ein gemindertes Recht. Charakteristisch für die Anschauungen dieser Tage zu solchen Fragen ist das Urteil, das die Zimmersche Chronik über den Freiherrn Gottfried von Zimmern (15. Jahrhundert) fällt: „Er war von Jugend auf ein gottesfürchtiger, viel betender Herr, der sich stets daheim hielt. In Summa: er ist ein schlichter, frommer alter deutscher Schwab gewesen. ... Wiewohl er nie verheiratet gewesen, sind ihm doch viele Kinder geschenkt worden ...“

Diese Anschauungen und diese allgemeine Haltung stehen in merkwürdigem Gegensatz zu dem in derselben Zeit durch die Kirche propagierten, aber auch in Laienkreisen theoretisch anerkannten Ideal der Keuschheit, wie es zum Beispiel in der weit verbreiteten Beurteilung Kaiser Heinrichs II. auf Grund seiner Eheführung zutage tritt. Aber wir haben ja bereits gesehen, daß das deutsche Mittelalter voll von solchen unausgeglichenen Gegensätzen ist.

Verschlechterung der Lage des Bauern
im 15. Jahrhundert

Bis gegen das Ende des 14. Jahrhunderts läßt sich ein langsames Aufsteigen, ein Sichererwerden und eine Verbesserung der Lebensbedingungen des Bauern deutlich beobachten, wenn auch die Linien nicht einheitlich verlaufen und oft für den wenige Meilen entfernten Nachbarn nicht mehr zutrifft, was wir in einem Dorf beobachten können.

Zwar geht an manchen Stellen auch dann die ansteigende Bewegung noch ungestört weiter, aber vielerorts trat im 15. Jahrhundert, besonders in seiner zweiten Hälfte, eine rückläufige Bewegung ein. Sie ist zum geringeren Teil dadurch verursacht, daß vor allem im Südwesten des Landes die Teilung der bäuerlichen Güter in kleine, kaum noch rentierende Teile zunahm. Man findet nun häufig Halbhufner, Viertel-

hufner oder gar Achtelhufner, daneben Häusler oder Katner, die fast
ohne Land als Landarbeiter und Waldarbeiter lebten. Das ist die Gruppe,
die im Märchen die Eltern von Hänsel und Gretel darstellen. Freilich
war gleichzeitig auch die Intensität der landwirtschaftlichen Arbeit
gestiegen, so daß der Boden nun mehr Menschen ernähren konnte,
doch nicht in demselben Maße wie diese Realteilungen des Grundes
und Bodens zunahmen. Sie waren vor allem durch die Bevölkerungs-
zunahme verursacht, die jetzt im Südwesten keinen Abfluß mehr hatte,
nachdem die Rodungen aufgehört hatten und die Städte sich gegen
weitere Zuwanderungen zu sträuben begannen. Aus dem Norden und
Osten Deutschlands zogen damals noch große Massen in die neuen
Siedlungsgebiete des Ostens, im Südwesten war die Beteiligung an der
Siedlung geringer. Deshalb wurde dort die Zunahme am ersten drückend
fühlbar.

Aber wichtiger war eine andere Tatsache. Wir haben oben schon
davon gesprochen, daß das deutsche Königtum des Mittelalters keinen
eigentlichen Staat in unserem modernen Sinne darstellte, daß es alle
Mängel (allerdings auch die Stärken) eines rein feudalen Herrschafts-
gefüges trug. Das war auf die Dauer nicht tragbar. Die Stelle, wo nun
wirklich staatliches Leben sich zuerst zeigte, war nicht die zentrale
Macht, das Königtum, sondern es waren die langsam entstehenden
Landesstaaten. Das Königtum, geschwächt durch den Untergang der
Hohenstaufen und das Interregnum, hatte nicht mehr die Macht, den
Einzelstaaten voranzugehen. Aber auch für diese Landesstaaten war
der Weg zu einem kräftigen Staatswesen, das nun nicht mehr einen
feudalen Charakter tragen sollte, sehr schwer. Denn es galt, die mannigfaltigen Treuverpflichtungen mit ihren abgestuften Leistungen in ein
einheitliches Untertanentum zu überführen, auf dem dann ein geord-
netes Finanzsystem und eine Landesverteidigung sich aufbauen ließ.
Das war nicht leicht. Denn der Gesamtkomplex der Rechte eines Herren
setzte sich meist aus kleinen Partikeln zusammen. Hier war es ein Dorf,
das seiner Herrschaft unterstand, dort ein Bauerngut oder ein Wald
und anderwärts wieder nur eine bestimmte Abgabe. Dabei lagen in
fast jedem Dorf Rechte verschiedener Herren nebeneinander. In langem
Bemühen gelang es den Herren nun, diese Rechte abzurunden und
zusammenzuschließen. Zugleich bemühten sie sich aber auch, die
Leistungen aller unter ihrer Herrschaft Stehenden zu vereinheitlichen.
Aus der Mannigfalt abhängiger Bauern wollte man einheitliche Untertanen schaffen, die alle in gleicher Weise eine bestimmte Steuer statt
der bisher sehr stark abgestuften Abgaben zahlten. Nun lag es für
den Herren nahe, zu versuchen, diese Angleichung der Untertanen
aneinander nicht auf der Stufe der Wohlhabenden und relativ Unabhängigen, sondern auf einer niederen Stufe durchzuführen. Dem
entspricht der Versuch einiger kleinerer Landesfürsten, alle von ihnen

abhängigen Bauern zu Leibeigenen zu machen, obwohl diese Leibeigenschaft damals im großen und ganzen schon im Verschwinden begriffen war. Das bekannteste Beispiel dafür ist der Abt von Kempten. Hier wehrten sich die betroffenen freien Untertanen, und harte Streitigkeiten zogen sich das ganze 15. Jahrhundert bis zum Jahre 1525 hin. In diesen Verhandlungen konnten die Kemptener Bauern 400 seit Menschengedenken freie Bauern mit Namen nennen, die leibeigen geworden waren unter dem schweren Druck des Abtes von Kempten, der auch vor Gefangensetzung und geistlichen Strafen nicht zurückschreckte, um sein Ziel zu erreichen (Baumann, Akten zur Geschichte des Bauernkriegs in Oberschwaben 62/53 ff., 401/338). Aber der Abt von Kempten steht hier nicht allein, auch die Äbtissin von Buchau zum Beispiel machte denselben Versuch bei ihren Bauern in Mittelbiberach (Günther Franz, Aktenband 26 e/150).

An anderen Stellen vermieden die Landesherren zwar die Bezeichnung Leibeigene für die Stellung, in die sie die freien oder halbfreien Hörigen hinabdrücken wollten, aber sie forderten ohne weitere Begründung von ihnen den Sterbfall, der bis dahin als Kennzeichen der Leibeigenschaft gegolten hatte. Sogar auf Fremde, die auf herrschaftlichen Gütern starben, wurde dieser Anspruch bisweilen ausgedehnt (Grimm, Weistümer I, 354, 58; VI, 5, 12).

Anderwärts wieder unterwarf man die Bauern nicht alten verhaßten Steuern, sondern suchte ihnen neue Steuern aufzulegen, um so die Kosten des Aufbaues eines neuen landesherrlichen Staatswesens decken zu können. Ein deutliches Beispiel dafür haben wir in der Innenpolitik der Grafen von Waldburg aus dem Anfang des 16. Jahrhunderts vor uns. In wieder anderen Fällen versuchte man die Anrechte der Bauern oder ihrer Gemeinden an der Allmende, also an Wald, Weide und Wasser, zugunsten der werdenden Landesstaaten zu verringern. Dies Bestreben wird vor allem deutlich in den Waldordnungen des Bischofs von Speyer von 1493, des Erzbischofs von Salzburg von 1524 und des Klosters Ochsenhausen von 1497. An anderen Stellen suchte man die Handhabung der Gerichte zuungunsten der Bauern zu ändern. Insgesamt kennen wir solche Verschlechterungen der Lage der Bauern um des aufsteigenden Landesstaates willen in Kempten, Salzburg, in den Augsburger Besitzungen im Allgäu, in Waldburg und Zeil, Montfort, Fürstenberg, Ortenberg, Speyer, Württemberg, Österreich und Buchau. Dabei ist zu beachten, daß wir natürlich von solchen Versuchen der Herren nur hören, wenn die Bauern sich zur Wehr setzten, alle die Fälle, in denen sie stillschweigend sich fügten und leisteten, was man von ihnen verlangte, bleiben völlig im Dunkel. Fast alle diese Verschlechterungen der Lage der Bauern werden uns aus Süddeutschland gemeldet und auch dort nicht aus allen Landschaften. Bayern hatte in der Ausbildung seines Landesstaates schon eine gewisse Höhe erreicht, so daß es im 15. und 16. Jahrhundert hier ausscheidet. Dagegen waren Württemberg, die Pfalz, Baden und das weitverzweigte Mainzer Land erst im Begriff, ihre Herrschaft zu konsolidieren und zur Landesherrschaft auszubauen, und noch mehr galt das für die kleinen geistlichen und weltlichen Herrschaften Oberschwabens, die neben und in Konkurrenz zu den großen Besitzungen Österreichs an der oberen Donau standen; für sie war noch alles zu erkämpfen. Darum treten sie in den folgenden Kämpfen besonders scharf und klar hervor.

Bei den kleineren Herrschaften, also vor allem bei den ritterlichen, brachte noch ein Umstand Unsicherheit und Unruhe in die Beziehungen von Bauer und Herrschaft. Ihre innere Begründung hatte die Abhängigkeit der Bauern immer durch den von den Herren ausgeübten Schutz in einem sonst schutzlosen bäuerlichen Dasein gefunden. Solange dieser Schutz durch den Ritter geleistet wurde, blieb darum auch das Verhältnis beider Teile im Gleichgewicht. Sobald aber die Macht der Landesstaaten im Verhältnis zu der der Ritter stieg und nur noch diese faktisch in der Lage waren, einen wirksamen Schutz auszuüben, schon darum, weil nur sie über Landsknechtsheere verfügten, verschob sich alles. Besonders wo Ritter in den Dienst des Landesherren eintraten und nun zweifellos dieser es war, der schützte, verlor die Schutzherrschaft der Ritter über die Bauern ihre innere Berechtigung. Jetzt schützte der Landesstaat und konnte dafür mit Fug und Recht gewisse Abgaben verlangen, nicht mehr aber der Ritter. Doch was Recht war, mußte Recht bleiben. So schien es wenigstens den meisten. Die Folge mußte eine Unzufriedenheit der Bauern gegenüber den ritterlichen Herrschaften sein.

Bäuerliche Genossenschaften im Kampf für die Rechte der Bauern

Sobald es nun zu Auseinandersetzungen beider Teile kam, zeigte sich — und das war von großer Wichtigkeit —, daß den Fürsten und Rittern keine einzelnen Bauern mehr gegenüberstanden, sondern ihre festen Genossenschaften als Ganzes. Wir haben von den Dorfgemeinden und ihrem Erstarken schon gesprochen, ebenso von den Markgenossenschaften der aus den königlichen Forsten entstandenen und an dem Forst noch mit Anrechten beteiligten Dörfer. Auch haben wir beobachtet, wie die Weistümer, die jetzt überall in großer Zahl zu finden sind, die bäuerliche Gemeinde des Dorfes oder der Mark als Gegner der Herrschaften im Kampf um die Rechtsstellung des Dorfes und seiner Bauern zeigen und daß häufig die Weistümer als Kompromißlösungen dieses Kampfes aufzufassen sind. Dort, wo durch das Nachlassen der königlichen Macht den bäuerlichen Gemeinden am meisten Raum zur Entfaltung gegeben war (Königsforsten und Königsgut), traten die Gemeinden am stärksten und besonders streitbar in Erscheinung. So war nichts anderes zu erwarten, als daß nun im 15. Jahrhundert, wo Erhöhungen des Druckes häufiger und mit einer gewissen Systematik eintraten, die bäuerlichen Genossenschaften sich den Herren und Fürsten entgegenstellten und wenigstens einen Teil der drohenden Gefahr abzuwenden vermochten. Die Weistümer sind großenteils Zeugen solchen unblutigen Kampfes.

Gerade, weil der Bauernstand damals seit Jahrhunderten in einem stetigen Aufstieg begriffen war, mußten alle Versuche, die Abhängigkeit der Bauern zu verschärfen und die Lasten zu erhöhen, besonders hart und ehrenkränkend empfunden werden. Zumal wo selbstbewußte und relativ wohlhabende Bauern den Herren gegenüberstanden, waren sie nicht gewillt, Verschlechterungen ihrer Lage ohne Gegenwehr hinzunehmen, besonders wenn die Dorfgemeinde oder andere genossenschaftliche Verbände die Stelle boten, an der man die Stimme erheben konnte.

Allgemein läßt sich feststellen, daß in der 2. Hälfte des Mittelalters die Genossenschaften aus dem dunklen Schatten, in dem sie in der ersten Hälfte des Mittelalters gestanden hatten, hervortraten. Die Schutzherrschaftsverhältnisse verloren an Kraft in dem Maße, in dem das Königtum an Macht verlor, der Ritterstand absank und der Bauernstand stieg. Das heißt mit anderen Worten, daß im Gesamtgefüge des öffentlichen Lebens nun die Querfäden der genossenschaftlichen Bindungen stärker hervortraten als die Längsfäden der herrschaftlichen und lehensrechtlichen Treu- und Gefolgschaftsbindungen. Denn wenn auch beides, Längs- und Querfäden, stets vorhanden sein müssen, wenn das Gewebe kräftig sein soll, so gibt doch das Vorherrschen des einen oder anderen dem öffentlichen Leben ein anderes Gepräge. Einer der Hauptunterschiede des deutschen Mittelalters vor und nach dem 13. und 14. Jahrhundert ist also, daß die herrschaftlich-feudale Struktur des öffentlichen Lebens durch eine genossenschaftliche aus ihrer dominierenden Stellung verdrängt wurde. Das wird in vollem Umfang erst klar werden, wenn wir die bürgerliche Welt dieser Jahrhunderte kennengelernt haben.

Nur noch ein Beispiel für die Bedeutung der genossenschaftlichen Verbände im 15. Jahrhundert sei angeführt, da es sich hauptsächlich in ländlicher Welt auswirkte: die Femgerichte. Sie entstammen alle den Königsschutzgebieten, den Freigrafschaften. Das Gericht dort wurde von jeher von dem Freigrafen unter Königsbann als königliches Gericht ausgeübt und war daher zuständig für alle gerichtlichen Fälle, vor allem konnten auch ritterliche und andere Herren wie auch Bürger der königlichen Städte in den Kreis dieser Königsgerichte einbezogen

werden. Als nun das Königtum sank, wurde einmal die allgemeine
Rechtsunsicherheit größer und je mehr der Verkehr sich entwickelte,
um so drückender empfunden. Außerdem aber erhielten diese königlichen Gerichte mit dem Nachlassen der Königsmacht außerhalb seiner
Hausmacht, das heißt außerhalb seines eigenen Landesstaates, eine weit
größere Selbständigkeit. Sie wußten sich großenteils gegen die Einbeziehung in die Kreise eines benachbarten, bedrohenden Landesstaates durch das Ansehen, das der Name des Königsgerichtes noch
gab, zu retten, obwohl die Hand des Königs selbst oft weit entfernt
war. Der genossenschaftliche Gedanke aber, der sie zusammenhielt,
erstarkte. So konnten sie in einer Zeit, in der kaum eine über den einzelnen Landesstaat hinausgehende Gerichtsgewalt bestand, sich in dieser
Lücke entfalten und kraft des Königsbannes oft weit entfernte Männer
aller Art und jedes Standes vor ihr Gericht ziehen. Man nannte sie in
diesem Stadium ihrer Entwicklung Femgerichte. Aber auch diese
Gerichte erlagen bald der Versuchung, die sich aus ihrer Stellung ergab:
Willkür in ihre Tätigkeit eindringen zu lassen. Sie sollen uns hier im
wesentlichen als Beispiel für die Macht des genossenschaftlichen Ge-
dankens in dieser Zeit und für die spontanen Versuche, Ersatz für die
fehlende zentrale Staatsmacht zu schaffen, dienen. Auch die Ritter- und
Städtebünde sind in diesem Zusammenhang zu nennen.

Es würde das Bild verschieben, wenn man in der sich immer klarer
herausbildenden bäuerlichen Bewegung eine Wendung genossenschaft-
lich zusammengeschlossener Menschen gegen die durch herrschaftliche
Treuebindungen bedingten Lebensformen sehen wollte. Denn die bäuerlichen Bewegungen dachten nicht daran, herrschaftliche Treuebindungen
durch genossenschaftliche zu ersetzen, also vertikale durch horizontale.
Man wollte vielmehr die Bindungen treuverpflichtender Art von Bauern
zum Herren und vom Herren zu seinen Bauern nicht auflösen oder
durch andere ersetzen, sondern das Bestreben ging dahin, Mißbräuche
und Neubelastungen zu beseitigen und so dem Bauern seinen von jeher
vorgezeichneten Weg von Hemmnissen und versperrenden Blöcken frei
zu machen. Um dies zu erreichen, setzten sich die genossenschaftlichen
Zusammenschlüsse der Bauern ein, im Bewußtsein so weit mehr als
in der Vereinzelung erreichen zu können. Die genossenschaftlichen
Zusammenschlüsse und ihre Forderungen nach neuen Bindungen waren
Kampfmittel, nicht Kampfziel.

Bürgerliche Reformbewegung und Bauernaufstand

Diese bäuerlichen Bestrebungen fanden Bundesgenossen in einer
Reformbewegung intellektueller bürgerlicher Kreise, die auch in den
Kreisen des Adels lebhafte Anhänger hatte. Es war dies eine allgemein-

politische Bewegung, die die Machtlosigkeit des deutschen Königtums, die Unklarheiten des deutschen öffentlichen Lebens, die allgemeine Unsicherheit des Lebens und auch die gedrückte Lage des Bauernstandes deutlich sah und sich gegen sie wandte. Fünf Bücher sind namentlich Ausdruck dieses Reformwillens „an Haupt und Gliedern", und zwar am Staat wie an der Kirche. Es waren: „Die Reformation Kaiser Sigmunds" (1439), die „Reformatio Kaiser Friedrichs III." (1441), der sogenannte „Oberrheinische Revolutionär" (1498—1510), der „Neue Karsthans" (1521) und „Die 15 Bundesgenossen" von Eberlin von Günzburg. Überall sympathisierte man in diesen Kreisen mit den Bauern. Denn man hoffte und rechnete auf ihre Mitarbeit am Aufbau eines neuen Deutschlands. Darum preist man hier den Bauern und seine Arbeit hoch, im Gegensatz zu der populären Schwankliteratur der Städte, wo der Bauer zur komischen verachteten Figur geworden war. Da dichtet zum Beispiel in Nürnberg Hans Rosenplüt (= Hans Schnepperer) einen Spruch „Der Bauern Lob". Da lesen wir, „von allem, was Gott erschaffen hat, ist nichts so edel als der Ackermanns, der edle fromme Bauer. Mit seinem Pflug ernährt er alle Welt". Auch in seinem Spruch: „Vom Müßiggänger" wird die bäuerliche Arbeit in das Licht einer geradezu religiösen Verehrung gesetzt. Ähnliche Töne schlägt die Cronica „van der hilliger stat Coellen" im Jahre 1499 an. Dort wird erklärt, Christus sei auf Erden gewandelt als ein Bauer und im Evangelium stehe geschrieben: „mein Vater ist ein Baumann" und „ich bin ein Schafhirt", oder an einer anderen Stelle: „gleichwie von dem edlen Ackermann alle Stände geistlich und weltlich gefüttert und gespeist werden, so tut auch Gott der Vater . . .".

Bei einer solchen Haltung dem Bauern gegenüber muß für die Verfasser solcher Schriften die damalige Lage der Bauern schlecht und unhaltbar erscheinen. So lesen wir bei dem schon genannten Johannes Boemus in seinem Buch „Omnium gentium mores": „Ihre Lage ist ziemlich bedauernswert und hart ... Es gibt nichts, was dieses sklavische und elende Volk ihnen (das heißt den Herren) nicht schuldig sein soll, nichts, was es, sobald es befohlen wird, ohne Gefahr zu tun verweigert: der Schuldige wird streng bestraft. Aber am härtesten ist es für die Leute, daß der größte Teil der Landgüter, die sie besitzen, nicht ihnen, sondern jenen gehört, und daß sie sich durch einen bestimmten Teil der Ernte jedes Jahr von ihnen loskaufen müssen." Und ähnlich, sich an Boemus anlehnend, schreibt Sebastian Franck (1534): „Diss mueselig volck der bauren, kohler, hirten etc. ist der vierd stand ... ein seer arbeitsam volck, das jedermans fuosshader ist und mit fronen, scharwercken, zünssen, gülten, steuren, zoellen hart beschwert und überladen ist ...". In ähnlicher Weise spricht Berthold von Regensburg einmal in einer Predigt von den Bauern: „Ihr habt gelebt so manchen üblen Tag mit großer Arbeit spät und früh, und müßt doch alles erarbeiten, dessen die Welt bedarf, und von all dem insgesamt wird euch kaum mit Mühe so viel, daß ihr nicht viel besser esset als die Schweine." Das sind Schilderungen, die von der ärmsten Schicht der Bauern, deren Lage in ihrer Mannigfaltigkeit ja immer auch zu solchen trüben Bildern genug Anlaß gab, ausgehen und die der Propaganda dieser Reformideen dienen sollen. Solche literarischen Äußerungen waren keineswegs bedeutungslos, denn sie halfen die mit den Bauern sympathisierende Haltung vieler Städte und ihrer Bürger schaffen, die den aufständischen Bauern im Bauernkrieg von 1525, ebenso aber auch schon in den Bundschuhunruhen zugute kommen sollte. Doch auch in den Kreisen der Bauern hat diese damals viel gelesene und noch mehr besprochene Literatur eine revolutionäre Haltung gefördert.

Speziell mit der Leibeigenschaft hat sich die Literatur und weite Kreise der Nachdenklichen schon seit Jahrhunderten befaßt. So schrieb Eike von Repgow schon im 13. Jahrhundert in seinem Sachsenspiegel: „An minen sinnen ne can ich iz och nicht uph genemen na der warheit, daz ieman des anderen sole sin. Och ne habe wir is nichen orekunde... Nach rechter warheit so hat eigenschaph begin von dwange unde von venknisse unde von unrechter gewalt, die men von aldere in unrechte gewonheit gezogen hat unde nu vor recht haben wil" (III, 42, 3 und 6). Auch speziell mit dieser Literatur war also für den Bauern schon in anderen Lebenskreisen vorgearbeitet worden.

Neben solchen bauernfreundlichen und sozialrevolutionären Stimmen aus Bürgerkreisen standen aber in scharfem Gegensatz dazu solche, die sich mit allem Nachdruck gegen einen sozialen Aufstieg der Bauern wandten und offene Feindseligkeit gegen sie erkennen ließen. Dahin gehören die Fastnachts- und anderen Schwänke, die auf den Bauern verächtlich herabsahen. Wichtiger aber als diese durch ihren Humor gemilderten Äußerungen waren die klaren politischen Beurteilungen und Forderungen, die mit aller Schärfe die Niederhaltung der Bauern verlangten. Das beste Beispiel dafür ist der Züricher Chorherr Felix Hemmerlin (um 1500), der in seiner Schrift „De nobilitate" sich über die Üppigkeit der Bauern ausläßt, dann erklärt, es heiße mit Recht: „Rustica gens optima flens, pessima gaudens" (= es ist am besten, wenn das Bauerngeschlecht weint, und es ist schlimm, wenn es froh ist) und fortfährt, es sei gut, wenn man in gewissen Zwischenräumen, etwa alle 50 Jahre, den Bauern Haus und Hof zerstöre, damit die üppigen Zweige ihres Übermutes beschnitten würden. Eine solche Äußerung beweist nicht nur wenig politische Klugheit, sondern zeigt vor allem eine sehr gehässige feindlich-angriffliche Haltung von Bürgerkreisen gegen die Bauern. Gerade das Nebeneinander von solchen gehässigen Stellungnahmen zu den oben geschilderten bauernfreundlichen und die Revolution propagierenden Stimmen war besonders geeignet, die Bauern in ihrer revolutionären Haltung zu bestärken.

Religiöse Kräfte des Bauernaufstandes

Doch weit bedeutender noch waren die Impulse, die eine solche bäuerliche Bewegung von religiöser Seite her erhielt. Langsam war in dem mittelalterlichen Bauern selbständigeres Denken über die Wahrheiten des Christentums erwacht, und zwar gerade in einer Zeit, in der er begonnen hatte, als einzelner oder in der Dorfgemeinde um seine Stellung dem Herren gegenüber zu kämpfen. Beides aber trat, wie leicht verständlich ist, in nahe Beziehung zueinander. Gab es denn in der Bibel, die ja doch den Willen Gottes enthielt, keine Weisungen an die Herren, die Bauern gerecht zu behandeln? Das müßte von der größten Bedeutung sein, da man täglich schreiendes Unrecht den Bauern gegenüber vor Augen sah.

Solches Fragen stieß nun zusammen mit einer damals unterirdisch durch England und Mitteleuropa gehenden Strömung. John Wiclif, der englische Reformator (gestorben 1384), hatte nach einer solchen lex Dei oder Christi gesucht, nach der Fragen auch des sozialen Lebens entschieden werden könnten. Nach ihm griff der Böhme Johan Hus (gestorben 1415) den Gedanken, ihn abwandelnd, auf. Unter seinen Anhängern und Nachfolgern gewann er eine ungeheure revolutionäre Kraft. Von dort aus verbreiteten sich diese Gedanken heimlich in Deutschland, obwohl Staat und Kirche ihre Verbreitung verboten und verfolgten. In dieser Tiefe entfachten sie dann das im deutschen Bauern schon vorhandene Suchen und Fragen, bis es plötzlich und überraschend zuerst im Jahre 1476 bei dem sogenannten Pfeifer von Niklashausen, Hans Böhm, mit großer religiöser Kraft hervorbrach. Dort mit Gewalt erstickt, verschwand diese revolutionierende Idee zunächst für einige Jahrzehnte wieder unter der Oberfläche, um dann aber in den Bundschuhunruhen von 1502 und 1504 und in der Bewegung des „Armen Konrad" 1514 wieder ans Tageslicht zu treten und schließlich die Unzufriedenheit der Bauern zu dem Ausbruch von 1525 zu entfachen. Dieser Krieg ist ohne die treibende sozial-revolutionäre Religion gar nicht zu verstehen. Sie war nicht nur eine Angelegenheit der Führer der Bauern, also etwa Thomas Münzers oder der oberdeutschen Prädikanten, sondern ihre Träger waren die Bauern selbst.

Thomas Münzer selbst hatte seine eigene Gedankenwelt, in die die sozialrevolutionären Ideen nur am Rande hineingehören. Anders die Prediger von Memmingen und Waldshut. Sie waren wirklich Vertreter dieser Frömmigkeit von der „göttlichen Gerechtigkeit", aber die Bedeutung dieser Männer war nicht so groß, um dem Ganzen den Stempel aufzudrücken. Die reinsten Zeugnisse dieses Glaubens und Wollens stellen die Briefe der Bauernhaufen dar, so zum Beispiel ein Brief des Baltringer Haufens, dessen Verfasser wir kennen. Es ist ein Bauer, der Schmied Ulrich Schmid von Sulmendingen, der Führer des Baltringer

Haufens. Er ist gerichtet an die Stadt Ehingen und lautet: „Vil hail, frid und starken Glauben in Christo! Fursichtig ersame und wyss, gunstige, liebe herrn und brueder in Christo! Wir fugen uch zu wissen, das wir am montag Fassnacht ain christenliche versamblung gehabt und uns da ainhelligen entschlossen, allain zu handeln nach lut und inhalt des gotlichen worts, welches man durch gelert, christenlich männer erfahren und erlernen soll. Was uns dann dasselbig gotlich wort nimpt und gibt, darby wollen wir alzeyt gern belyben und uns by demselben wol und wee beschehen lassen etc. Nachdem wir aber vil veind haben, so dem gotlichen wort widerstand zu ton furnemen, demselben nach begeren wir diemutigklich ain wissen von uch als unsern gunstigen herren und ganzer gemaynd zu haben, was wir uns doch zu uch versehen sollen, ob ir uns hilflich und ratlich sein wolten, wa wir über unser christenlich erbieten angetast oder uberzogen wurden ... Hiemit seyt der gnad Christi bevolhen! Von dem christenlichen hufen, so versamelt gewesen ist by Baltringen im ried" (Baumann, Akten 119/131 v. 28. 2. 1925. Das gleiche Schreiben an Ulm-Artzt VI, 83).

Ähnlich lauten die Briefe der anderen bäuerlichen Haufen (Haufen = bäuerliche, über das Dorf hinausgehende Genossenschaft aus allen Teilen des aufständischen Deutschland). Einige Beispiele, die deutlich denselben Charakter aufweisen, seien genannt: Sie sind abgesendet vom Haufen von Tettnang und Rapperswil vom 7. und 8. März 1525, Haufen von Buchloe vom 11. Februar und 10. April, Haufen von Dinkelsbühl vom 4. Mai, Haufen von Riedselz vom 25. April, Haufen von Truttenhausen vom 22. April, Rothenburger Bauern vom 3. April. Diesen Schriftstücken schließen sich aus Mitteldeutschland gleichartige an: Arnstädter Haufe vom 2. Mai, Haufe zu Ascha vom 13. April, Bauernversammlung zu Aura vom 17. April und vom 23. April, Bauernversammlung von Bildhausen vom 14., 16., 17., 19. und 21. April, der evangelisch-brüderliche Bund bei Blankenburg vom 24. April, Haufen von Fulda vom Ende April, Haufen von Salzungen vom 24. April, Haufen von Vacha vom 22. und 23. April. Da nun auch die zwölf Artikel, auf die sich alle Bauern geeinigt hatten und die Neuhinzukommenden sich verpflichten mußten, denselben Geist atmen, muß dieser als gemeinsames Gut und als treibende Kraft aller Bauernhaufen angesehen werden und eine zentrale Stellung in der Geschichte des Bauernkrieges von 1525 besessen haben.

Auch die gegnerischen Berichte sahen diese überragende Bedeutung des religiösen Faktors. Da schreibt man in Weingarten: „Die Bauern sind im heyligen evangelium gar ertrunken", und aus Weißenhorn: „es kam in sy der gayst (ich main des tewfels gayst) wöllen das evangelium und gotzwort aufrichten, das lang unter der banck gelegen, das wollten sy herfürziechen", und aus Sankt Gallen kommt die Formulierung, die Bauern hätten erklärt, sie wollten keinen anderen Herren als Gott.

Ganz offensichtlich war also die religiöse Erregung und Bewegung, die uns meist als durch Luther verkörpert und damit in ihrem vollen Umfang umrissen scheint, viel umfassender und mannigfaltiger als uns im allgemeinen vor Augen steht. Nicht nur, daß sich unter den Wiedertäufern und Schwärmern viel ernstes Suchen nach Gott, viel eigenes Denken und zielbewußtes Wollen regte, eine weitere Bewegung, die mit den Schwärmern und auch mit Luther verhältnismäßig wenig gemein hat, und die doch sehr ernsthaft nach dem rechten Weg sucht, ist die sozial-revolutionäre Bewegung und ihre religiöse Grundlage, die auf Hus und Wiklif zurückzuführen ist. Die Erkenntnis, daß die Lage der Bauern und der niederen Kreise der Städte nicht dem entsprach, was sie Gottes Gerechtigkeit nannten, und daß es darum notwendig sei, den bestehenden Zustand zu verbessern, war zweifellos sozial klar gedacht und auch mit religiösem Ernst gefordert. Aber darum ging es doch nicht an, sich unmittelbar auf das Neue Testament zu berufen und von dort aus Anweisungen zur Gestaltung des Volkslebens zu gewinnen. Denn das Neue Testament enthält keine Anweisungen für den Sozialaufbau eines Volkes. Es lehrt keine Praxis, sondern eine Gesinnung, die imstande ist, alle Glieder des Volkes in ethisch richtiger Weise zu erfassen und mit den einer Zeit gestellten Fragen fertig zu werden. Das sah man in dieser Bewegung um die Göttliche Gerechtigkeit nicht. Auf einzelne, halb mißverstandene Worte der Bibel suchte man sich zu berufen, ohne doch die gegebenen Forderungen begründen zu können. Der Rückgriff auf die „Gerechtigkeit Gottes", auf das „Göttliche Recht" schien alle Forderungen im einzelnen, die aber auf den Verhältnissen des 16. Jahrhunderts aufbauten, zu begründen und alles radikale Vorgehen legitimieren zu können.

Im Grunde standen sich in Deutschland also am Anfang des 16. Jahrhunderts zwei Bewegungen gegenüber, die eine Zeitlang glaubten, zusammenzugehören oder gar dasselbe zu sein: die Bauernbewegung und die Reformation. Bald zeigte sich, daß nicht nur die Blickrichtungen beider Gruppen verschieden waren, sondern daß sie auch Verschiedenes im Neuen Testament zu lesen meinten, obwohl beide sich darauf beriefen. Die „Prediger", die allenthalben, soweit die Bauernbewegung reichte, großen Einfluß hatten, waren größtenteils Sozialrevolutionäre mit Rückhalt am Evangelium, aber keine Vertreter der Lehre Luthers. Das Jahr 1525 brachte dann die klare Einsicht in die Verschiedenheit des Wollens und die gerade darum ungeheuer scharfe Absage Luthers an die Bauern. Diese Scheidung kostete die Bauern die Sympathie weiter bürgerlicher Kreise und kostete Martin Luther die Anhängerschaft vieler Bauern, die sich dann in vielen Landen nicht mehr spontan von ihrem Ringen und Wollen aus, sondern nur als Untertanen ihrer Herren Luthers Sache anschlossen, oder in anderen Ländern ihren Herren folgend entschlossene und erbitterte Gegner Luthers wurden.

Freilich wäre es völlig verfehlt, an dem Ernst dieser kämpferischen Frömmigkeit der Bauern zu zweifeln. Die Bauern glaubten gewißlich fest, für Gottes Sache und nicht nur für irdische, materielle Ziele zu kämpfen und kämpfen zu müssen. Es ist dies ein Beispiel dafür, wie gefährlich es ist, wenn das Christentum in politische oder soziale Kämpfe hineingezogen und mit den Zielen solcher Kämpfe gleichgesetzt wird. Daraus erwächst leicht eine Vermenschlichung des Christentums und eine Verzerrung seines Wesens. Das aber bedeutet nicht nur für die Reinheit der Frömmigkeit, sondern auch für die sozialreformerische Bewegung eine große Gefahr.

Der Bauernkrieg von 1525

Die Sache der Bauern von 1525 ist durch einen merkwürdigen Gegensatz von Radikalität und gemäßigtem Wesen gekennzeichnet. Einmal wurden die anfangs ruhigen und zu friedlichem Ausgleich bereiten Bauern durch die Truppensammlungen und kriegsmäßigen Angriffe der Gegenseite immer mehr radikalisiert. Freilich enthielt von Anfang an die Gesamthaltung der Bauern in dem Gedanken des Kampfes für Gottes Gerechtigkeit ein unerbittliches Element, während die aufgestellten Forderungen sich durch große Mäßigung auszeichneten, wie zum Beispiel die zwölf Artikel beweisen. Es war in der Hauptsache die Abwehr der Verschlechterungen, die diese Forderungen allenthalben enthielten, ihr „altes Recht", wie sie immer wieder betonten. Man kämpfte also für seine gemäßigten Ziele mit dem radikalen Impuls des Kampfes um Gottes Gerechtigkeit. Das muß man sehen, sonst sind die Widersprüche in der Haltung der Bauern nicht verständlich.

Auf die Einzelheiten des Bauernkrieges selbst können wir hier nicht eingehen. Wichtig aber ist, klar zu sehen, daß er sich in zwei Perioden aufspaltet: eine gemäßigte, in der die Bauern einen friedlichen Ausgleich durch lokale Verträge anstreben und oft erreichen in ähnlicher Weise wie dies — wenn auch in kleinerem Maßstab — früher in den Weistümern gelungen war. Erst im Mai 1525 begann dann (abgesehen von Oberschwaben, wo alle Termine früher liegen) der zweite Teil: die Niederwerfung der Bauern durch die Fürsten mit Waffengewalt. Beide Teile haben einen völlig verschiedenen Charakter. Die Zusammenrottungen der Bauern im ersten Teil sind als politische Demonstrationen, als Aktionen in einem unblutigen Krieg zu betrachten. Denn daß die Bauern dabei bewaffnet waren, will nichts besagen, das waren sie immer. Die Plünderung von einigen klösterlichen Weinkellern bedeutet noch keinen Krieg.

An vielen Stellen gelang es, zu einem von beiden Seiten zunächst ernstgemeinten Vertrag zu kommen, und der Kampf war an diesen

Stellen zu Ende. Wir nennen nur einige Beispiele solcher abschließender Verträge. Der bekannteste ist der am 25./26. Mai 1525 zu Renchen abgeschlossene Vertrag für die Ortenau. Er wurde als eine Art Muster wiederholt gedruckt und für weitere Verträge, wie den Breisgauer Vertrag, als Vorlage benützt. Auch im Rheingau schloß man einen solchen Vertrag und glaubte sicher zu sein, daß der Kampf damit zu Ende sei. Ähnliche Abschlüsse kamen zustande im Kraichgau, in Forst bei Neustadt für die Pfalz, für Baden Durlach, für den Breisgau, für die Speyrer Bauern im Bruhrain zu Bruchsal, in Fulda, Hammelburg, Hersfeld und Hünfeld. Außerdem sind die Verhandlungen mit dem Schwäbischen Bund zu Ulm und Memmingen hierhin zu rechnen. Auch Luther propagierte in seiner ersten Schrift zum Bauernkrieg (Ende April) nachdrücklich eine solche Lösung durch Verträge. Alles war damals im besten Gang zu einem friedlichen, den Bauern gewisse gemäßigte Vorteile gewährenden Abschluß.

Da griff in die nur in engen Grenzen der jeweiligen Herrschaften geführten Auseinandersetzungen eine außerhalb dieser Kämpfe stehende Macht ein: der von einer kleinen, aber entschiedenen Gruppe von Fürsten bestimmte Schwäbische Bund. Jetzt begann der blutige Kampf, jetzt ging man über alle Landes- und Herrschaftsgrenzen rücksichtslos hinaus. Die maßgebenden Fürsten dabei sind der Führer des Schwäbischen Bundes, der bayerische Kanzler Dr. Leonhard Eck, und Landgraf Philipp (der Großmütige) von Hessen. Sie sind beide dem Typ nach Vertreter des damals überall in Europa mächtigen Renaissancefürstentums. Ihnen lag daran, eine Vertragslösung zu verhindern und die Bauern bei dieser Gelegenheit im Kampfe völlig niederzuwerfen, vor allem aber dabei die bäuerlichen Dorf-, Mark- oder Landgemeinden zu entrechten oder zu zerstören, denn diese standen ihrer aufsteigenden landesherrlichen Macht entgegen. Das gelang ihnen völlig. Die Angst eines Teiles des Bürgertums vor den Bauern wußten sie geschickt zu schüren und zu nützen, ebenso einige radikale Ausschreitungen der Bauern zu Beginn des Kampfes, wie die Weinsberger Tat. Auch dort, wo die Fürsten es nicht wollten, wie im Rheingau der Mainzer Erzbischof, rückten nun die Landsknechtsheere des Schwäbischen Bundes und ebenso in Mitteldeutschland die des Landgrafen von Hessen und seiner Bundesgenossen ein und erzwangen die Aufhebung der schon abgeschlossenen Verträge und das nun allenthalben einsetzende „Strafen der Bauern", ein trauriges, blutiges Schauspiel. Selbstverständlich wurden die Bauern in dieser gefährdeten Lage nun auch radikaler. Sie kämpften jetzt mit Verzweiflung. Das aber wußte die Propaganda des Schwäbischen Bundes wiederum zugunsten der Fürsten zu benutzen. Nicht alle Fürsten waren damit einverstanden. Friedrich der Weise, der Kurfürst von Sachsen und der Markgraf Philipp von Baden hatten sich entschieden gegen eine solche Bauernpolitik ausgesprochen, aber sie drangen den Heißspornen Dr. Eck und Philipp von Hessen gegenüber nicht durch.

Die Folge war einmal der Tod einer sehr großen Zahl von Bauern (man rechnet mit etwa 100.000), zweitens war der das Mittelalter hindurch anhaltende Aufstieg der Bauern zu Ende. Der dreißigjährige Krieg setzte später noch sein Siegel unter dieses Ergebnis. Drittens aber hörten nun die Bauern auf, eine politische Macht zu sein. Man sah damals in dieser Frage oft nach der Schweiz hinüber, die Bauern voll Hoffnung, die Fürsten voll Schrecken. Wenn auch die politische Loslösung der Schweiz nicht Nachahmung finden konnte, so wäre eine Erstarkung der Bauerngemeinden und der anderen Genossenschaften ohne den trüben Ausgang des Bauernkrieges von 1525 sehr wohl möglich, ja sicher gewesen. Wirtschaftlich wurde der Bauer als der Unterlegene vielerorts zunächst gedrückt. Doch das hielt nicht an. Es lag auch nicht im wirtschaftlichen Interesse der Herren, die auf den Ertrag der bäuerlichen Arbeit angewiesen waren.

Sieger waren aber nicht die Ritter, sondern die Fürsten. Sie werden nun zum maßgebenden Faktor des politischen Lebens. Auch minderte die Tatsache, daß Kaiser Karl V. in den deutschen Bauernkrieg überhaupt nicht unmittelbar als Kaiser eingegriffen hat, obwohl die Bauern darauf gerechnet hatten, sein Ansehen und steigerte das der siegreichen Fürsten.

III. DER RITTER

Allgemeines

Wenn wir versuchen wollen, ein lebendiges Bild des Ritters in den verschiedenen Jahrhunderten des deutschen Mittelalters zu gewinnen, so werden wir uns naturgemäß zunächst und am liebsten den Zeiten zuwenden, in denen wir am meisten vom Ritter und seinem Leben hören, und in der seine Kultur einen Höhepunkt erreicht hat: der Hohenstaufenzeit, also etwa dem Jahrhundert von 1150–1250. Das hat auch seine Berechtigung. Denn damals hat sich die ihm eigentümliche Lebensform am reinsten ausgeprägt und mannigfache Darstellung gefunden. Doch darf das nicht dazu verführen, Wesen, Leben und Geschichte des deutschen Adels oder Ritters von da aus allein anzusehen. Denn gerade die Jahrhunderte vorher, in denen es noch keine allgemein erkannten Lebens- und Denkformen für den Adel gab, lassen das Werden dieser Formen und damit die gestaltenden Kräfte oft besser erkennen. Auch in den der Blütezeit folgenden Jahrhunderten erfahren wir durch die größere Reichhaltigkeit der Quellen manches, was auch für frühere Zeiten gegolten hat.

Damit aber hängt ein Zweites zusammen. In eben dieser Blütezeit des 12. und 13. Jahrhunderts haben zahlreiche Dichter uns Zeugnis von dieser Ritterkultur gegeben und uns Leben, Taten, Denken und Glauben ihrer adeligen Helden geschildert. Da liegt es nahe, sich vornehmlich oder gar ausschließlich auf diese literarischen Zeugnisse zu verlassen, wenn man sich ein Bild des Ritters dieser Tage machen will. Sie verführen in ihrer Lebendigkeit und Farbigkeit leicht dazu, wie viele der uns vorliegenden Darstellungen zeigen. Und doch läuft man auf diesem Wege Gefahr, gar manches als bare Münze zu nehmen, was eben doch nur „Literatur", nur Dichtung ist und so nur gemeint war.

Darum müssen die historischen Quellen, wenn sie sich auch nicht so
einschmeichelnd darbieten, an die erste Stelle treten. Dann wird man
die Ergänzung durch die Dichtung gern und dankbar verwenden.

Gar manches über den adeligen Herren oder den Ritter wurde
schon in dem Kapitel über den Bauern gesagt. Das liegt einmal daran,
daß die große Masse der Bauern das Leben des deutschen Volkes im
ganzen weithin bestimmte, mehr aber noch daran, daß ja auch der Ritter
bäuerlicher Herr war und in seinem Dorf oder seinem Tal mit seinen
Bauern zusammen lebte. Denn das Leben jedes adeligen Herren oder
Ritters hatte einen doppelten Charakter. Er war einmal bäuerlicher
Grundherr, der in seinem Bereich die Landwirtschaft seiner Bauern
leitete, mit ihnen sich mühte und mit ihnen verantwortlich war und von
einem Teil des Ertrages dieser Arbeit lebte, daneben aber war er Kämpfer,
der sein Dorf schützte, seine Fehden ausfocht und im Dienst seines
herzoglichen oder königlichen Herren zu Heerzügen auszog. Beides
stand stets nebeneinander, und es ist nicht zu sagen, daß eines von
beiden stets überwiegend gewesen wäre, sondern einmal trat die eine,
einmal die andere Seite des ritterlichen Lebens in den Vordergrund.
Das gilt, wenn auch in verringertem Maße, ebenso für den Herzog
und den König. Denn auch der König und Kaiser lebte von keinen
Staatseinnahmen, sondern von der Arbeit der Bauern, deren Herr
er war, ganz abgesehen von aller staatlichen Gewalt. Nur wer diese
Doppelgesichtigkeit des ritterlichen wie alles mittelalterlichen Herren-
lebens erkennt, wird diese Herren ganz verstehen können. Zwischen allen
großen Zügen kehrten sie stets in ihr Dorf und zu ihren Bauern zurück,
und neben allen ritterlichen Großtaten stand ein fleißiges Sichmühen
um die kleinen Probleme bäuerlichen, dörflichen Lebens. Jeder Ritter
trug mindestens ebensooft bäuerliches, dörfliches Gewand wie seine
Kampfrüstung oder sein höfisches Kleid. Eine gewisse Diskrepanz
kennzeichnete alles Leben des Adels: die Arbeit, von der er lebte,
verlangte eigentlich sein stetiges Verbleiben im Dorf, seine Eigenschaft
als Ritter und Kämpfer aber sein Hinausziehen in die Welt. Nur im
Kampf draußen konnte er sich bewähren, dort nur seinem Herzog
oder König seine Treue erweisen und ihm unentbehrlich werden und so
eine Vermehrung seiner Lehen erreichen. Beides mußte er in seinem
Leben miteinander in Einklang bringen.

Treue- und Gefolgschaftsbande verpflichteten ihn nach unten und
oben. Man darf solche ganz persönlichen Bindungen dabei keineswegs
gering achten. Das Märchen, das ja allgemeine Haltungen und Gesetze
der Sitte oft deutlich erkennen läßt, zeigt die Kraft solcher Treue zum
Beispiel im Märchen von dem treuen Johannes. Dort hat ein König
die Möglichkeit, seinen Getreuen, der für ihn verstorben ist, durch das
Opfer seiner beiden kleinen Söhne wieder zum Leben zu erwecken.
Und er tut es. „Er dachte an die große Treue", heißt es von ihm, und

seine Frau, die Mutter der Söhne sagt: „Wir sind es ihm schuldig wegen seiner großen Treue." Daraufhin wird Johannes wieder lebendig und erklärt nun seinerseits: „Deine Treue soll dir nicht unbelohnt bleiben", woraufhin beide Kinder wieder lebendig werden. Solche Beispiele ließen sich aus Geschichte und Dichtung zahlreich beibringen. Hier sind sie besonders präzis ausgestaltet.

Von den Bindungen der Bauern an ihn und von ihm umgekehrt an die Bauern war schon die Rede. Die auf der anderen Seite stehende Treuebindung des Ritters an seinen Herrn wird als Lehensverpflichtung bezeichnet, weil die ihm bei der Lehenshuldigung vom Herrn übergebene Herrschaft oder das übergebene Gut Lehen genannt wurde. Meist hatte der Ritter die Dorfherrschaft oder Dorfherrschaft und Fronhof, die ihm seine charakteristische Herrenstellung den Bauern gegenüber gaben, vom seinem Herrn zu Lehen. Aber er konnte auch Lehen von verschiedenen Herren gleichzeitig haben, obwohl dadurch häufig starke Konflikte der Pflichten hervorgerufen wurden. So ist die Ähnlichkeit der Bindungen des Ritters nach unten und oben nicht zu verkennen, wenn auch die eine in die Welt bäuerlichen, die zweite in die ritterlichen Lebens gehört.

Von der einen Seite ritterlichen Lebens, der Dorfherrschaft und auch von der Bewirtschaftung eines größeren oder kleineren Fronhofes war schon die Rede. Die andere Seite, das Kämpfen, verlangte eine regelmäßige Übung. Man kämpfte damals in diesen Kreisen ausschließlich zu Pferde mit der Lanze oder auch dem Schwert und erst wenn dieses wegfiel, zu Fuß mit dem Schwert, oft mit dem großen Zweihänder. Dabei war der Ritter durch Schild und Helm und einen an Schwere und Stärke im Laufe der Jahrhunderte immer zunehmenden Panzer geschützt. Diesen Kampf konnte man bis zu gewissen Grenzen im eigenen Kreise üben, aber das genügte nicht. Der Ritter und vor allem der junge Knappe, der Ritter werden wollte, mußte sich in ernstem Kampf bewähren. Er mußte ausziehen. Er durfte nicht „verliegen". Zu solchem Kampf gaben im 9. und 10. Jahrhundert Kämpfe gegen die Ungarn, Hunnen, Slawen und Normannen an den verschiedenen Grenzen des Reiches gute Gelegenheit, dazu die zahlreichen Fehden der einzelnen Herren und Geschlechter gegeneinander im Lande selbst. Als die Grenzen befriedeter waren, traten die großen Romzüge der Kaiser und Könige, denen die Herren gern zuzogen, an die Stelle. Gegen die Fehden im Inneren richtete sich seit dem 11. Jahrhundert mit zunehmender Intensität die Gottes- und Landfriedensbewegung. Dies geschah mit vollem Recht. Denn die Fehden bedeuteten, daß die Herren bei ihren Streitigkeiten nur für kleinere Vergehen vor Gericht Buße für die Sippe zu fordern und zu leisten bereit waren, größere Übeltaten wie Mord eines Herrn oder dergleichen aber auf eigene Faust mit den Waffen in der Hand rächten. Wie leicht zu denken, war

eine große Unsicherheit des Rechtes und eine schlechte öffentliche
Sicherheit die Folge; der Bauer hatte oft mit seiner Ernte für die Taten
seines Herrn zu büßen. So war es denn nicht zu verwundern, wenn zuerst
die Kirche und dann auch der König mit allen Mitteln versuchten,
diese Fehden der Herren zu verhindern oder doch einzudämmen. Es
galt schon als großer Fortschritt, wenn es in manchen Gegenden und
Zeiten gelang, diese Fehden auf bestimmte Wochentage zu beschränken,
was uns heute auch noch als unerträglich erscheinen muß. Aber auch
in den Kreisen der Ritterschaft empfand man ein solches Kämpfen in
Fehden als unbefriedigend und ungenügend. Wer der Ritterschaft
Deutschlands und ebenso des ganzen Abendlandes ein Hochziel des
Kampfes aufzuzeigen vermochte, konnte darum sicher sein, eine starke
und gute Gefolgschaft zu finden.

Beide Seiten des Herrentums, die bäuerliche und die kämpferische,
standen stets nebeneinander, aber die kämpferische war die stärkere.
Sie formte eine eigene Kämpfer- oder Adelswelt, die sich abschloß
und ihre eigenen Lebensformen fand. Wir hörten schon, wie im ganzen
Mittelalter die Gruppen der Bauern und der Ritter sich gegeneinander
abschlossen, so daß ein Übergang von der einen in die andere oder
eine Heirat hinüber und herüber eine seltene Ausnahme bedeutete.
Schon die Tatsache der Herrenstellung des Ritters im Dorf schloß ab.
Als sich dann aber noch eine besondere Art zu kämpfen und zu leben
für die Schicht der Herren und Kämpfer herausbildete, standen sich bald
zwei Stände mit scharfen Grenzen gegenüber. In dem Stand des kämpferischen Herrentums formten sich die besonderen Gepflogenheiten zu leben,
miteinander zu verkehren und zu kämpfen bald zu einer besonderen
Kultur aus. Dazu aber trug an erster Stelle die Tatsache bei, daß das
Christentum, als man lange nach seiner offiziellen Annahme mit seiner
Durchführung Ernst machte, in bäuerlichen und ritterlichen Kreisen
eine ganz verschiedene Gestalt annahm.

Dennoch darf man sich die Schranken des Herrenstandes nicht
ganz unübersteiglich vorstellen. Widukind von Corvey weiß von einem
Unfreien, einem Knecht, zu berichten, den man im Rat der Fürsten
regelmäßig um seine Meinung fragte, der der König dann gern folgte
(I, 9, S. 14). Und der gleiche Chronist erzählt, daß man einen Sohn
eines Königs aus der Ehe mit einem Kebsweib zum König der Franken
gemacht habe, obwohl er dem strengen Recht nach als unfreier Knecht
zu gelten hatte. Auch wissen wir von Karl dem Großen, daß er gelegentlich Männer niederen Standes zu Bischöfen machte. Auch die Anekdote
von Karl in der Klosterschule von Sankt Gallen zeigt dieselbe Tendenz
Karls. Doch das bleiben Ausnahmefälle. Im allgemeinen waren gerade
in der ersten Hälfte des Mittelalters die Kreise des Adels streng geschlossen und auch große Teile der Klöster, alle Domkapitel u. a.
waren Mitgliedern dieses Standes allein vorbehalten.

Die Meier der Klosterhöfe

Zwei Wege kennen wir vor allem, auf denen diese eben beschriebenen Grenzen durchbrochen wurden (von den Eingriffen königlicher Gnade abgesehen). Die eine Gruppe bildeten die Meier, die vor allem die geistlichen Grundherren zur Verwaltung ihrer Höfe und ebenso zur Erhebung und Sammlung der Grundzinse der abhängigen Bauern eingesetzt hatten. Es waren das selbst abhängige Leute verschiedener Art, zunächst keine adeligen Herren. Ihre Tätigkeit gab ihnen im Laufe der Zeit eine über die Bauern erhobene Stellung, die mit der der ritterlichen Herren wohl zu vergleichen war. Wenn die Güter größer und die Zahl der abhängigen Bauern stattlicher war, konnte solch ein Meier leicht ein wenig in die eigene Tasche arbeiten, besonders, wenn die von ihm den geistlichen Herren abzuliefernden Beträge in Geld festgelegt wurden, diejenigen der Bauern an den Meier jedoch nicht. So kam es, daß im Laufe der Zeit verarmte Adelige sich drängten, Meier der Klosterhöfe zu werden. Zudem wurden diese Meier meist erblich in ihrer Stellung, so wie man gern nach dem Tode des Vaters seine Bauerngüter seinen Söhnen gab. Auch das niedere Gericht über die zur Meierei gehörigen Leute handhaben meist diese Meier, ebenso wie viele Verwalter solcher Güter. Auch das machte ihre Stellung der der ritterlichen Dorfherren immer ähnlicher. So ist es begreiflich, daß wir im 13. und 14. Jahrhundert viele Meier mit den Rittern der geistlichen Herrschaften ganz verschmolzen vorfinden. Abt Wibald von Stablo beschwerte sich darüber beim Kaiser, und auch in Sankt Gallen und Paderborn klagte man, wie wir wissen, aber das alles half nichts. Nicht allen Meiern gelang dieser Aufstieg; viele verblieben auch Bauern, so daß später das Wort Meier den etwas größeren Bauern zu bezeichnen pflegte, als man die ritterlich gewordenen Meier nur noch selten fand, oder sie sich nicht mehr so bezeichnen ließen.

Die Ministerialen

Von der anderen Seite, dem kriegerischen Dienst, kam der andere und weit bedeutendere Zuwachs der mittelalterlichen Ritterschaft. Zuwachs aber war nötig, da trotz der hohen Geburtenziffer die ständigen Fehden und Kriegszüge und die für unsere Begriffe auch sonst sehr hohe Sterblichkeit immer wieder die Zahlen des Adels sehr verkleinerte. Nun hatte es schon zu Zeiten der Merowinger am königlichen Hof Unfreie gegeben, die im Waffenhandwerk gut ausgebildet wurden und im Gefolge des Königs mitfochten. In späteren Zeiten waren es hauptsächlich die Bischöfe und Klöster, die solche unfreien Kämpfer beschäftigten, da es immer unsicher war, wie weit die geistlichen Herren

auf die Kampfbereitschaft der ihnen lehensuntertänigen großen Adelsgeschlechter rechnen konnten. Das läßt sich schon im 9. Jahrhundert
nachweisen; als man gegen die Ungarn schnell und sicher Schutz brauchte,
gründete man zum Beispiel in Sankt Gallen und Eichstädt solche Scharen.
Auch der König verwendete im 11. Jahrhundert unfreie Dienstmannen,
wie eine Urkunde aus dem Weißenburger Königsforst beweist. Aber ein
bedeutendes Ausmaß nahm das erst unter Barbarossa an. Er und seine
staufischen Nachfolger und Nachkommen verwendeten Ministerialen
systematisch und in großem Maßstabe.

Dieser Vorgang steht in engem Zusammenhang mit der in den letzten
Jahrzehnten in der Forschung immer deutlicher hervortretenden Innenpolitik der Staufenkönige, die sich bemühten, altes Königsgut zu sammeln, es durch neues zu ergänzen, so zu geschlossenen Gebieten zusammenzuschließen und diese durch Reichsburgen zu schützen, des-
gleichen auch die großen Reichsforste nun erst wirklich dem König
untertan und nutzbar zu machen und auch sie zur Verteidigung einzu-
richten. Dazu aber brauchte man eine große Zahl zuverlässiger, gut
ausgebildeter, ritterlicher Kämpfer, die die alten Herrengeschlechter
nicht allein stellen konnten. So schuf man aus anderen oft unfreien
Dienstleuten neue Ritter. Oft zog man sicherlich auch die neugeschaffe-
nen und darum dem König, der sie emporhob, unbedingt ergebenen
ritterlichen Kämpfer solchen der alten, sehr selbstbewußten und weithin
selbständigen Adelsgeschlechter vor. Das steigerte sich noch sehr, als
Barbarossas Sohn, Heinrich VI., und dessen Sohn Friedrich II. in ihrem
neuen sizilisch-unteritalienischen Reich zuverlässige Ritter als Gegen-
gewicht gegen die oft unzuverlässigen, nur ungern sich fügenden Italiener
brauchte.

Viele von diesen Reichsministerialen wurden mit großen Aufgaben
und Ämtern betraut. So wurde schon unter Heinrich IV. ein Reichs-
ministeriale Herzog und Markgraf von Spoleto, doch das war nur
ein früher Einzelfall. Unter den Hohenstaufen erlangte Markward von
Annweiler eine stolze Stellung und spielte von da aus in der Politik
Italiens eine entscheidende Rolle, ähnlich Eberhard von Lautern und
Gunzelin von Wolfenbüttel als Berater des Königs. In Deutschland
hatte Kuno von Münzenberg-Hagen eine ähnlich weitausgespannte Ver-
trauensstellung. Durch das ganze Reich hin läßt sich verfolgen, wie man
Zusammenschlüsse von Reichsgut, Reichsbauern und Reichsforsten
unter der Befehlsgewalt von Reichsministerialen schuf. Ja selbst die
Hofämter wurden an solche vergeben. Reichsmarschälle waren die
Herren von Pappenheim, Truchsessen waren Werner von Bolanden und
die Familie von Waldburg-Winterstetten. Reichsschenken die Schipfe
und Tanne-Winterstetten. Kämmerer waren nacheinander eine ganze
Reihe von Reichsministerialen verschiedener Familien.

Manche dieser Ministerialengeschlechter sind dabei außerordentlich reich und mächtig geworden, so zum Beispiel die Herren von Münzenberg-Hagen. Ein erhaltenes Güterverzeichnis eines von ihnen gegründeten und ausgestatteten Klosters in Sachsenhausen (Frankfurt) kann uns einen Begriff davon geben oder das Lehensbuch der Herren von Bolanden. Werner von Bolanden soll 45 Lehnsherren gehabt haben, darunter auch den König von Frankreich, und eine zeitgenössische Chronik nennt ihn „einen Reichsministerialen, ausgestattet mit 17 eigenen Burgen und vielen Dörfern dazu besonders angesehen als Lehensherr von 1500 Rittern" (Giselbert von Mons: ministerialis imperii castris XVII propriis et villis multis ditatus et hominiis MC militum honoratus).

Das Merkwürdige ist, daß bei allem diesem Reichtum, dieser Macht und diesem Ansehen doch offiziell die alte Unfreiheit dieser Männer bestehenblieb; sie wurden nobiles, dominus, nobiles viri und liberi genannt, aber unfrei blieben sie doch. Nur sehr selten trat einmal ein Fall von offizieller Freilassung ein (Markward von Annweiler). Oft setzte man sich bei Heiraten darüber hinweg, so heirateten die Herren von Münzenberg und Bolanden in die angesehensten alten Adelsfamilien hinein, aber andererseits hören wir noch unter König Albrecht von Schwierigkeiten, die die Einheirat einer Ministerialentochter von Falkenstein in das alte Adelsgeschlecht von Eppstein hatte (Mon. Germ. Const. IV, 1, 37/33). Trotz dieser in der Herkunft vieler Ministerialen liegenden Schwierigkeit verschmolzen diese in verhältnismäßig kurzer Zeit mit dem alteingesessenen Adel. Dabei war es aber keineswegs so, daß eine kleinere Anzahl von Familien von der Masse des alten Adels etwa aufgesogen worden wäre, sondern die Zahl der Ministerialen des Reiches und dazu die der geistlichen wie weltlichen Fürsten überwogen bei weitem die Zahl des alten Adels. Man ergänzte also hier nicht nur den ererbten, sondern man schuf faktisch einen neuen hohenstaufischen Adel, der nun für die Zukunft maßgebend wurde und mit dem die alten Geschlechter verschmolzen. Augenscheinlich gehörten auch viele besonders fähige Köpfe dieser neuen Adelsschicht an.

Es ist schwer, sich von der Größe dieser ganzen Adelsschicht eine klare Vorstellung zu verschaffen. Einen Anhaltspunkt gibt uns die Zahl der nachweisbaren Burgen. Es sind etwa 10.000 auf dem deutschsprachigen Gebiet, die fast alle zwischen 1000 und 1300 gebaut wurden, die also damals Sitze von ritterlichen Geschlechtern waren oder doch von Ministerialen, die sie für einen größeren Herren besetzten (siehe O. Piper, Burgenkunde 13). Nehmen wir für jedes dieser Geschlechter mit Onkeln und Tanten eine Durchschnittszahl von zehn Menschen an, so würde sich eine Adelsschicht von 100.000 Menschen ergeben. Das würde bedeuten, wenn man die damalige Bevölkerung Deutschlands mit rund zehn Millionen Menschen rechnet, daß der Adel ein Prozent der Gesamtheit ausgemacht habe. Das ist also auch nach dem Einströmen der Ministerialen und vor allem der Reichsministerialen doch noch eine

verhältnismäßig kleine Schicht von Herren und Kriegern. Da die Bürger
bis ins 13. Jahrhundert noch kaum ins Gewicht fallen und die Städte
bis dahin auch noch weithin bäuerliches Gepräge haben, müssen bis
zum 12. Jahrhundert 99 oder doch 98% aller Menschen als Bauern
den wenigen Rittern und Herren gegenübergestellt werden. Dann allerdings nimmt der Prozentsatz der städtischen Bürger sehr schnell zu.

   Daß nun diese neue Ritterschicht die ererbten und sich mehr und
mehr ausbildenden Formen ritterlichen Kämpfens nicht nur mit besonderem Eifer erlernte, sondern auch darüberhinaus auszubilden
sich bemühte, kann bei dieser Gesamtsituation nicht weiter verwundern.
Ihnen mußte ja daran liegen, nun Ritter in bester Form zu werden, sich
als solche möglichst klar zu erweisen. Dazu war die bäuerliche Seite
des Rittertums nicht geeignet. Sie nahmen zwar auch an diesem bäuerlichen Herrenleben teil, denn sie erhielten ja Lehen von ihren fürstlichen oder königlichen Herren, wie das Walter von der Vogelweide
sehr eindrucksvoll besingt (94, S. 129–195, S. 136), aber die neuen
Herren zogen die Rüstung und das Hofgewand lieber an als das heimisch-
bäuerliche Kleid. Auch kannten sie keine hemmenden alten Traditionen
neuen modischen Lebens- und Denkformen gegenüber. So wurden sie
unversehens, keineswegs die einzigen, aber doch die Hauptträger der
ritterlichen Kultur, deren glänzenden Höhepunkt wir etwa von 1150 bis
1250 anzusetzen haben.

Die ritterliche Kultur

   Drei Elemente sind es, aus denen diese neue und strahlende Welt
sich aufbaut. Es ist einmal die Herausbildung eines ritterlichen Ehrenkodex für die Art und Weise des Kämpfens und die sich daran an-
schließenden Sitten und Gewohnheiten. Es ist zweitens die Herausbildung
einer in den Grundzügen viel älteren, nun aber erst voll entfalteten
ritterlichen Frömmigkeit des Gottesstreitertums. Und es ist drittens
die Übernahme einer geselligen, durch den Minnedienst charakteri-
sierten Kultur vom Ausland einschließlich der sich daraus ergebenden
literarischen Aufgaben und die selbständige Weiterbildung des Übernommenen in der heimischen deutschen Welt. Diese drei Faktoren
schufen, getragen von der gesunden Kraft der neu heraufdringenden,
die neue Welt mit aller Kraft fördernden Ritterschicht die Kultur,
die uns Baukunst, Literatur und Plastik besonders klar erkennen und
nacherleben lassen.

   Das darf jedoch keineswegs dahin verstanden werden, daß es vor
der Hohenstaufenzeit keine ritterliche Kultur in Deutschland oder gar
im Abendland gegeben hätte. Sie erlebte nun nur einen gewaltigen Aufstieg und Ausbau. Schon die Auswahl der Waffen, daß nämlich Schwert

und Lanze als edel galten (in früherer Zeit auch die Streitaxt, die die
Merowingerkönige trugen), Pfeil und Bogen aber, Keule, Schleuder,
Messer, Dolch und bald auch die Axt für unritterlich gehalten wurden,
bedeutete den ersten Schritt zu einer Lebensformung nach bestimmten
für diesen Lebenskreis geltenden Normen. Die Heldenlieder sind voll
von solchem Urteilen und Verurteilen, von solchen Normen heldischen
oder, wie man später sagte, ritterlichen Lebens. So lesen wir bei Widukind, der weithin auf alten Liedern fußt, wie ein Ratgeber König Hugos
von dem geschlagenen Thüringerkönig Irminfrid mit Verachtung sagt:
„Ihr Führer verbirgt sich wie ein Tier in seinem Schlupfwinkel. Hinter
Mauern der Burg duckt er sich und wagt nicht einmal zum Himmel
sicher aufzuschauen. Furcht vor uns zwingt ihn dazu" (Widukind I,
9, S. 14). An anderer Stelle sagt derselbe Chronist von Thankmar,
dem Sohne König Heinrichs I.: „Ihn gebar eine sehr edele Mutter, er
hatte eine geschickte Hand und einen scharfen Geist, war auch im
Kriegswesen wohl erfahren, richtete sich im Kampf aber nicht genug
nach seiner Ehre" (II, 11, S. 76: sed inter arma honesta minus pudicitia
usus). Hier stehen wir deutlich vor einem ritterlichen Ehrenkodex, der
im Kampf bestimmte Dinge verbietet, andere dagegen hochschätzt
und danach seinen Mann beurteilt.

Die Tatsache, daß später der König Artus von Cornwallis, der im
6. Jahrhundert lebte, sagenumwobenes Ideal solchen Rittertums wurde,
weist doch wohl darauf hin, daß solche ritterlichen Forderungen und
Ideale sich nicht nur in einem Lande, sondern im ganzen Abendlande
bildeten mit einer gewissen Wechselwirkung der Gedanken. Doch ist
darüber nichts Sicheres auszusagen. Im 11. Jahrhundert zeigt der Roman
Ruodlieb eine neue Seite dieser ritterlichen Denkungsweise. Ein ge-
fangener Graf, der geplündert hatte, sollte entsprechend dem geltenden
Recht hingerichtet werden. Doch der Heerführer lehnte es ab, weil
es gegen den Sinn des Königs sei. „Rache übt man am besten, wenn man
dem Zorn gebietet." „Der (größere) König behandelt die Gefangenen
milde und ehrt ihre Tapferkeit" (Ruodlieb III, S. 305 und 306).

Christentum und Rittertum

Ebenso ist aber auch die Religion des Gottesstreitertums schon
vor den Hohenstaufen in der Kämpferwelt lebendig. Von Widukind
wissen wir, wie Streiter der Ungarnschlacht von 955 sicher zu sein
glaubten, daß „vor dem König der Erzengel, bei dem stets der Sieg ist
(Michael), kämpfe umringt von einem dichten Haufen" (Widukind III,
44, S. 144). Auch das Ludwigslied und das Georgslied zeugen deutlich
von demselben Glauben an Gott als den großen Heerführer seines
Volkes in den Entscheidungsschlachten, als den obersten Lehensherren,

auf dessen Gebot der König in den Kampf zieht und seine Lehensmannen ihm zu folgen befiehlt. Doch seine volle Entfaltung fand das Gottesstreitertum erst im 12. Jahrhundert.

Solch ein Ehrenkodex und solch ein Glaube, daß der Kampf für den Kaiser und König ein unmittelbarer Dienst Gottes sei, mußte den Kreis, für den beides galt, eng zusammenschließen und ihn damit zugleich von anderen Teilen des Volkes absondern. Eigene Lebensformen dieses gesonderten Volkskreises mußten sich daraus ergeben. Das war die Lage, ehe die junge Ritterschaft der Reichsministerialen ihr gegenübertrat und ehe die Kreuzzüge ihren bestimmenden Einfluß auf diese Entwicklung ausübten.

Die Kreuzzüge, die 1095 begannen, in Deutschland aber erst mit dem zweiten Kreuzzug, also im Jahre 1146 ihre volle Bedeutung bekamen, brachten eine grandiose Steigerung des Gottesstreiterglaubens und die enge Berührung aller Ritter des Abendlandes in eben diesem Gotteskämpfertum mit sich. Beides aber wurde für die Ausbildung der deutschen Ritterkultur von großer Bedeutung. Denn während noch bei dem zweiten Kreuzzug sehr ernsthafte ablehnende und warnende Stimmen laut wurden (Würzburger Annalen = M. G. SS. XVI, S. 3; Annalen von Brauweiler = M. G. SS. XVI, S. 727; Kölner Königschronik, Schulausgabe S. 82/83), ergriff nun der Kreuzzugswille und die Kreuzzugsbegeisterung auch Deutschland mit voller Kraft. Ungezählte Scharen zogen immer von neuem aus. Was in den Kreuzzügen geschah, formte auch die deutsche Ritterschaft.

Diese Züge, die zwei Jahrhunderte hindurch dem Abendland und vor allem seinem Adel gewaltige Blutopfer auferlegten, sind nur zu verstehen als ein Ausbruch der Ritterfrömmigkeit des Gottesstreitertums, dem man nun mit der Eroberung Jerusalems, das heißt mit der Wiederbefreiung der von Feinden entrissenen „Stammburg" Jesu, ein leuchtendes, begeisterndes Ziel gegeben hatte. Gewiß, den Aufruf dazu hatte der Papst auf dem Konzil zu Clermont erlassen, aber der Aufbruch, der daraufhin erfolgte, ging, wie sich nachweisen läßt, weit über das hinaus, was der Papst erwartet hatte und erwarten konnte. Es war der Ausbruch eines Kampfeswillens der Ritterschaft, in der das Christentum lebendig geworden war, in dem ganz primitiven Entschluß, Gottes Willen zu tun, indem man in seine Gefolgschaft eintrat und unter seinem Befehl kämpfte. Das alles war nicht symbolisch gedacht, wie oft noch in der heutigen Kirchensprache, sondern ganz real-ritterlich. Alle Werbereden wiederholten diese Gedanken, und auch die offizielle Kirche machte sich diese Glaubensform zu eigen, immer wieder propagierten sie die Päpste auf Konzilien und in Enzykliken.

Zahlreiche Visionen der Ritter zeigen ihre religiöse Erregung. Man war sicher, die Engel zu sehen, wie sie den Kreuzfahrern zu Hilfe kommen, und häufiger noch die Heiligen Georg, Martin und andere, wie sie vor dem Heere und mit ihm kämpfen; von den Bergen sah man Heere von weißen Rittern mit weißen Fahnen zur Hilfe herbeieilen und so weiter. Und wenn man in den Steppen Anatoliens zweifelhaft war, welchen Weg man einschlagen sollte, entschied eine vorangehende himmlische Gestalt.

Ein engstirniger Wille, Märtyrer zu werden im Kampf gegen die Moslim, verführte oft zu ganz sinnlosen Einzelangriffen. Anderseits aber konnte sich die religiöse Erregung dieser Kreuzfahrer bis zu wildem Blutrausch steigern, wie nach der Eroberung von Jerusalem, ein Rausch, der blitzschnell von der demütigen Gebärde einer Bitt- und Dankprozession abgelöst wurde. Besonders kennzeichnend dafür ist auch, daß, wie wir hören, ein kampferprobter lothringischer Ritter in der Umgebung Herzog Gottfrieds (von Bouillon) nicht von Reiterschlachten und Schwertschlägen träumte, sondern davon, wie er nach dem geliebten Herzog die Himmelsleiter ersteigt, wie der Konkurrent, der Mundschenk, dabei abstürzt, er aber nach dem Herzog das Ziel erreicht oder später wie sein Herzog von himmlischen Gestalten geehrt wird (Albrecht von Aachen, Buch 6, Kap. 26, 27 und Kap. 34, 35, 36 und 37). Die Ritterorden der Templer, Johanniter und der Deutschorden können als besonders klare Vertreter dieses Gottesstreiterglaubens gelten.

Dieser Glaube bestimmte nicht nur die Kreuzzüge im Orient, sondern er war 200 Jahre lang im ganzen Abendland lebendig. Denn immer wieder wurde für neue Züge geworben, immer wieder zogen neue Männer aus und immer wieder wurde viel Geld dafür gespendet. So ist es denn nur selbstverständlich, wenn auch die Ritterkultur dieser Jahrhunderte im ganzen Abendland von diesem Glauben getragen wurde. Wolfram von Eschenbachs Parzifal ist die reinste Verkörperung dieses Gottesstreiterglaubens in der deutschen Literatur. Doch auch Walter von der Vogelweide und fast alle Dichter jener Zeit zeugen davon. Die stolzen Dome des sogenannten Staufenstils sind Ausdruck dieser ritterlichen Frömmigkeit wie auch viele Werke der Plastik dieser Tage. Das Leben und Denken war ganz von diesem Glauben erfüllt. Um das in seiner ganzen Bedeutung zu verstehen, muß man sich vor Augen halten, daß dieser Glaube dem Evangelium stracks zuwiderläuft, das nie den Krieg oder einen bestimmten Krieg geheiligt hat, so wie auch die ganze alte Kirche sich gegen den Krieg überhaupt wandte. Franz von Assisi war es, der damals diese Gegensätzlichkeit zuerst klar erkannte und mitten im Kreuzzugskrieg versuchte, den feindlichen Sultan mit der Macht seiner Rede zu bekehren.

Der Einfluß der Kreuzzüge ging noch andere Wege. Durch sie kamen die deutschen Ritter mit anderen Rittern aus dem ganzen Abendland in enge Berührung, besonders auch mit den Franzosen, die ja an vielen Kreuzzügen in sehr starkem Maße beteiligt waren. Dort lernten sie eine fremde, schon weitergehende Ausprägung des ritterlichen Lebens

und dabei hervortretende besondere Lebensformen kennen. Diese übernahmen sie meist gern. Solche Verbindungen erhöhten das Selbstbewußtsein dieser Ritter, die sonst oft nur die ihnen benachbarte deutsche
Landschaft kannten. Sie fühlten sich nun zugehörig zu der abendländischen Gemeinschaft der ausziehenden Streiter Gottes, der Ritter,
die sich einem allgemeinen Ehrenkodex dieser Gemeinschaft fügten.
Dieses neue Selbstbewußtsein gab die Grundlage ab für eine Ritterkultur, die sich wie im ganzen Abendland so auch in Deutschland ausbreitete. Sie bildete über das ganze Abendland hin eine Einheit, hatte
aber in Deutschland ihre eigene Ausprägung.

Der Minnedienst

Bei dieser Berührung erfolgte nun eine Übernahme gar manchen
Kulturgutes, hauptsächlich von den in vielem fortgeschritteneren Franzosen. Dazu gehörte auch der Minnedienst. Er stammt aus der ritterlichen Welt Südfrankreichs, vor allem der Provence, wo das antike
geistige Erbe unter der Oberfläche weithin lebendig und wirksam geblieben war. Es müssen in der im Minnedienst gegebenen starken
Wertschätzung des erzieherischen Eros (hier der überlegenen Frau)
Erbstücke der griechischen und spätantiken, auf Plato und den späteren
Platonismus zurückgehenden Ideen vorhanden sein. Sie formten sich
bei den südfranzösischen Rittern und den Dichtern als ihren Sprechern
zu den dann im ganzen Abendland lebendigen Idealen des Minnedienstes: der junge Ritter mußte sich eine ihm überlegene, ritterliche
Frau als seine Herrin wählen, von ihr erlernen, was ritterliche Art und
Minne bedeutet, ihr seine ganze Liebe zuwenden und ihr dienen in
Taten, die als „ritterlich" gelten konnten und ihn der Liebe seiner
Herrin wert machten. Dann durfte er nach viel ritterlicher „arebeit"
hoffen, den erstrebten Liebeslohn von seiner Herrin zu erlangen. Es
liegt auf der Hand, daß, wenn man mit solchen Idealen Ernst machte,
eine ungeheure erzieherische Wirkung durch die Sublimierung der
Triebe und das Richteramt einer edlen Frau über die Taten eines jungen
Ritters ausgeübt werden konnte. Sie mußten eine echte, starke Ritterkultur schaffen helfen und fördern, wie sie die großen Epen des deutschen und des abendländischen Mittelalters erweisen und wie sie später
in Dantes Werken eine besondere Höhe erreichte. Diese Höhe, durch
die kulturelle Atmosphäre des damaligen Florenz und durch Dantes
Persönlichkeit bestimmt, war in breiteren Kreisen der Kultur und
Literatur nicht erreichbar, zeigte aber, wie weit solches Streben führen
konnte. In dem Deutschland des 13. bis 15. Jahrhunderts war man
jedenfalls von solcher Verfeinerung und Veredelung des Minnedienstes,
wie sie Dantes Werke zeigen, noch weit entfernt. Doch auch eine kür-

zere Strecke auf diesem Wege bedeutete schon eine neue, veredelte, kulturelle Form. Wolframs Parzival ist ein Zeugnis dafür.

Werden aber so die Möglichkeiten, die in einer Weiterentwicklung des Minnedienstes lagen, deutlich, so sind auf der anderen Seite die Gefahren gar nicht zu verkennen, die besonders dort hervortreten mußten, wo eine Durchschnittshöhe der Minnedienstkultur nicht überschritten wurde, wie das für Deutschland gilt, wenn man von Wolframs Werken absieht. Einmal lag es nahe, daß solcher aus der Fremde übernommene Minnedienst keine rechte Festigkeit gewann und dadurch immer zu Schwärmerei teilweise törichter Art hin abzugleiten drohte. Schlimmer noch mag manchem auf den ersten Blick die Gefahr erscheinen, daß unter dem Einfluß des Minnedienstes eine starke Unterbewertung der ehelichen Treue um sich gegriffen habe. Doch hätte das nur eine wirkliche Gefahr bedeutet, wenn man in weiterem Kreise die Lebensordnung des Minnedienstes, welche ja diesen über die Ehe stellte, und deren Forderungen vor denen des Frauendienstes zurückweichen ließ, wirklich ernst genommen hätte. Das aber war augenscheinlich weithin nicht der Fall, und so hatte die neue Form der Beziehungen der Geschlechter nicht im entferntesten die Macht, die festen Mauern des mittelalterlichen ordo, also auch der Ehe zu zerbrechen oder nur eine ernsthafte Bresche hineinzuschlagen. Meist blieb der Minnedienst in dem Bereich wirklichkeitsfremder Ideale ohne rechte Kraft, oder er beschränkte sich auf ein fast spielerisches Sein im geselligen Leben der Höfe und der Feste, ohne das Alltagsleben der ritterlichen Herren und Frauen entscheidend zu berühren.

Hingegen gab es eine Reihe von Punkten, die den Einzug des Minnedienstes auch in Deutschland erleichterten. Denn man übernahm ihn nicht nur, weil er in dem benachbarten Frankreich damals zum Wesen des Ritters gehörig erachtet wurde, sondern weil er der altererbten deutschen Verehrung erfahrener Frauen entsprach und weil man die erzieherischen Kräfte dieser Gedanken spürte. Dazu kam aber noch, daß eine gewisse Verwandtschaft des Gottesstreitertums mit diesem Kämpfertum im Frauendienst gar nicht zu verkennen ist. Es ist die säkularisierte Abwandlung des damals das Abendland beherrschenden ritterlichen Gottesglaubens. Darum ist es oft mannigfache Verbindungen mit ihm eingegangen, wie die großen Epen des Mittelalters beweisen. Wenn wir bei Walter von der Vogelweide von der Minne lesen:

> *„unde enkan doch nieman âne sie*
> *der gotes hulden niht gewinnen"*

oder in Wolframs Willehalm hören, daß Minnedienst Nähe zu Gott bedeute, daß hohe Minne bei den Menschen Ehre und bei Gott Huld verleihe (Willehalm 456, 9), so leuchtet ein, daß sich hier eine Frömmig-

keit des Minnedienstes zu bilden im Begriff ist, die der des Dienstes
gegenüber Gott als Lehensherren nahe verwandt ist. Damit wird allerdings die Entfernung vom Christentum des Evangeliums noch größer.
So wurde der Minnedienst und der ihn preisende Minnesang auch
in Deutschland heimisch, aber doch nur in sehr klar gezogenen Grenzen.
Einmal stand sicherlich eine große Zahl der auf ihren Burgen weitab
lebenden Ritter und Herren solchem „höfischen Getue" ablehnend
gegenüber. Dem entspricht es auch, wenn eine große Gruppe der deutschen Literatur der Hohenstaufenzeit, die sogenannte „welfische Dichtung", von dem Minnedienst völlig schweigt; hierhin gehören die Kaiser-
chronik, das deutsche Rolandslied, König Rother, Herzog Ernst und der
Lucidarius von Reinfried von Braunschweig, also doch eine recht
ansehnliche Gruppe unter den deutschen Dichtwerken jener Zeit. Die
gleiche Haltung gibt sich kund, wenn die besten Liedersänger und Dichter,
wie Walter von der Vogelweide und Neidhart von Reuenthal, neben den
Minneliedern immer wieder von ihren dörflichen Abenteuern und ihren
ländlichen Geliebten singen, und sich gerade in diesen Liedern ihre
reinsten Töne finden. In sehr vielen Fällen ist der Minnedienst nur eine
literarische Angelegenheit der Sänger und ein anmutiges Spiel an den
Höfen geblieben, daneben auch eine Schule der guten Manieren. Wenn
wir hören, daß besonders gefeierte Fürstinnen von hundert und mehr
jungen Rittern zu Minneherrinnen erwählt wurden, so kann das ja nur
Schwärmerei und galantes Spiel bedeutet haben. Ulrich von Liechten-
steins „Frauendienst" zeigt auf der anderen Seite ein Abgleiten des
hochgestimmten Minnedienstes ins Schwankhafte.

Wolfram von Eschenbach und Hartmann von der Aue finden dem
ihnen fremden und sie befremdenden Minnedienst gegenüber den Aus-
weg, daß die großen Minneherrinnen ihrer Dichtungen, Kondwiramur
und Gyburg wie Enite und Laudine zugleich die Ehefrauen der Helden,
die sich in ihren Dienst stellen, sind. An einigen Stellen aber wird der
Widerspruch gegen den modischen Minnedienst ganz deutlich. So
schiebt Gottfried von Straßburg in seinen Tristan eine Reihe Verse ein,
für die seine Vorlage keine Entsprechung enthielt. Dort heißt es: „Wir
säen giftigen Tollkrautsamen und wundern uns, wenn keine Lilien und
Rosen aufgehen ... Uns ist nur Wort und Namen (der Minne) geblieben, aber die haben wir zerredet, entleert und entwertet ..." Er
wendet sich dann gegen zwei Extreme als Entartungen: gegen die feile
niedere Minne und gegen den schmachtenden Verzicht auf die Erfüllung
in der Liebe. Er verlangt Hingabe über alle Schranken hinweg, eine
heroische Liebe, wie er sie im Minnedienst, so wie er ihn sieht, nicht findet.
Auch das Tagelied, das den heimlichen Abschied der dem Minnedienst
huldigenden Liebenden besang, weiß Wolfram und ebenso auch Heinrich von Morungen in ein Loblied ehelicher Liebe zu verwandeln, ohne
darum in das Lob bürgerlicher Behaglichkeit zu verfallen.

So hat der Minnedienst in Deutschland nie volle Aufnahme gefunden. Er hat in der Literatur dieser Kultur eine ziemlich große, aber doch auch oft überschätzte Rolle gespielt, hat aber die Kultur des Rittertums selbst und das Leben nicht im gleichen Maße bestimmt, schon gar nicht das Leben in der Stille, abseits von den Festen und Geselligkeiten der Höfe und größeren Burgen. Eine ritterliche Kultur hätte es in Deutschland auch ohne den Minnedienst gegeben, aber er hat doch das Bild dieser Ritterkultur nicht unwesentlich bereichert.

Die fruchtbare Wirkung des Minnedienstes tritt vor allem zutage in der geselligen Kultur, die sich jetzt in reichem Maße entfaltete. Nicht als ob es nicht auch schon früher in Deutschland eine Kultur des geselligen Lebens gegeben hätte. Wenn im 8., 9. und 10. Jahrhundert der Herr in seiner Halle seine Gäste zu festlichem Essen und Trinken empfing und dann Sänger die alten Heldenlieder vortrugen, so hatte das seine feste Art, seine Sitte, die dem Gastgeber und den Gästen bestimmte Rollen zuwies und auch der oft ausbrechenden Wild- und Rauheit Grenzen zog. Doch das war eine rein männliche Geselligkeit, bei der Frauen nur bedienend, einschenkend anwesend sein durften. Das änderte sich jetzt vollkommen. Überall im Bereiche dieser höfischen Kultur fanden nun Geselligkeiten und Feste statt, die beide Geschlechter miteinander vereinigten. Dafür mußten neue Sitten gelten und neue Gesetze das Benehmen regeln. Die Hauptaufgabe der jungen Menschen beiderlei Geschlechts wurde es, diese Regeln zu erlernen und zu beherrschen. Nun konnten sich im Schutze dieser guten Manieren die Frau und das junge Mädchen sicher im Kreise dieser Männer bewegen, die unter sich wahrscheinlich sehr rüde und grob waren. Früh schon zeichnete man diese Anstandsgebote auf (zuerst auf Latein in Paris im 12. Jahrhundert), aber die Hauptsache war natürlich die mündliche Überlieferung und der persönliche Einfluß. „Hövischeit" wurde nun von allen verlangt, die zu diesem ritterlichen Kreise gehörten, das heißt wie es ein Troubadour formulierte, die Kunst, sich beliebt zu machen und das zu pflegen, was anderen gefällt.

Dabei wurde immer wieder auf Frohsinn und Heiterkeit der allergrößte Wert gelegt. Tristan wurde nach Gottfrieds Schilderung gelegentlich seiner Schwertleite gesagt: „sei freigebig, treu und unverdrossen und dieses immer wieder von neuem" und weiter: „sei immer höfisch und frohgesinnt". Auch diese Heiterkeit muß also zu dem Bild des kultivierten Ritters hinzugenommen werden.

Die größte und erstaunlichste Neuerung den ererbten Sitten gegenüber liegt in dem Verkehr der jungen Menschen beiderlei Geschlechts und dem der Jugend mit Älteren. Die erotischen Beziehungen fanden nun zum ersten Mal bestimmte, durch die Sitte der ritterlichen Kreise vorgeschriebene Formen. Ein gewisses Maß von Verfeinerung in den Formen, in denen man dem anderen Geschlecht gegenübertrat, und darüber hinaus von der hochachtenden und maßvollen inneren Haltung und den Gefühlen, die man dem anderen entgegenbrachte, nahm wohl jeder an, der in diesen „höfischen" Kreisen auch nur kurze Zeit verkehrte. Vielleicht ist manches von Unmittelbarkeit und echter Gefühlsäußerung dabei unterdrückt worden — man glaubt das manchmal bei einigen Dichtern durchzuhören —, doch bleibt die Tatsache, daß die Schaffung einer erotischen Kultur zum mindesten versucht wurde, und in bestimmten Grenzen doch auch gelang, sicherlich bewundernswert.

Auch geistig kann dieser ritterliche Kreis nicht tot gewesen sein, wenn man mit aller gebotenen Vorsicht aus den Werken der großen Epiker Rückschlüsse zieht. Aus einem Kreis, der allerdings weit, weit über dem Durchschnitt dieser ritterlichen Geselligkeit stand, dem Hof Kaiser Friedrichs II., sind uns die Tischgespräche überliefert, die auf außerordentlicher geistiger Höhe stehen. Aber wenn nur ein schwacher Abglanz davon in weiteren Kreisen des Rittertums in gemeinsamen Gesprächen zu spüren war, so würde das schon eine erfreuliche geistige Lebendigkeit erweisen.

Ein Begriff ist es, der das Leben dieser ritterlichen Kreise auf allen Lebensgebieten weithin bestimmte und damit die Kultur jener Zeit charakterisiert: der der Mâze. Er tritt der alten Wildheit und Rauheit dieser Männer entgegen, er setzt mitten in allem Kult des Eros als Minne den Auswirkungen der Erotik Grenzen, er zügelt die Tischsitten und die Gepflogenheiten des geselligen Verkehrs, er tritt auch allen Übersteigerungen auf religiösem und geistigem Gebiet entgegen.

Und noch ein zweiter Begriff, der in dem Denken dieser Menschen eine große Rolle gespielt hat, vermag uns Einblicke in die Tiefen dieser Ritterkultur zu geben. Es ist die „saelde", eine Art Fortsetzung des germanischen Begriffs des Heils. Hans Naumann nennt sie einmal „eine besondere, fast magische, höfische Lebensmacht ... Sie ist kein bloßes Glück oder bloßer Erfolg, auch keine kirchliche Gnade, nicht die Seelenseligkeit, sondern die Begabtheit mit jenen Vorzügen sittlicher Natur, die den saelic man, das saelic wip an allen Abgründen vorbeiträgt und ihn gewissermaßen zum Artushofe führt". Mühelos will man sie gar nicht haben, mit „kumber muoz man saelde koufen" (Hartmann, Gregor 2043, Büchlein 754), man will sie verdienen. Aber sie ist jener seelige Zustand der Berufenheit jenseits von Zufall wie Notwendigkeit, in dessen Zeichen alle Arbeit stehen muß, wenn sie saeldenreich sein soll (Die Kultur im Zeitalter des Rittertums 177).

Ritterkultur und Bauerntum

Eine Kehrseite hat diese ritterliche Kultur, deren Glanz wir so gern in Dichtung und Kunst bewundern: sie hat die Kluft zwischen Ritter und Bauer wesentlich verbreitet, ja sie in manchen Beziehungen erst geschaffen. Denn jede Abschließung der Ritterwelt mit eigenen Lebensformen und Lebensgesetzen entfernte sie von den anderen Ständen. Dazu kommt, daß mit den anderen Anschauungen von Frankreich auch die Überzeugung eindrang, die bäuerliche Arbeit, vor allem aber die Handarbeit, sei des Ritters unwürdig. Hatten bisher Ritter und Bauer in derselben ländlichen Welt gestanden, zwar als Herr und Mann, aber doch als zusammengehörig und oft zusammen sich mühend, so schied jetzt die Zugehörigkeit zu einem geschlossenen Kreis mit besonderen Lebensformen und die teilweise eindringende Verachtung bäuerlicher Arbeit beide Lebenskreise viel schärfer voneinander. Darüber darf der Glanz von Dichtung und Kunst nicht hinwegtäuschen.

Das Absinken des Rittertums und seiner Kultur

Die Blüte des Rittertums war nicht von langer Dauer. Etwa 1150 begann sie, 1250 aber war das Absinken durch den Untergang der Hohenstaufenkaiser besiegelt und beschleunigt. Das Königtum, das die Ministerialen überall im Reich gebraucht hatte, das sie geschaffen und reich und mächtig gemacht hatte, wurde entscheidend geschlagen, das Geschlecht der Hohenstaufen systematisch vernichtet, und lange Zeit gelang es keinem der Bewerber, sich als König in Deutschland durchzusetzen. Die an die Stelle des Königs tretenden Fürsten brauchten zwar auch die Hilfe von Rittern, aber doch nur in geringerem Umfang, auch hatten sie meist schon altererbte Lehensleute. Dazu kam, daß man seit den Kreuzzügen in immer größerem Maße mit leichtbewaffneten Truppen, und zwar meist zu Fuß, kämpfte, zunächst lange neben den immer stärker gepanzerten Ritterheeren, bis dann die berühmten Schweizerheere die Ritter in aller ihrer Pracht vollständig schlugen. Das nahm ihnen zwar nicht alle militärischen Aussichten, wie man oft gemeint hat, denn manche haben als Landsknechtsführer noch eine glänzende Laufbahn gehabt, wie zum Beispiel Georg von Frundsberg oder der Truchseß Georg von Waldburg. Auch die Verwendung des Schießpulvers, die ihr Teil dazu beitrug, Burgen und Ritter zu entwerten, ist für ihren Untergang nicht von so großer Bedeutung gewesen. Auf den ganzen Charakter des Rittertums aber hatte großen Einfluß, daß die von hohen, begeisternden Zielen getragenen Kämpfe wie die Kreuzzüge und Romzüge der Kaiser oder auch die Kämpfe gegen Hunnen, Normannen, Ungarn und Slawen nun fast gänzlich wegfielen. Erst die Türkenkriege haben wieder einen weiteren Blick, ein stolzeres Wollen in dieses Kämpfen gebracht. Die Ritter erschöpften sich nun in engstirnigen Fehden oder Grenzstreitigkeiten der Fürsten. Das aber verengte und vergröberte ihren Sinn.

Dazu kam ihr wirtschaftliches Absinken dem Bauern gegenüber, von dem schon oben die Rede war. Zudem wurden die Bürger immer reicher und mächtiger, so daß in den Rittern ein großer, mit Neid gepaarter Haß gegen sie, besonders gegen die reichen Kaufleute, wuchs, deren Hochkommen ihnen ein soziales Unrecht dünkte, so daß es nur berechtigt erschien, wenn man die verhaßten „Pfeffersäcke" bekämpfte und schädigte, wo man nur konnte.

Doch alle diese immer wieder aufgeführten Gründe treten an Bedeutung weit zurück vor zwei anderen entscheidenden Tatsachen: die eine besteht darin, daß das Feudalverhältnis zwischen Ritter und Bauer (nicht das zwischen Fürst und Bauer) seit dem 14. und 15. Jahrhundert seine innere Begründung und Rechtfertigung verloren hatte. Es war geschaffen worden, weil der Bauer den Schutz des Ritters brauchte; doch das hatte sich nun geändert; in den Landesstaaten waren Mächte entstanden, die zum mindesten den Anspruch erhoben, alle ihre Untertanen zu schützen und die öffentliche Sicherheit überall innerhalb ihres Landes garantieren zu können. Das schaltete den Ritter aus, wo es ihn nicht zu einem Werkzeug, zu einem ausführenden Organ des Fürsten machte. Nicht überall war man sich über diese Verschiebung klar, aber der Auswirkung dieser Veränderung konnte sich kein Ritter und ebenso keine bäuerliche Gemeinde entziehen. Sie waren nun allein auf den Fürsten als Landesherrn angewiesen. Von ihm hing die Sicherheit ihres Lebens ab. Er war nun ihr Herr, wenn auch in etwas abgeändertem Sinn. Es war eine entscheidende Strukturveränderung, es war das Ende des Feudalismus.

Die zweite Tatsache war vielleicht von noch größerem Einfluß auf die Geschicke des Rittertums: der stolze, die ganze Ritterkultur tragende Glaube, die Gottesstreiterfrömmigkeit, der Stolz, Gottes Lehensmann zu sein und für ihn zu streiten, war mit dem Mißerfolg der Kreuzzüge zusammengebrochen. Die Kultur des Ritterstandes wurde von innen heraus, durch den Schwund des Glaubens und Selbstbewußtseins des Ritters ausgehöhlt, und das mußte auch den Zusammenbruch der stolzen Fassade zur Folge haben. Schon nach dem zweiten Kreuzzug klagte Bernhard von Clairvaux bitterlich, daß so viele Ritter an ihrem Kreuzfahrer- und Gottesglauben irre geworden seien und nun ihn und den Papst bedrängten, da sie zu diesem unglücklichen Kreuzzug aufgerufen hatten. Das aber verstärkte sich noch, als sich in der Folge Mißerfolg auf Mißerfolg häufte und die Kirche immer wieder in der alten Weise für die Züge warb. Als dann zweimal stolze Heere in Ägypten untergingen, auf die das ganze Abendland gehofft hatte, schwoll dieser Strom von Verzweiflung, Unzufriedenheit mit der kirchlichen Führung und Glaubensunsicherheit weiter an. Wir haben in der Poesie erschütternde Beispiele für dieses Irrewerden nicht nur am Kreuzfahrerglauben, sondern am Gottesglauben überhaupt. Gott schläft, Gott ist schwach,

Gott lebt nicht, Mohammed ist der Stärkere, er allein herrscht und siegt, solche Stimmen werden überall laut. Und wenn sich auch, wenigstens der Christenglaube selbst in irgendeiner Form wieder festigte, der Gottesstreiterglaube war dahin und damit der Kernpunkt alles ritterlichen Denkens und Fühlens. Der Stolz des Ritters schwand, sein Selbstbewußtsein sank. Und die Weite, die dieses Bewußtsein gegeben hatte, machte der Enge kleinlicher Streitigkeiten Platz. So wird es verständlich, wenn die Kultur des Rittertums im ganzen Abendland seit dem Ende der Kreuzzüge, ja schon seit etwa 1250, als man ihr Ende voraussehen konnte, ihre Kraft verlor und absank.

Gewiß, es gab auch in der Folge noch ritterliches Denken, teilweise in sehr vergeistigter religiöser Form wie bei Raimundus Lullus oder in überfeinerter Hofkultur wie in Burgund, aber das waren den Zeiten der Hochblüte gegenüber doch nur schwache Nachklänge. Es gab im ganzen Abendland noch ein gesteigertes Ehrgefühl des Adels, es gab noch ritterliche, gepflegte Gesellschaft, aber meist im Schatten einzelner Fürstenhöfe. Als allgemeine charakteristiche Erscheinung war sie verschwunden.

So ist es denn nicht zu verwundern, daß dort, wo der Glanz der ritterlichen Kultur wegfiel und der Ritter oft um seinen Lebensunterhalt sich sorgen mußte, die dunkleren Seiten des Rittertums wieder mehr hervortraten. Sie waren nie verschwunden, gab es doch in der Zeit der kulturellen Blüte schlimme Fehden und Rauheit und Wildheit der einzelnen Herren genug. All das trat nun aus dem Schatten heraus und bestimmte das Bild des Ritters im ganzen. Arme Ritter hatte es auch in der Blütezeit in großer Zahl gegeben. Walter von der Vogelweide selbst ist ein Beispiel dafür, wenn er klagt, daß er „hinacht hie, morgen dort" sei und nie sagen könne, ich will heim, ich bin daheim (94. S. 129, 81), oder wenn er in Jubel ausbricht, als er endlich ein kleines Lehen vom König bekommen hat (95. S. 136; vgl. auch ders. 95. S. 135). Ähnlich klagt Neidhart von Reuenthal:

> „kumt sî mir ze Riuwental,
> sî mac grôzen mangel wol dâ schouwen,
> von dem ebenhûse unz an die rîhen
>   (vom Erdgeschoß bis zur Dachrinne)
> dâ stêt iz leider allez blôz.
> jâ mach ich s wol armer liute hûsgenôz.

Und in ähnlicher Weise schildert Hartmann von der Aue im Erec den Vater Enitens, den verarmten Grafen Coralus, der in rechter edler Art seinen Mangel erträgt und durch gute Lebensformen überdeckt.

Diese stets vorhandene Armut einzelner Ritter oder auch Fürstenhöfe (Walter 85, S. 112) wurde vom Ende des 13. Jahrhunderts ab entsprechend den veränderten politischen Verhältnissen nicht besser, sondern vielerorts schlechter. Auch das nahm der sinkenden Ritterkultur ihren Glanz. Der Frohsinn schwand, und die Sorge um den Lebensunterhalt in der bäuerlichen Welt mußte wieder viel mehr in den Vordergrund treten. Schon Walter von der Vogelweide klagt in seinem berühmten Alterslied über beides: „swer ich zer werlte kêre, da ist nieman frô: tanzen unde singen zergât mit sorgen gar ..." und weiter: „die stolzen ritter tragend dörperlîche (bäuerische) wât" (Kleidung).

Der „Raubritter"

Mit der Kleidung und dem sinkenden Wohlstand wechselten aber auch die Lebensformen. Mâze und saelde, die die ritterliche Kultur gekennzeichnet hatten, verloren ihre Kraft und Verbindlichkeit, besonders, da die verhältnismäßig kurze Zeit der ritterlichen Kultur oft nur zu einer äußerlichen Annahme dieser Formen geführt hatte. Nun brach die Rauheit, Derbheit und oft Roheit alter Zeit wieder durch. Oft zeigte sich nun auch die Grausamkeit wieder, die besonders leicht dort erkennbar wurde, wo der mittelalterliche Mensch gereizt oder streitend aus seinem altgewohnten Kreis heraustrat.

Nimmt man noch dazu, daß die Fehden größerer und kleinerer Art (das heißt aber auch oft kleinere Raubzüge unter diesem Namen) im Mittelalter nie aufgehört hatten, sondern nur durch Landfrieden und Gottesfrieden zeitweise und mancherorts eingeschränkt worden waren, und daß die Ritter aus weitschauenden Kämpfen wie Kreuzzügen und Romzügen der Kaiser nun auf solche kleinlichen Streitigkeiten zurückgeworfen wurden, so ist das so oft und so schwarz gemalte Bild des „Raubritters" gegeben.

Manchesmal trieb harte Not zu solchem Raubrittertum. So schildert uns der 1425 geborene Kartäuser Werner Rolevink die Verhältnisse von einigen Rittern seiner westfälischen Heimat: „Sie entstammen edlen Geschlechtern, sind von hohem Wuchs, haben riesige Körperkräfte und auch rege Köpfe, sind von Natur gutmütig ... Viel Böses lehrt sie und zu vielem Üblen treibt sie die unglückliche Armut. Ihre Felder sind so unfruchtbar, daß sie als Ödland unbewirtschaftet liegen blieben, wohnten nicht diese Junker dort ... Wie ich glaube, könntest du es nicht ohne Tränen mit ansehen, wie die hübschen Junker tagtäglich um ihr kümmerlich Brot und Kleid kämpfen und sich Galgen und Rad aussetzen, um Not und Hunger zu scheuchen ... sie wollen überhaupt nicht hoch hinaus. Wenn sie nur ihr täglich Brot haben. Besseres wissen sie nicht." (Wernerus Rolevink, De Westphalorum sive antiquorum Saxonum situ, moribus etc. 1602.)

Aber es wäre völlig verfehlt, diesen Zustand zu verallgemeinern.

War die soziale Stellung des Ritters auch gesunken, und zwar im Verhältnis zum Fürsten, zum Bürger wie zum Bauern, so war er doch nur in Ausnahmefällen, wie in dem der geschilderten westfälischen Herren genötigt, zum Raub als Lebensunterhalt zu greifen. Quellen wie die Lebensbeschreibung von Götz von Berlichingen zeigen ein anderes Bild. Hier greifen Ritter, denen es nicht gut, aber auch nicht schlecht geht, zum Schwert im Inneren des Landes, um Fehden auszufechten, wie das im ganzen Mittelalter für das Recht der Herrenschicht gegolten hat, sofern man nur die von der Sitte vorgeschriebenen Formen, wie die rechtzeitige Ansage der Fehde, einhielt. Aber diese Fehden nahm man nun nicht mehr nur seufzend und verärgert hin, wie das in früheren Zeiten geschah. Man hatte sie lange durch die Landfrieden und Gottesfrieden bekämpft, aber nicht mit vollem Erfolg. Jetzt am Ende des Mittelalters schienen sie unerträglich, da sie den stark angewachsenen Handels- und Reiseverkehr empfindlich störten. Dazu kam, daß die veränderte soziale Lage der Ritter zu einem ausgesprochenen Haß gegen die Bürger geführt hatte, der sich in den Fehden der Ritter gegen die Bürger entlud. Der Ritter des deutschen Mittelalters war immer Fehderitter mit aller damit verbundenen Rauheit, Grausamkeit und Lust am Zerstören und Rauben gewesen. Doch jetzt mußte er unter den veränderten Lebensverhältnissen der Bürger diesen als „Raubritter" erscheinen mit aller Verachtung und Ablehnung, die man nur in dieses Wort hineinzulegen vermochte, obwohl äußerlich gesehen die Veränderungen im Gehaben der Ritterschaft gar nicht so sehr groß waren. Allerdings mußte in einer Zeit, in der der Glanz der ritterlichen Kultur mit ihrer Forderung nach mâze und nach ehrlichem ritterlichem Kampf zerbrochen war, die ganze Häßlichkeit und Wildheit des Fehdewesens in verschärftem Maße in Erscheinung treten und als unerträglich empfunden werden. Das Ende des Feudalismus als allgemeiner Lebensform und als besonderer Typ kulturellen Lebens war nun allen Zeitgenossen deutlich vor Augen gestellt.

Burgenbau

Noch einmal müssen wir auf die Blütezeit der ritterlichen Kultur zurückblicken, um uns aus Einzelzügen ein Bild des Lebens auf den Burgen und in ihrem Umkreis machen zu können.

Seit etwa 1000 hat man Burgen auf den Bergen oder geschützt von Wasserläufen gebaut, wie wir gehört haben. Aber auch schon vorher gab es stattliche Herrensitze, nur lagen sie meist in oder dicht bei den Dörfern oder Römerstädten, die sie schützten und beherrschen sollten. Solch ein Herrensitz war einmal ausgezeichnet durch die größeren Maße des Wohnhauses und der zugehörigen Bauten. In allen, auch den kleineren Kaiserpfalzen fallen die großen Scheunen auf, die zur Aufbewahrung der von den königlichen Höfen und Bauern abgelieferten Naturalien dienten. Größere Wohnlichkeit im Inneren unterschied schon im 9. und 10. Jahrhundert Herrensitze von Bauernhöfen. Bildergeschmückte Teppiche an den Wänden, Teppiche, Federkissen mit seidenen Überzügen für Sessel und Bänke, sowie Federbetten für das Nachtlager gehörten frühzeitig schon zur Ausstattung der reicheren Herrensitze, während wir uns die Wohnungen kleinerer Herren oft nur als größere und etwas besser ausgestattete Bauernhöfe zu denken haben. Glasfenster gab es im allgemeinen nur in Kirchen, doch wissen wir unter anderem von der Schreibstube des Klosters Sankt Gallen und vom Bischofspalast in Lüttich, daß sie mit Glasfenstern ausgestattet waren. Doch blieben das Ausnahmen. In der Regel behalf man sich mit einer Bespannung mit Leinwand, mit Fensterläden oder auf ähnliche Weise.

Doch das wesentliche Kennzeichen des Herrenhauses — schon ehe man auf den Bergen wohnte — war das Vorhandensein eines besonderen Festsaales, der meist ein eigenes Gebäude bildete. Er wurde auch in die Burgen auf den Höhen übernommen, dort unter dem Namen des Palas. Es ist ein von einer oder mehreren Holzsäulen getragener Raum mit einem Hochsitz, der zwei bis drei Personen Raum bot, mit Bänken an den Wänden und kleinen Tischen für je vier oder sechs Gäste. Die Wände zeigten bisweilen Wandgemälde, so in den Pfalzen der Karolinger und Ottonen, oder Wandbehänge. Schnitzereien an Säulen oder Türen, ebenso außen am Dachgiebel gaben dem Ganzen eine besondere Note. Diese Halle diente als Speisesaal, für festliche Empfänge, aber auch als Gerichtssaal und als Schlafraum für eine größere Zahl von Gästen, so wie die Nibelungen als Etzels Gäste in der großen Halle schliefen.

Die Pfalzen der Merowinger und Karolinger waren oft nach römischem Vorbild noch mit einer Säulenhalle und einem Obergeschoß, einem „Söller", ausgestattet, und auch in den Pfalzen der Ottonen und Salier versuchte man noch dies Vorbild der Karolinger nachzuahmen. Doch beherrschte man augenscheinlich die Technik des Baues solcher Obergeschosse noch schlecht. Denn im Jahre 870 brach ein solcher Söller unter dem König zusammen, wie uns Regino von Prüm berichtet, und in ähnlicher Weise einer im Jahre 1045 unter Kaiser Heinrich III. Diese Obergeschosse waren überwiegend in Fachwerk ausgeführt, das Untergeschoß jedoch als Steinbau errichtet. Meist verlegte man dann den Speise- und Festsaal in den Söller, also in das obere Geschoß. Eine Freitreppe bot leichten Zugang zu ihm.

Als die Ritter vom Jahre 1000 an auf die Berge zogen und dort im 11. und 12. Jahrhundert viele neue Burgen bauten, mußten viele Unannehmlichkeiten in Kauf genommen werden. Aber die größere Sicherheit vor Überfällen und Angriffen und die bessere Möglichkeit, das ganze

Tal zu übersehen und zu bewachen, wogen sie auf, wenigstens einige
Jahrhunderte lang. Im 15. und 16. Jahrhundert aber begann man schon
wieder in die Täler hinabzuziehen. So schreibt die Zimmersche Chronik
(II, 520, 21): „jetzunder aber so lassen wir unsere bergheuser abgeen,
bewonnen die nicht, sonder vil mehr befleissigen wir uns in der ebene
zu wohnen". Über die Unbequemlichkeiten der Burgen hat sich Ulrich
von Hutten einmal seinem Freund Willibald Pirckheimer gegenüber
sehr scharf geäußert. Er schreibt: „innen von bedrückender Enge,
zusammengepfercht mit Vieh- und Pferdeställen, sind dunkle Kammern
vollgestopft mit schweren Büchsen, Pech, Schwefel und allem übrigen
Waffen- und Kriegsgerät. Überall stinkt es nach Schießpulver, und der
Duft der Hunde und des Unrates ist auch nicht lieblicher, wie ich
meine . . . Und welch ein Lärm . . .". Das enthält sicherlich viel Wahres,
aber auch manche Übertreibungen und Verallgemeinerungen schlechter
Verhältnisse vor allem aus der Zeit, in der Geschütze, Pulver und dergleichen in die Burgen hineingenommen werden mußten, obwohl für
sie kein Platz war. Die größeren Burgen aus der Hohenstaufenzeit, wie
zum Beispiel Münzenberg in der Wetterau, geben ein ganz anderes, weit
erfreulicheres Bild. Wo die Enge des Berges den Raum sehr einschränkt,
wie zum Beispiel in Ehrenfels, Bingen gegenüber, da muß allerdings
der Aufenthalt immer unerfreulich gewesen sein.

Auf die Einzelheiten des Burgenbaues in dem fränkischen und dem
sächsischen Typ — mit Bergfried, Schildmauern, Vorburgen, Barba-
kanen, aber auch Burgkapellen, Burggärten und Linden — können wir
hier nicht eingehen, ebensowenig wie auf den geschichtlich so wichtigen
Burgenbau König Heinrichs I. Den Höhepunkt stellten die Hohen-
staufenpfalzen und ihre Reichsburgen dar, die den Festungscharakter
sehr wohl mit dem Mittelpunkt geselliger Kultur zu vereinigen wußten.
Als wenige Beispiele seien nur Hagenau, Kaiserslautern, Kaiserswerth,
Gelnhausen, Eger, Nürnberg und Wimpfen genannt sowie der Trifels,
die Wildenburg und Münzenberg.

Für die Entwicklung der ritterlichen Kultur der Hohenstaufenzeit
boten die Burgen die räumliche Grundlage, wie es ebenso die Hallen
der Herrensitze in den Dörfern in früheren Jahrhunderten getan hatten.
Die Höhenburgen wurden nun in verstärktem Maße die weithin sichtbaren und schönen Kernpunkte des Lebens der Geschlechter. Sie waren
Stammburgen, Heimat und Mittelpunkt in ganz besonderem Maße.
Nach ihnen nannten sich nun die Geschlechter. Wir spüren in den
Ritterepen, was es für einen Ritter bedeutete, die Burg seines Geschlechtes nach langer Kriegsfahrt wiederzusehen. Sie trug nicht wenig
zur Stärkung des Selbstbewußtseins und zur Abgeschlossenheit der
Ritter als eines besonderen Standes bei.

Anfänglich müssen sich die Herren gegen den dauernden Aufenthalt
auf den Burgen gesträubt haben, denn König Heinrich I. mußte darauf

dringen, daß die Burgen nicht nur für den Kampf, sondern auch für
alle Zusammenkünfte, Feste und Beratungen benutzt wurden. Später
muß sich der Widerstand verloren haben, denn wir hören nichts von
einem zweiten Wohnsitz der Geschlechter in den Dörfern; man wohnte
auf den Bergschlössern. Nur die Fronhöfe, soweit vorhanden, verblieben im Tal. Also kann der Aufenthalt auf den Burgen, die zum
Schauplatz des Lebens der Geschlechter wurden, nicht gar so ungemüt-
lich und beschwerlich gewesen sein.

Ritterliche Feste und Geselligkeit

Auf den Burgen entfaltete sich die Ritterkultur des 12. und 13. Jahrhunderts.

Es gibt einzelne besondere Gelegenheiten im Jahresring des Lebens,
bei denen diese Kultur und die Eigenart, die sie kennzeichnet, besonders
klar hervortritt. Dazu gehört einmal die Schwertleite des jungen, nun
herangewachsenen Ritters, zu der in Deutschland erst im 14. Jahrhundert unter französischem Einfluß der Ritterschlag tritt. Ein sym-
bolisches Bad und eine feierliche Nachtwache sowie die Kommunion
am Morgen gingen dem feierlichen Akt voran. Bei Tristans Schwertleite, die Gottfried von Straßburg anschaulich schildert, umgürtet ihn
sein Oheim, wohl als Familienoberhaupt, mit dem Schwert und legt
ihm Sporen an mit den Worten: „Jetzt ist dein Schwert gesegnet, jetzt
bist du Ritter geworden, bedenke nun auch die ritterliche Ehre, deinen
Stand, deine Person, deine Geburt, deinen Adel, sei demütig ohne
Falsch, wohl erzogen, dem Armen gütig, den Mächtigen gegenüber
hochgesinnt, halte dein Äußeres schön, ehre und liebe die Frauen, sei
freigebig und treu, unverdrossen, dies immer wieder von neuem."
Das größte Fest solcher Schwertleite, das Deutschland sah, war
die von zwei Söhnen Barbarossas und vieler anderer Rittersöhne in
einer großen Zeltstadt am Rhein, Mainz gegenüber, im Jahre 1184.
70.000 Menschen sollen zu diesem Fest gekommen sein. In feierlichem
Zug erschienen der Kaiser, die Kaiserin unter der Krone und fünf
Söhne. Bewimpelte Schiffe und Zelte schlossen das Bild ab.
Ein zweiter Höhepunkt im ritterlichen Leben waren die Reichs- und
Hoftage des Königs oder der größeren Fürsten. Sie fanden sehr oft
zur Zeit der großen kirchlichen Feste, vor allem an Weihnachten, statt.
Dann bot der feierliche Zug zur und von der Messe die schönste Ent-
faltung aller Pracht. Doch hatten diese Reichstage auch große politische
Bedeutung.
Ein dritter Höhepunkt, der gerade das kämpferisch-ritterliche
Element in Erscheinung treten ließ, waren die Turniere. Auch sie ver-
band man oft mit einem anderen großen Fest, etwa einer Hochzeit.

Sie waren nicht notwendig mit Ideen des Minnedienstes verbunden, aber beide wurden schon bald miteinander verquickt, so etwa, daß der Ritter vor den Augen seiner Herrin kämpfte, zu ihrer Ehre, und von ihrer Hand den Preis des Siegers erhielt. Das Turnier war ein kunstgemäßes Kampfspiel; ein „künstlerisches Abbild einer Reiterschlacht" nennt es Hans Naumann. Die teilnehmenden Ritter wurden in zwei gleiche Heerhaufen geteilt und von „houbetliuten" befehligt. Bei großen Turnieren sollen bis zu 4000 Ritter gegeneinander gekämpft haben. Die Waffen sollten abgestumpft sein, um größere Unglücksfälle zu vermeiden. Die Tatsache aber, daß häufig Unfälle auch mit tödlichem Ausgang vorgekommen sind, zeigt, daß doch wohl auch mit scharfen Waffen gekämpft wurde.

Alle Einzelheiten der Turniere waren durch Spielregeln festgesetzt, die die Feierlichkeit des Ganzen sehr betonten. Eine Messe bildete stets den Beginn. Es kam vor, daß im Gesamtturnier ein Einzelkampf zweier Ritter entstand, der sogenannte Tjost. Im Gegensatz zum Turnier war der Buhurt ein Reiterspiel, das mit geringerer Feierlichkeit auch ohne vorherige Ansage abgehalten werden konnte, das häufig auch ohne Waffen, nur mit Stäben und Speerschäften durchgeführt wurde. Stets war aber die Teilnahme an Turnieren oder Buhurten nur Rittern oder werdenden Rittern vorbehalten. Otto von Freising berichtet von einem Turnier (tyrocinium quod vulgo nunc turneimentum dicitur, Gesta I, Kapitel 18, S. 32), das die Hohenstaufenherzöge vor Würzburg im Jahre 1127 abhielten. Es war das erste auf deutschem Boden, das mit dem aus dem Französischen kommenden Fremdwort Turnier bezeichnet wird. Aber der Bericht von Thietmar von Merseburg, daß Markgraf Liupold von Österreich im Jahre 994 „in der heiligen Nacht nach der Frühmesse sich mit seinen Rittern mit Kampfspielen erlustigte" (IV, 21 [14]) zeigt, daß solche ritterliche Spiele in Deutschland schon lange heimisch waren, als der französische Einfluß die spezielle Form des Turniers als eine allgemeine Einrichtung des Abendlandes auch in Deutschland einführte.

Die Kirche verurteilte die Turniere anfänglich wiederholt auf den Laterankonzilien von 1139, 1179 und 1193 und verweigerte den dabei Verunglückten das christliche Begräbnis. Sie verbot sie allerdings vor allem mit Bezug auf die Kreuzzüge, da jeder Verlust an ritterlicher Kampfkraft durch Unglück bei den Turnieren unmittelbar den Kreuzzügen Kraft entzog. Doch drang sie mit diesem Verbot nicht durch und mußte es im 13. Jahrhundert fallenlassen. So fest waren die Kampfspiele im Leben der Ritterschaft des Abendlandes verwurzelt.

Trotz der großen Zahl der an einem Turnier Beteiligten war der hier im Spiel dargestellte Kampf nie Massenkampf, sondern es kam auf Höchstleistungen des einzelnen an. Er löste sich leicht in Einzelkämpfe auf, die das Können des einzelnen zeigen sollten. Und dieser

Kampf mußte nicht nur siegreich, sondern er mußte auch schön sein.
So wollte es das Ideal mittelalterlichen ritterlichen Kampfes im Turnier
und ebenso — wenn da auch oft vergessen — in der Schlacht. Konnten
solche große Turniere nur selten und nur an großen Höfen abgehalten
werden, so fand man sich zu Wettspielen und Leibesübungen kleinerer
Art überall zusammen, wo Ritter sich gesellig trafen, bei nachbarschaft-
lichen Zusammenkünften oder im größeren Kreis der Familie. Da
wurde um die Wette gelaufen, gesprungen, vor allem aufs Pferd, da
wurden Steine geschleudert und Speere geworfen, es wurde gerungen,
gefochten oder mit dem Bogen (später mit der Armbrust) geschossen.

Die Jagd

Vor allem aber ging man, wo sich die Gelegenheit bot, und sie bot
sich fast überall, gemeinsam auf die Jagd. Man pflegte dabei verschiedene Formen, vor allem die Pirsch, die Treibjagd und die Falken-
beize. Die Falkenjagd galt als eine besonders edle Art. Wahrscheinlich
haben Deutsche sie von östlichen Nachbarn erlernt und diese Kenntnis
dann an ihre westlichen Nachbarn weitergegeben. Aber sie muß sehr
früh übernommen worden sein, denn schon das alemannische Volksrecht, Hrabanus Maurus und Widukind von Corvey wissen von Jagd-
falken und Falkenjagden zu berichten. Kaiser Friedrich II. schrieb
später eine berühmt gewordene Anleitung zur Falkenjagd. Das zeigt,
in wie hohem Ansehen sie stand.

Es wurden vor allem Hirsche, Eber (Wildschweine) und Rehe
gejagt, gelegentlich auch noch Bären und Wölfe, während der Ur,
das Wisent und der Elch, die man zu Tacitus' Zeit in Deutschland noch
antraf, bis auf geringe Reste, die noch im Osten lebten, ausgestorben
waren. Hierzu kamen noch Wildvögel und — wenn auch geringer
geachtet — Füchse, Dachse, Luchse, Hasen und kleineres Wild. Gejagt
werden mußte schon wegen des sonst sehr großen Wildschadens, doch
tat man es hauptsächlich aus Leidenschaft. König Heinrich I. soll eine
besondere Freude an der Jagd gehabt haben. Auch die Schilderungen
des Nibelungenliedes zeigen diese leidenschaftliche Lust und die große
Bedeutung des Jagens.

Man ging im allgemeinen mit dem Spieß auf die Jagd, mit dem
Wurfspeer oder mit Pfeil und Bogen. Erst gegen Ende des Mittelalters
löste die Armbrust diesen als Jagdwaffe ab (vgl. Abb. 10, S. 144).

Damals schon mußte die Jagdkleidung grün sein, und auch das
Jagdhorn durfte nicht fehlen.

Häusliche Geselligkeit und Musik

Von häuslicher Geselligkeit, von Schmausereien und Trinkgelagen zu Ehren von Gästen oder bei Festen hören wir schon seit frühesten Zeiten. Doch war das Mahl nie das Wesentliche. Das ganze Fest sollte der Ehre des Gastes, das Mahl aber der Ehre des Festes dienen.

Lange war diese Geselligkeit nur eine Sache der Männer. Frauen bedienten dabei oft, vor allem reichte die Hausfrau dem Gast den Ehrentrunk. Das änderte sich aber im 12. Jahrhundert. Mit der sich ausbreitenden Ritterkultur des ganzen Abendlandes formte sich damals auch in Deutschland eine Geselligkeit beider Geschlechter, wie wir in anderem Zusammenhang schon besprochen haben. Wurden bisher bei solchen Festen nur Heldenlieder gemeinsam gesungen oder vorgetragen, so trat jetzt das Minnelied daneben, das der Dichter selber vortrug, der nun auch genannt und gefeiert wurde.

Immer aber war es die Liebe des Mannes zur Frau, das Werben des Mannes, das dargestellt wurde, anders als in den mehr bäuerlichen Liedern mancher Sänger. Der Erfüllung seiner Liebessehnsucht durfte sich aber keiner vor dem ganzen geselligen Kreise rühmen. Ward das Fest an einem großen Hofe gefeiert und war es eine besonders festliche Angelegenheit, die den Anlaß gab, so wurden große Zahlen von Rittern, von Knechten und von fahrenden Leuten gespeist. Das erforderte die Ehre des Hauses, so wie bei bäuerlichen Festen auch heute noch ein großer Teil des Dorfes seinen Anteil bekommt. Walter von der Vogelweide weiß davon zu singen, daß man Rosse verschenkte, als ob es Lämmer wären, und daß man die Koffer mit den Schätzen um- und umkehren ließ (85/III). Der Babenberger Herzog Leopold soll bei der Hochzeit seiner Tochter, wie Ulrich von Liechtenstein erzählt, 1000 Rittern reiche Geschenke gemacht und 5000 Ritter zur Tafel geladen haben. Doch das blieben natürlich Ausnahmen, die weit über dem Durchschnitt des ritterlichen Lebens lagen.

Manche altertümliche Sitten erhielten sich bei solchen festlichen Mahlen, die aber mehr waren als alte Gewohnheiten. Solches Festmahl im Männerkreis schloß in alter Weise Gemeinschaftskreise eng zusammen. Dann trank man am Höhepunkt des Festes auf die toten Freunde und Verwandten oder auf die toten Mitglieder des Kreises, und das gab der Zusammengehörigkeit des Kreises eine mystische Grundlage. Unter dem Namen des Minnetrunkes hat sich der Brauch lange erhalten. Gemeinschaften wie die Gilden, aber auch die Ritterbünde sind oft auf solcher Grundlage erwachsen. Ja, in Sankt Gallen finden wir im 10. Jahrhundert sogar ein feierliches Minnetrinken der Mönche, die ritterlicher Herkunft waren, und ihrer edlen Gäste. Als im 13. Jahrhundert die Frau in den Mittelpunkt des geselligen Lebens dieser Kreise trat, verblaßte der alte Brauch. Aber kaum war die ritterliche Kultur der Hohenstaufenzeit verfallen, als wieder eine rein männliche Geselligkeit beim Becher in den Vordergrund trat, wie wir sie gegen Ende des Mittelalters und zu Beginn der Neuzeit überall vorfinden.

Mit dem Eindringen der Frau in die Geselligkeit nahm nun vor allem der Tanz einen großen Raum ein. Wir haben über den Unterschied des „getretenen" menuettartigen Tanzes gegenüber dem bäuerlichen „gesprungenen" Tanz schon oben gesprochen. Er und das Minnelied sicherten nun der Musik einen wichtigen Platz in der geselligen Kultur. Ausführende waren meist fahrende Leute, die jedem größeren Fest in Scharen zuströmten. Sie spielten die verschiedenen Instrumente, soweit nicht die Sänger sich selbst auf der Laute oder etwa dem Rebab begleiteten. Komponiert waren diese Weisen meist von den Sängern, wenn man nicht gangbare Melodien übernahm. So ist der Minnesänger Ulrich von Liechtenstein augenscheinlich ein liebenswürdiger Erfinder von Sang- und Tanzweisen heiterer einschmeichelnder Art gewesen, nach denen man gern tanzte. Sie können als Vorläufer der österreichischen Tanzmusik gelten. Die Sänger scheinen auch öfter kleine Orchester, zu denen sich Fahrende mit verschiedenen Instrumenten zusammenfanden, dirigiert zu haben. Ein Bild der Manessischen Liederhandschrift stellt Heinrich Frauenlob so als Dirigenten dar.

Instrumente gab es mancherlei. Aus einer Verschmelzung der ursprünglich keltischen Rotte und des orientalischen Rebab oder Rabab entstanden unsere heutigen, mit dem Bogen gestrichenen Instrumente, wie Geige, Cello und Bratsche. Dabei lieferte die Rotte die Form des Instrumentes selbst, das Rebab aber den Hals und die Wirbel. Das Rebab wurde mit einem dreieckigen Bogen gestrichen und auch gern zur Begleitung von Liedern gebraucht. An erster Stelle als Begleitinstrument stand aber die Laute (arabisch el aud, spanisch laude). Sie wurde sehr ausgebaut. Anfangs war sie bloß mit vier, später jedoch mit 14 Saiten bespannt.

Älter als die aus dem Orient stammende Laute war die Harfe, die schon lange in Deutschland angetroffen wird. Harfe und Laute galten als die eigentlich höfischen Instrumente. Auch die Orgel war ursprünglich ein weltliches Instrument. Sie wurde in deutschen Werkstätten besonders gut gebaut und auch nach Italien exportiert.

Stellte man ein volles Orchester zusammen, so durften im 13. Jahrhundert auch (unter orientalischem Einfluß) die Pauken und verschiedene Blasinstrumente nicht fehlen, ebenso wie Glockenspiel und Cymbaln.

Auch Gesellschaftsspiele gehörten zu der Geselligkeit der Minnesängerzeit. Wir wissen zum Beispiel von dem „Gab", das nach ausländischem Vorbild auch in Deutschland gespielt wurde. Es bestand in einem spielerischen, anmutigen, oft geistreichen Renommieren, was man als Frau alles von seinem getreuen Ritter fordern wolle und als Ritter, was man alles seiner Herrin zuliebe tun wolle und werde. Der Sänger Tannhäuser klagt sehr lebhaft darüber, wobei man nicht recht weiß, ob er mitmacht oder über das Ganze lacht oder gar das Reden ernst nimmt.

> *„Bald soll der Schönen ich den Salamander bringen,*
> *die Rhone bald in Nürnberg strömen lassen,*
> *die Donau dann den Rhein hinüberschwingen,*
> *und noch auf meiner Bitt Erhörung passen.*
> *Der Hoffnung eine ist mir nur geblieben,*
> *zergeht der Mäuseberg gleich wie Schnee,*
> *so will sie lohnen mich mit süßem Lieben.*
> *Wonach mein Herz begehrt,*
> *wird dann von ihr gewährt.*
> *Bau ich ein Haus von Elfenbein,*
> *wohin sie will, auf einen See,*
> *und bring ich ihr aus Galilee*
> *den Berg, worauf Herr Adam saß,*
> *hei, hei, welch lieber Dienst wär das!*
> *Sie will den heil'gen Gral auch han,*
> *den Parcival gehütet hat.*
> *Des Apfels gert sie drauf zur Satt,*
> *den Paris Venus hat gegeben.*
> *O weh! Ich bin ihr ganz verhaßt,*
> *schaff ich ihr nicht die Arche rasch zur Hand,*
> *daraus Herr Noah Tauben hat entsandt."*

Auch das Ballspiel und das Kegelspiel wurden bei ritterlicher Geselligkeit gepflegt; das Ballspiel oft mit Gesängen und einer Art von Tänzen verbunden. Dagegen gehörte das Würfelspiel mehr in den Kreis der alten, rein männlichen Gesellschaft. Kaiser Otto I. liebte es sehr. Das Schachspiel aber und auch das Damespiel hatte seinen Platz in der höfischen ritterlichen Gesellschaft von Herren und Damen.

Auch szenische Aufführungen gehörten wahrscheinlich zu den Beiträgen, die die fahrenden Leute zu den ritterlichen Festen boten. Denn es läßt sich zeigen, daß in karolingischer und ottonischer Zeit die antiken Tragödien und Komödien noch in Frankreich und auch in Deutschland aufgeführt wurden, so daß Hrotsvit von Gandersheim die antiken Vorbilder ihrer eigenen Dramen noch gesehen hat. Freilich scheinen diese Reste alter Tradition dann bald verschwunden zu sein (Kletler, Die Kultur zwischen Völkerwanderung und Kreuzzügen. 1934, S. 164/5).

Kleidung

Das Bild der Gäste eines solchen Festes muß sehr mannigfaltig gewesen sein. Trugen die Ritter oft von Turnieren oder Übungen her noch ihre Rüstungen (vor den Kreuzzügen Kettenpanzer oder bis zu den Ellenbogen und Knien reichende Hemden aus eisernen Ringen, später immer schwerer werdende Plattenpanzer), so sorgten doch bald der über der Rüstung getragene ärmellose Mantel und die mannigfache Wappenzier für Lebendigkeit und Freudigkeit des Bildes. Den schweren Helm mit all seinem symbolischen oder Wappenschmuck nahm man allerdings ab, sobald man sich Frauen nahte. Wir müssen uns die männlichen Festgäste aber gewöhnlich ohne Rüstung in buntfarbigem, reichgeziertem Gewand vorstellen. Sicherlich hat das Schwert, dem die Heldensage immer einen eigenen Namen zuwies und ein besonderes Schicksal von einer Generation zur anderen zuerkannte (wie z. B. Siegfrieds Schwert), dem Auftreten des Ritters eine besondere Note gegeben.

Eine Eigenart der Festtafeln bei ritterlichen Festen war es, daß dabei Männer und Frauen große haubenartige Kopfbedeckungen (Schapel) trugen, die reich mit Edelsteinen, Blumen oder Federn geziert waren. So waren die Gäste auf den ersten Blick oft nicht zu erkennen, soweit nicht die Besonderheiten des Schmuckes und seine Zier dem Kundigen Rang, Heimat und Geschlecht des Gastes verriet (Hugdietrich und Meier Helmbrecht erzählen davon).

Das ganze Bild muß sehr farbenprächtig gewesen sein. Männer wie Frauen trugen gern violette, weiße, rote Mäntel, dazu rote, violette, grüne, hellbraune oder weiße Röcke und farbige Hosen. Die eintönigeren Farben wie grau und braun wurden nur von Bauern getragen. Auffallend ist die große Ähnlichkeit der Oberkleidung beiderlei Geschlechts. Als der karolingische kurze Leibrock abkam, trugen beide ein langes, bis zu den Knien, später bis zu den Füßen reichendes, oben enges und nach unten weit ausfallendes Gewand und darüber einen ebenso langen, mit einer Brosche zusammengehaltenen Mantel. Diese Festkleider erlaubten nur ein „Schreiten" und würdevolle, gemessene Bewegungen. Darum werden alltags bei der Arbeit in Burg und Dorf Ritter wie Edelfrau sich nur wenig von besser angezogenen Bauern unterschieden haben.

Dabei gab es auch damals schon Mode und einen persönlichen Stil in der Kleidung. So liebte Karl der Große einfache altfränkische Tracht (kurzer Leibrock), während z. B. Theophano als byzantinische Prinzessin die dortige Mode, das heißt kürzere Röcke und eng anliegende Kleider, mitbrachte, eine Mode, die in ähnlicher Weise auch von Frankreich aus verbreitet wurde. Ihr Haar verdeckten die Frauen meist unter dem „Gebände" oder Schleier, während zwei Zöpfe zu

tragen, ein Kennzeichen der Jungfräulichkeit war. Männer trugen den
Bart glattrasiert oder ganz kurz geschnitten. Eine Ausnahme war es,
wenn Friedrich Barbarossa und Otto I. lange Bärte trugen. Nur der
Mächtige konnte sich das leisten. Im 9. und 10. Jahrhundert fielen die
(Nieder-)Sachsen in ihrem Auftreten etwas aus dem Rahmen: langes,
über die Schultern herabfallendes Haar, am Gürtel hängende lange
Messer und im Sommer Strohhüte fielen allgemein auf. Selbst die
Chroniken erzählen davon.

Zur Frauenkleidung ist noch zu sagen, daß Nacktheit oder teilweise Entblößung fehlt. Sie galt als entehrende Bloßstellung, die bei
Strafen eine Rolle spielte, wovon ja das Märchen noch berichtet.

Fanden wir schon bei den Bauern ein gewisses Maß von Körperpflege, so galt das für den Ritterstand in entsprechend höherem Umfang. Vor allem das Baden spielte eine große Rolle. In jedem Haus
einer Herrenfamilie gab es wohl ein Bad. In Bayern wurde auf den
Höfen oft von einem besonderen Badehaus zusammen mit dem Backhaus geredet. Bei größeren Burgen oder Pfalzen aber fehlten die
Schwimmbäder im Freien nie. Die Aachener Königspfalz hatte ein
solches für über hundert Personen. So konnte es geschehen, daß bei
dem Einsturz des Söllers auf der Burg des Grafen von Ebersheim die
ganze Festgesellschaft ins Schwimmbad fiel.

Auch das Salben des Körpers mit wohlriechenden Ölen war weithin gebräuchlich. Schon Walahfried Strabo preist das Rosenöl, das
ihm durch solches Einreiben oft Sorgen zerstreut habe.

Nahrung

Vom Essen und Trinken läßt sich etwa dasselbe sagen, was wir
auch für die Bauern bemerkten, nur auf entwickelterer Stufe: Einfachheit an Wochentagen und große Entfaltung und Üppigkeit bei Festen
aller Art. Nur war der Speisezettel hier ein anderer, und es wurde viel
mehr Wert auf die Ausstattung, den Schmuck der Speisen und auf
die Tischsitten gelegt.

Die Auswahl der Speisen wurde sehr bereichert dadurch, daß viele
Speisen, vor allem mancherlei Wild und Geflügel durch die Sitte dem
Herrenstand vorbehalten, dem Bauern aber verboten war. Man aß
Reh und Hirsch, Wildschwein, Bären, außer dem Hausgeflügel Taube,
Kranich, Pfau, Kapaun, aber leider auch Wachtel, Drossel und andere
Singvögel. Dazu kamen Fische aller Art. Die Speisen wurden alle
sehr stark gewürzt. Darum waren Pfeffer und Gewürze ein sehr be-
gehrter Artikel im Welthandel. Salate und Saucen zeugten davon.
Obst und Käse durften außerdem nicht fehlen. Der letztere wurde oft
mit Honig und Obst gegessen. Den Höhepunkt eines festlichen Mahles

stellte meist ein prunkvoll angerichteter Pfau, Fasan oder Schwan dar, der in buntem Aufputz als stolzes Schaugericht von der Hausfrau oder der schönsten Tochter des Hauses aufgetragen wurde. Ihr folgten meist geschmückte Pagen mit versilberten oder vergoldeten Fischen oder ähnlichem.

Die Anordnung der Tische war anders als wir es gewohnt sind: längs den Wänden liefen Bänke und Sitze verschiedener Art her, vor diesen wurden für die Mahlzeit Tische aufgeschlagen, so daß der Raum nach der Mitte zu freiblieb. Dort wurden die Gerichte „zur Schau getragen" im wörtlichen Sinn, dort traten auch Sänger und andere Künstler wäh-während des Mahles auf.

Bei der Tischordnung gehörte es sich zur Zeit der Blüte des Minne-dienstes, daß der Ritter und die von ihm verehrte Dame nebeneinander saßen. Sie erhielten gemeinsam nur einen Becher und eine Schüssel. Löffel kannte man, aber man gebrauchte sie nicht viel. Im allgemeinen faßte man die Schüssel mit beiden Händen und setzte sie so an. Dabei hielt der Herr der Dame eine Schale unter. Fleisch aß man auf und mit einer Scheibe, oft gerösteten Brotes. Eine Gabel soll erstmals eine griechische Prinzessin verwendet haben, aber darum angegriffen worden sein, da es sündhaft sei, die gute Gabe Gottes nicht mit den Fingern berühren zu wollen. Erst König Eduard I. von England soll 1297 eine Gabel benutzt haben, aber um Erdbeeren zu essen. Ein Messer hatte jeder Mann bei sich. Brot, das als Teller oder Schieber gedient hatte, wurde nicht gegessen, sondern den Armen gegeben. Es war üblich, nur mit den drei ersten Fingern der Hand zu essen und Ringfinger und kleinen Finger abzuspreizen, was uns sehr geziert anmutet.

Oft waren reich gestickte und verzierte Tischtücher zum mindesten vor dem Hausherrn und den Ehrengästen ausgebreitet (das Zerschneiden des Tischtuches kam der Fehdeansage gleich), dagegen kannte man Servietten für den einzelnen Gast nicht, es wurde aber ein mannigfach gefaltetes Tuch oft um den Tisch herumgelegt, das dann demselben Zweck dienen sollte. Der Boden des Saales war meist mit Blumen und wohlriechenden Kräutern bestreut.

Das Fest begann damit, im Vorraum oder im Hauptraum den Gästen noch stehend wohlriechendes angewärmtes Wasser über die Hände zu gießen. Die dabei verwendeten Krüge (Aquamanile) werden heute noch häufig als Kunstwerke, oft auch als gekünstelte Werke gezeigt. Dazu reichten Pagen oder Edeldamen ein Handtuch. Dann erst wurden die Gäste feierlich zu Tisch geleitet. Nun wurde das Gedeck mit dem Brot gebracht, das Benedicte gesprochen und mit einer großen Feier-lichkeit der erste Gang serviert. Nach dem Essen erhielten die Gäste aufs neue Becken zum Händewaschen und kostbare Handtücher. Erst nachdem die Tische abgedeckt und vollständig fortgeräumt waren, sprachen die Anwesenden stehend das Dankgebet.

Getrunken wurde bis zum 13. Jahrhundert auch bei festlichen
Gelegenheiten Bier, von da an fast nur Wein. Ihm setzte man gern
Gewürze zu oder genoß ihn heiß als Glühwein. Als Abstinenzgetränk
betrachtete man im allgemeinen den aus Äpfeln, Birnen, Beeren und
Schlehen hergestellten Most. Etwa bis zum 14. Jahrhundert wurde
Trunkenheit im ritterlichen Kreis verachtet. Walter von der Vogel-
weide bringt das zum Ausdruck in einem seiner Sprüche:

> *„Ich trunke gerne, da man bei der mâze schenket,*
> *und da der unmâze nieman iht gedenket . . .“*
>
> (Spr. 95/137. Ausgabe Lachmann).

Doch das sind Feste. Das Alltagsessen auch der ritterlichen Kreise
war einfach, wenn es auch die Fülle des Fleisches, vor allem des Wild-
bretes, von dem Mahl der Bauern stark unterschied. Im Abendessen
aber, das zumeist aus Milchsuppe mit eingebrocktem Brot bestand
(Souper), scheint kein Unterschied den Bauern gegenüber spürbar
gewesen zu sein. Man aß, da man früh aufstand, das Mittagsmahl
schon um zehn Uhr. Fremde wurden nur zu dieser Hauptmahlzeit
eingeladen.

Kunst

Dieses ganze Leben ritterlicher Kreise müssen wir rückschauend
eingebettet sehen in Kunst verschiedener Art. Daß Dichtkunst und Musik
wesentlich zu den Festen dieser Zeit gehörten, haben wir schon
wiederholt erwähnt. Das gilt auch für die bildenden Künste.
Wir kennen die vielen bedeutenden Kunstwerke, die die Kirchen jener
Zeit zierten. Sie setzen eine große Zahl von Männern und Frauen voraus,
die regelmäßig diese Kirchen und Kapellen besuchten und die großenteils diese Kunstwerke stifteten, jedenfalls in einem liebevollen religiösen
Verhältnis nicht nur zum Inhalt der Werke, sondern auch zu den Werken
selbst und der Art ihrer künstlerischen Gestaltung gestanden haben
müssen. Ohne ihre Verehrer sind diese Kunstwerke nicht zu verstehen.

Auch zu Hause lebte man wenigstens feiertags zwischen Wand-
teppichen oder Wandgemälden, zu denen man sicherlich auch ein
enges Verhältnis hatte. Wir bewundern ja heute noch die künstlerische
Leistung dieser Teppiche. Damals aber wußte man mehr als heute
daneben die lebendige Darstellung, das „Erzählen“ von Sagen, Legenden
oder biblischen Stoffen zu schätzen.

Im Schmuck stand künstlerische Gestaltung dem Leben des einzelnen besonders nah. Denn Schmuck wurde in Adelskreisen sehr viel
getragen: Fibeln zum Zusammenhalten des Mantels, Ohrringe, Arm-

reifen (auch die Männer) und Ringe, die man übrigens über den Handschuhen trug. Der Glaube an die Zauberkraft der Edelsteine trug viel zur Verbreitung des edelsteingeschmückten Schmuckes bei. Hier und in der Kleinkunst, wie sie sehr viele Gegenstände weltlichen wie kirchlichen Lebens gestaltete, von Bechern bis zu Reliquienbehältern, zeigten die Zellenverglasung und der Grubenschmelz (Emaille) sehr hoch entwickelte Meisterwerke, die erste Kunst ohne antikes Vorbild, die zweite nach byzantinischem Muster arbeitend.

Auch die Architektur vieler (sicherlich nicht aller) Burgen der Blütezeit des Rittertums wies wenigstens in ihren größten Beispielen eine hohe architektonische und dekorative Kunst auf. Ich erinnere nur an die Kaiserpfalzen und Königsburgen der Hohenstaufenzeit: an Münzenberg, die Wildenburg, Wimpfen und die ganze Reihe der elsäßischen Burgen. Auf die kirchlichen Bauten dieser Zeit wie auf die dort aufgestellten Meisterwerke der Bildhauerkunst, also auf die Dome von Bamberg, Naumburg, Worms, Mainz, Limburg und viele andere, ebenso wie auf die Plastiken von Bamberg, Naumburg, Magdeburg, Hildesheim und der verschiedenen reichen Kölner Kirchen sei nur hingewiesen, dazu auch auf die Werke der Buchmalerei, wie die von Herad von Landsberg und andere. Diese stolze Höhe auf den verschiedensten Gebieten der Kunst setzt eine ziemlich weitausgreifende Schicht von Menschen voraus, die mit Verständnis diese Werke mitgetragen haben, teilweise als Auftraggeber, teilweise als beglückte Betrachter oder auch als Kritiker, auch als gläubige Gemeinde, die in Andacht solche Werke in ihrer Tiefe erfaßte. Dabei zeigt die Buchmalerei zur Zeit der Ottonenkaiser in Deutschland eine so große und eigenartige Blüte, wie sie die Blütezeit ritterlicher Kultur, also das 12. und 13. Jahrhundert, in fürstlichen und damit auch wohl in weiten Kreisen der Ritterschaft und des Klerus kaum wieder aufweist (ich erinnere nur an die Bamberger Apokalypse, das Perikopenbuch Heinrichs II., das Evangeliar Ottos III. und das Heinrichs II.). Alles das muß im weiten Kreise als näherer und fernerer Hintergrund mitgesehen werden, wenn man sich ein lebendiges Bild dieser ritterlichen Lebenswelt machen will.

Frauen und Kinder

Wir müssen zum Schluß unsere besondere Aufmerksamkeit noch einmal den Frauen und Kindern dieses Kreises zuwenden. Vieles, was über Ehe und Liebe sowie die Rechtsstellung der Frau in bäuerlichen Kreisen gesagt worden ist, läßt sich ohne weiteres auch auf die Kreise der Ritterschaft übertragen, aber zwei Modifikationen sind dabei doch von Bedeutung: einmal war es bei mächtigen Herren ganz gebräuchlich, daß sie neben ihren Frauen Konkubinen hatten, aber ohne eine Rechtsstellung, die der Frau nur irgendwie nahekam. Hermann von Reichenau klagt, nur der Arme begnüge sich mit einer Frau. Die Mainzer Synode von 825 verbot den Verheirateten bei Strafe der Exkommunikation das Halten von Konkubinen, bei Unverheirateten oder Witwern wurde diese Strafe nicht angedroht. Karl der Große hatte überdies außer den sogenannten „Kebsweibern" fünf Ehefrauen. Aber diese Konkubinen hatten geistig oder gesellschaftlich gar keine Bedeutung. Erst in der Renaissance kamen in Nachahmung der Antike gebildete und gesellschaftlich geachtete Kurtisanen auf. Die Kirche bekämpfte diese Konkubinen, und wir sehen an manchen Beispielen, daß energische Frauen die Beseitigung aller Konkubinen zur Bedingung der Eheschließung machten, wie die gotische Königstochter Galaswintha dem Merowinger Heribert gegenüber. Ein schönes Beispiel dafür aus nicht-fürstlichen Adelskreisen späterer Jahrhunderte bietet der Roman „Ruodlieb": Bei einem Verlobungsfest ritterlicher Kreise wollte der Bräutigam die Braut bei der Ringübergabe zu steter Treue eidlich verpflichten. Doch sie verlangt auch hier volle Gegenseitigkeit mit der Begründung, Gott habe auch für Adam nur eine und nicht mehrere Evas geschaffen, die Bedingungen müßten für beide gleich sein. Daraufhin gab der Bräutigam nach. Man hat also doch deutlich den Eindruck, daß dieses Sichwehren gegen eine doppelte Moral in erotischen Angelegenheiten durch die Jahrhunderte hindurch fortgesetzt bestand und langsam gewisse Erfolge hatte (Ruodlieb cap. 10ff., S. 312ff.).

Das zweite aber, was die ritterliche Frau von der bäuerlichen stark unterscheidet, ist die Hochstellung und Verehrung der Frau im Minnedienst. Und wenn dabei, wie gesagt, vieles rein auf den Kreis der höfischen Geselligkeit beschränkt blieb und wieder versank, wenn man auf dem Heimweg war, so ist doch ein Wechsel in der Gesamthaltung des Mannes der Frau gegenüber nicht zu verkennen.

Zu dieser Herrinstellung der Frau, zu der der Ritter aufsieht und von der er lernte, was sich geziemt, stand die Rechtslage eben dieser Frau in merkwürdigem Gegensatz. Denn noch unterstand sie der Muntherrschaft (Schutzherrschaft) des Mannes. Er allein konnte vor Gericht sie vertreten und verteidigen, ihr Hab und Gut verwalten, er entschied letztlich über Verlobung und Ehe der Töchter, er allein strafte Vergehen innerhalb von Haus und Hof. Er hatte ein Züchtigungsrecht über Frau und Kinder. Ich erinnere daran, wie Kriemhilt ohne Entrüstung erzählt, Siegfried habe ihr „zerblowen den lîb". Faktisch aber kam der ritterlichen Frau nicht nur die Verehrung des Minnedienstes zu, sondern viel realer eine führende Stellung in Haus und Hof und in der Erziehung der Kleinkinder. Diese Gegensätzlichkeit charakterisiert das Leben der Rittersfrau ebenso wie der für die gesamte Ritterschaft kennzeichnende zwischen heimisch großbäuerlicher und höfischer Atmosphäre.

Eine weitere solche kennzeichnende Gegensätzlichkeit ist gegeben in der wohlbehüteten Enge, in der das junge Mädchen aufwuchs, und der Weite des Blickes und der Tätigkeit, die viele Frauen führender Kreise damals auszeichnete. Wir kennen solche bedeutende Frauen zwar in größerer Zahl und Klarheit nur aus den Fürstengeschlechtern, aber es spricht alles dafür, daß nur unsere Kenntnis, nicht aber das Vorkommen solcher Frauen sich auf diese Geschlechter beschränkt hat. Auch bieten zum Beispiel die Äbtissinnen, die den Adelsfamilien entstammen, Beispiele dafür genug. Auch war oft die Finanzverwaltung, soweit man dieses Wort verwenden kann, der Adelsherrschaft in die Hand der Frauen gelegt, was eine recht große Geschicklichkeit in der Behandlung der Menschen erforderte. Dem entgegen war das junge Mädchen lange auf den engen Kreis der Kemenate beschränkt. Siegfried weilte ein Jahr am Hofe König Gunthers, ehe er Kriemhilt zu Gesicht bekam.

Zu dieser strengen Abgeschlossenheit stehen die Freiheiten im Gegensatz, die man den in die Gesellschaft zugelassenen Mädchen im geselligen Verkehr gestattete. Der geehrte Gast wurde von den Frauen des Hauses ins Bad und Schlafgemach geleitet, wobei es nicht ohne Zärtlichkeiten abging. Küsse und andere Vertraulichkeiten wurden dabei gestattet. In der Dichtung wird gelegentlich ausgemalt, wie die schöne Tochter des Hauses dem Gast beim Ablegen seiner Kleider behilflich ist und seinen Körper dabei bewundert und ihm das kundtut, oder wie Frauen den Rittern beim Anziehen der Hosen helfen, ihm die Sporen anschnallen und so weiter. Auch der Roman „Ruodlieb" zeigt zwei Liebesleute, die sich gerade kennengelernt haben und klar zu erkennen geben, wie sie einander begehren. Auch das ist eine dieser Gegensätzlichkeiten, wie sie das Leben der Frauenwelt bestimmten. Die Schönheit, die diese erotische Kultur haben kann, kennen wir aus der Dichtung. Als Beispiel sei ein Liebesgruß der Frau an den Mann genannt, der einem anonymen Dichter entstammt und einer Zeit (11. Jahrhundert), die noch vor dem Höhepunkt der Ritterkultur und vor dem starken Einfluß des Auslandes liegt. In dem schon genannten Roman „Ruodlieb" (Cap. XVII) steht er in halb lateinischer, halb deutscher Sprache und lautet übersetzt:

„Jenem entbiete von mir aus treu gewogenem Herzen
So viel Liebes als jetzt auf den Bäumen entsprießt des Laubes
So viel Liederwonne der Vögel, entbiete ihm Minne,
und so viel Gras und Blumen es gibt, entbiet ihm an Ruhme."

(Dic illi nunc de me corde fideli
tantundem liebes, veniat quantum modo loubes,
et volucrum wunna quot sint, tot dic sibi minnâ,
graminis et florum quantum sit, dic ei honorum.)

Bis etwa zum siebenten Jahr blieben die Kinder alle zusammen, im Spiel aufwachsend unter der Hut der Mutter. Dann aber wurden die jungen Mädchen im Haus in allerlei Hausarbeit, vor allem auch im Weben, Sticken und Spinnen unterwiesen. Sie lebten dabei in ziemlich strenger Abgeschlossenheit. Das geht daraus hervor, daß eine Dichtung von „Fünf Jungfrauen, die sich verspätet in den Auen" erzählt, daß sie hart bestraft wurden, „denn die büttel zerrten sie voll Härte, bis sie standen nackt und bloß" (Will Vesper. Ernte 52).

Knaben wurden währenddessen im Reiten, Schießen und Jagen ausgebildet, und zwar scheint man sie oft recht rauh angefaßt zu haben, wenigstens berichtet der Karthäuser Rolewinck aus dem 15. Jahrhundert von schweren Schindereien der Buben bei dieser Ausbildung. Dazu mußte der Knabe eine gründliche Kenntnis des Rechts und der Formen und Formeln seiner Handhabung erwerben.

Außerdem hatte die Jugend beiderlei Geschlechts das feine höfische Benehmen, Grundlagen von Gesang, Tanz, Musik und Dichtung zu erlernen. Auch wurde verlangt, daß sie die wichtigsten Ritterromane und Ritterdichtungen gelesen hatte und die tapfersten Helden dieser Ritter-Mythologie kannte. Denn mit ihnen mußte man sich und andere später in höfischer Konversation vergleichen können. Das alles war Erziehung und Unterricht ohne eine Schule, die von einem erfahrenen Mann oder einer Frau, einem Hofmeister oder dergleichen geleitet wurden.

Die ganze Erziehung war streng, die Rute spielte eine große Rolle. Und wenn Walter von der Vogelweide in einem Spruch betont, „nieman kan mit gerten Kindes zuht beherten . . ." (87, 1. S. 27, Nr. 14), so bedauert er doch, als er auf einen Königssohn stößt, dessen Verhalten er mißbilligt, daß dieser zu alt sei, um ihn mit der Rute zu züchtigen (101, 23. S. 146, Nr. 146).

Daneben besuchten viele Söhne und manche Töchter der Ritterfamilien, vor allem aber der Fürstengeschlechter, die benachbarten Klosterschulen, die die Kenntnis des Lesens, Schreibens und Rechnens verbreiteten sowie in den Grundlagen der kirchlich-christlichen Gedankenwelt unterwiesen. Doch paßten auch sie sich den praktischen Lebenserfordernissen an. In der berühmten und vorbildlichen Klosterschule von Sankt Gallen unterrichtete man die ritterlichen Knaben auch in der Falkenjagd, ließ sie nackt turnen und gab ihnen als Preise Waffen (Casus s. Galli cap. 135). Freilich darf man sich den Besuch solcher Klosterschulen keineswegs als allgemein denken. Die ritterliche Ausbildung, von der wir sprachen, machten alle durch, die Klosterschulen besuchten aber nicht alle. Es läßt sich beobachten, daß, wenn ein Fürst als König zur Regierung kam, von dem man das nicht erwartet hatte, er meistens nicht lesen und schreiben konnte. Hartmann von Aue hebt es in seinem armen Heinrich besonders hervor: „Ein Ritter so geleret

was, daz er an den Buochen las, swaz er daran geschriben vant ..."
und Wolfraum betont demgegenüber, er habe keine gelehrte Bildung
(lesen konnte er).

Bei den Frauen schätzte man ein Allzuviel an gelehrter Bildung
nicht hoch, so wie Kundry von Wolfram uns als Blaustrumpf geschildert
wird. Andererseits gab es eine ziemlich große Anzahl von Frauen, die
im Besitz gelehrter Bildung waren, doch gehörten sie meist entweder
dem geistlichen Stand an oder waren dafür bestimmt.

Karl der Große legte großes Gewicht auf gelehrte Schulbildung
beider Geschlechter. Seine Töchter wie andere Verwandten waren meist
Mitglieder seiner Akademie. Aber darum ist es doch ein Irrtum und
eine falsche Auslegung seiner Bestimmungen, wenn man meint, er
habe eine allgemeine Schulbildung des ganzen Volkes mit Schulzwang
durchführen wollen. Davon war man damals noch sehr weit entfernt.

Doch darf man bei allem über Erziehung Gesagten keineswegs annehmen, daß damit nun überall einheitliche Typen geschaffen wurden.
An Frauen wird das besonders deutlich, denn wir lernen neben Haus-
frauen, Herrinnen des Minnedienstes, gelehrte Frauen oder auch solche
mit hervorragender kriegerischer Leistung kennen, wofür die prachtvolle
Gestalt von Gieburg in Wolframs Willehalm eines der schönsten Beispiele darstellt. Das Leben schafft eben mannigfaltigere Persönlichkeiten
als es die pädagogische Theorie vorsieht.

Noch eine Bemerkung zu der Frömmigkeit dieser ritterlichen Kreise
und speziell der Frauen: die Grundlage blieb hier dieselbe wie sie seit
je gewesen war, die bäuerliche Verehrung des Gottes, der die Welt
lenkt, der die Saaten wachsen läßt und der die ewige Gerechtigkeit
aufrechterhält. Sie war den Männern sowohl wie den Frauen eigen.
Dazu trat aber in wachsendem Maße durch die Jahrhunderte hindurch
das Gottesstreitertum, eine spezifisch männliche, ritterliche Frömmigkeit. An ihr nahmen die Frauen teil im Aufsehen zu den ausziehenden
Kämpfern, mehr aber noch im Aufsichnehmen der schweren Last, die
durch den Auszug der Ritter auf ihren Schultern liegen blieb. Denn oft
war es leichter auszuziehen als zu Hause zu bleiben und in den nun
verwirrten Verhältnissen durchzuhalten.

Als sich dann unter dem Einfluß des Minnedienstes der Gedanke
mehr und mehr durchsetzte, daß Minnedienst ein Gott wohlgefälliges
Tun, ja daß es Gottesdienst sei, den Gott fordere, mußte diese Wandlung
der Frömmigkeit sich vor allem auf das Gefühl der Frauen auswirken.
Bei Walter von der Vogelweide heißt es so: „Diu minne ist ... unde
enkan doch nieman ane sie, der gotes hulden niht gewinnen ..." (81,
3. S. 143). Und Ulrich von Liechtenstein versichert, daß er glaube, „daß
der reine, süße Gott mir die Treue gedenket, die ich gegen die Gute
(das heißt die Herrin) ohne Falsch trage". Ebenso vertritt Friedrich
von Hausen den Glauben, daß es keine Sünde sei, wenn man eine Frau

um ihrer Schönheit willen liebe, denn Gott selbst habe sie ja so schön erschaffen. Auch er sei empfänglich für Frauenschönheit und könne ihnen keine Bitte versagen. Das berührt sich vielfach mit der großen Steigerung, die eine Frömmigkeit der Gottesliebe im 12. Jahrhundert erfahren hat, und wie sie sich in der Zunahme der Marienverehrung und dem Aufkommen der Herzjesuverehrung äußerlich zu erkennen gibt. Daß das religiöse Gefühlsleben im 12. und 13. Jahrhundert im Zusammenhang mit den Kreuzzügen eine große Steigerung erfahren hat, zeigen die zahlreichen Visionen und Ekstasen, von denen nicht nur auf den Zügen selbst, sondern auch in der Heimat, bei der Kreuzzugswerbung, bei dem Aufbruch zum ersten Zug und anderen Gelegenheiten häufig berichtet wird.

IV. DER KÖNIG UND DIE FÜRSTEN

Die Struktur des Königtums

Über Ritter und Bauer, über Geistlichkeit und den Klöstern und über den allmählich bedeutender werdenden Städten stand der König und Kaiser. Beide Titel haben ein wenig märchenhaften Klang. Aber die Realität hielt nicht, was das Wort versprach, wenn man die Macht- und Lebensverhältnisse ansieht.

Vier Tatsachen sind es, die das Königtum des alten Deutschland kennzeichnen. Einmal war der König der größte bäuerliche Herr im Besitz von Fronhöfen, viel mehr aber noch der Herr von Kreisen freier bäuerlicher Siedler, die seiner Schutz- und Gerichtsherrschaft unterstanden und ihm dafür Steuern zahlten. Zweitens war er oberster Heerführer, Spitze der den ganzen Adel umfassenden Lehenspyramide, von der wir schon sprachen. Drittens war er oberster Gerichtsherr, was sich im Grund aus den ersten beiden Eigenschaften ergibt. Viertens hatte er eine Art sakrosanktes Amt inne, was ihn in enge Verbindung mit der Kirche brachte, ihn nach der Auffassung der Ottonen- und Salierzeit zum Eigenkirchenherren der Bischöfe und zum Schutzvogt der römischen Kirche machte. Er stand unmittelbar in Gottes Dienst mit seinem friedlichen wie mit seinem kriegerischen Tun und hatte darum eine besondere, ihn dem Priester nahezu gleichstellende kirchliche Ehrenstellung.

Das erste, der König als bäuerlicher Herr, wird darin deutlich, daß der König keine feste Residenz, auch keine Gesamt-Finanzverwaltung hatte, sondern auf einer Pfalz und ihrem Fronhof von den Erträgnissen dieses Hofes und den Abgaben der dazugehörigen Königsbauern lebte, solange die aufgespeicherten Vorräte reichten. Dann mußte er weiter-

ziehen in eine andere Pfalz, die Mittelpunkt einer Freigrafschaft von
abgabepflichtigen Königsbauern war oder bei einem Bischof zu Gast
sein. Zwischen dem Eigentum der Bistümer und dem des Königs pflegte
man in diesen Jahrhunderten zu beider Vorteil wenig Unterschied zu
machen. Dieses Königsgut, einschließlich der Bezirke freier Königsbauern, hat sich im 11. Jahrhundert sehr verringert durch Vergabung
und durch Aneignung solcher Rechte durch den Hochadel. Der zähe
Kampf Heinrichs IV. in Sachsen ging zum Beispiel um solche Bezirke.
Dann haben die Hohenstaufenkaiser sich bemüht, systematisch diese
Bezirke königlicher Herrschaft zu retten und auszubauen und sie außerdem durch Anlage königlicher Burgen zu schützen. Aber der Untergang
der Hohenstaufen und das Interregnum hat das meiste hier Errungene
wieder zunichte gemacht. Wenn in früher Zeit die Merowingerkönige
in ihrem mit weißen Ochsen bespannten Wagen durch ihr Land fuhren,
lag darin noch das Kennzeichen alter bäuerlicher Art der Könige.

Den König als obersten Lehensherren des Adels haben wir schon
kennengelernt. Wir sahen, wie gefährdet bei einem solchen rein feudalen
Staatsaufbau die Macht des Königs allezeit war, wieviel von der Persönlichkeit des Königs oder Kaisers abhing, ob er den Adel an sich zu
fesseln wußte, mit anderen Worten, ob er das „Heil" des Königs besaß.
Als Kehrseite dieser Schatten ist aber auch zu bedenken, wieviel Wärme
enger persönlicher Bindung solch eine Treueverpflichtung, auf die alles
ausgerichtet war, haben konnte. Für den Herrn in den Tod zu gehen,
erschien als eine Selbstverständlichkeit, und wie viel mehr noch, wenn
er Männer an sich zu fesseln und mitzureißen wußte. Wir unterschätzen
diese Seite leicht, da wir gewohnt sind, uns auf sachliche, institutionelle
Bindungen und Verpflichtungen zu verlassen. Geschwächt wurde die
Stellung des Königs noch dadurch, daß eine Erbfolge nur in gewissen
Grenzen bestand. Man wählte den König stets, hielt sich dabei aber in den
ersten Jahrhunderten an einen direkten Nachkommen oder nahen Verwandten des verstorbenen Königs, wenn ein solcher vorhanden war.
Doch das änderte sich im Laufe des Mittelalters: Die Zahl der wählen-
den Fürsten begrenzte sich immer mehr auf einen kleinen, bald abgeschlossenen Kreis von Fürsten (später Kurfürsten genannt). Deren
eigenes Interesse stand bei den Wahlen meist dem der Gesamtheit des
Volkes gegenüber. Denn ihr Interesse verlangte einen schwachen, jedenfalls ihnen nicht überlegenen König, während es im Sinne des ganzen
Volkes gelegen hätte, einen starken, allen Fürsten überlegenen König
zu bekommen. Dieser Gegensatz trat seit 1125 zutage, wenn auch nicht
bei allen Wahlen mit voller Deutlichkeit, doch immer zunehmend.
Daher nahm die Königsmacht stetig ab. Wenn nun ein deutscher König
oder Kaiser noch über größere Macht verfügte, so hatte er es nur seiner
Hausmacht zu verdanken, das heißt der Macht der Länder, die er
als Landesfürst beherrschte.

Die Geschichte der Könige

Der eigentliche Begründer der deutschen wie überhaupt der mittel-
europäischen Königsmacht war Karl der Große. Wir haben schon gesehen, daß er in Deutschland noch ein König in altgermanischer Weise
war, der am stärksten als Heerkönig im Kriege war, wo ihm die Adelsherren als seine Gefolgsleute Treue und Gefolgschaft leisteten. Wir
hörten auch von seinen energischen Versuchen, durch die Königsboten
und die zur Ergänzung ihrer Arbeit herausgegebenen Capitularien
(Gesetze und Verordnungen) den Adel auch im Frieden nicht willkürlich
schalten zu lassen, sondern vor allem die Grafen seinem Königswillen
dienstbar zu machen oder doch jedenfalls eine Ausübung der Gerichtsbarkeit im Interesse der Herren zu verhindern. Die häufige Wiederholung
der Erlasse aber zeigt, daß die gräflichen Herren in vielen, ja vielleicht
sogar in den meisten Fällen nicht so handelten, wie die Gesetzgebung
des Königs es wünschte, sondern daß sie sich als Herren eigenen Rechtes
fühlten und sich nur offiziell dem König unterordneten, tatsächlich aber
taten, was ihrer eigenen Machtstellung entsprach. Das läßt sich nicht
nur aus der immer wiederholten Herausgabe der Capitularien schließen,
sondern wir haben auch eine Reihe von Beispielen, die dies erweisen.
Die Grafen und Herren, die sich immer wieder Rechte über die Flücht-
lingssiedler an der spanischen Grenze anmaßten, sind das bekannteste
Beispiel dafür. Karl kämpfte mit allem Nachdruck dagegen, aber es ist
nicht ganz klar, wie weit er erreichte, was er erstrebte, noch weniger,
was er erreicht hätte, wenn er länger als bis 814 gelebt hätte. Unter
seinem Nachfolger Ludwig dem Frommen ließ die Macht des Königs
den geistlichen und weltlichen Herren gegenüber entschieden nach. Das
führte am Ende des 9. Jahrhunderts zum völligen Zerfalle des großen
Reiches Karls des Großen in Einzelreiche, unter denen uns hier Deutschland an erster Stelle interessiert.

Nach einer kurzen Regierung Konrads I. wählte man auf dessen
Veranlassung den niedersächsischen Herzog Heinrich I., dessen Geschlecht nun für ein Jahrhundert an der Herrschaft blieb zum Heil für
Deutschland. Sein Sohn Otto I. war es, der dem Reich eine neue Lebensform gab. Inzwischen war nämlich die Macht und der Reichtum der
Kirchen durch fromme Spenden des Adels so gestiegen, daß der König
sich dem oft widersetzlichen und auf seine eigene Machtstellung be-
dachten weltlichen Adel gegenüber auf die Kirchen des Reiches, das
heißt vor allem auf die Bistümer und die großen Klöster stützen konnte.
Das geschah in der Weise, daß der König als Gründer oder Förderer
Schutzherr oder „Vogt" der reichsten und mächtigsten Kirchen wurde,
das heißt aber nach den damaligen Begriffen, daß er diese Bistümer
und Klöster nicht nur schützte, sondern auch in weltlichen, ja sogar oft
in geistlichen Angelegenheiten regierte und daß sie ihm nicht nur zahl-

reiche Kämpfer für seine Heereszüge und Steuern zukommen ließen, sondern auch oft lange Monate im Jahr ihn und seinen Hof verpflegten und daß Bischöfe und Äbte als die gebildetsten Männer des Landes seine Gesandten und Berater (Minister) wurden. Das entsprach der allgemeinen Stellung des Königs und des Hochadels zur Kirche im ganzen Abendland. So aber — das ist die Gegenseite — wurden die Kirchen durch Gaben des Königs reich.

So lebte die Kirche lange unter der Schutzherrschaft der Könige, vor allem unter Otto I., Otto II., Otto III., Heinrich II. und Konrad II., ohne daß man sich über die Rechtmäßigkeit dieses Zustandes Gedanken gemacht hätte.

Doch als die Kirchen ihr Eigenleben entfalteten, ihres eigenen Wesens und damit der ihnen zukommenden Stellung bewußt wurden, erwies sich mehr und mehr eine solche Unterordnung und eine solche Verkennung der Eigengesetzlichkeit der Kirchen als unmöglich, als mit dem Selbstgefühl der Kirchen unverträglich. Langsam änderte sich das Verhältnis sowohl in Rom an der Spitze der Kirchen wie in den einzelnen deutschen Erzbistümern, Bistümern und Klöstern und trieb unaufhaltsam einer großen Krise zu.

Es ist erstaunlich, daß so kluge Könige wie Konrad II. und Heinrich III. das nicht sahen. Doch waren die altererbten Rechtsbegriffe der Schutzvogtei über die Kirchen dem König und dem Adel zu selbstverständlich vertraut, um zu sehen, was sich hier anbahnte. Erst als mit Papst Gregor VII. ein klar und rücksichtslos denkender und tatkräftiger Mann die Kirche leitete, kam es zum Bruch. Das geschah in dem sehr ungünstigen Augenblick, als König Heinrich IV. als ein noch minderjähriger Erbe traditionellen Königtums das Reich regierte, zunächst unter der Oberhoheit seiner Mutter Agnes, dann, der Mutter entführt, unter der Leitung der mächtigsten Kirchenfürsten des Reiches, Anno von Köln und Adalbert von Bremen. Über den jungen Heinrich brach das Verhängnis herein. Was bisher Stütze des Reiches gewesen war, wurde nun sein gefährlichster Gegner, um so gefährlicher, als auch der weltliche Adel die Gelegenheit benutzte, um sich zusammen mit der Kirche gegen die Herrschaft des Königs zu wenden. Das deutsche Königtum, das unter Heinrich III. noch so stolz über Päpste verfügt hatte, erlebte plötzlich einen erschreckenden Absturz. Die Lage schien sich zu bessern, als Heinrichs IV. Sohn Heinrich V. sich gegen den Vater empörte, mit dessen Feinden gemeinsame Sache machte und an die Stelle seines in den Tod gehetzten Vaters trat. Doch der Erfolg für das Königtum war nur scheinbar. Denn die Bundesgenossen Heinrichs V., eines sehr unerfreulichen Charakters, ließen ihn im Stich, so daß der deutsche König noch machtloser dastand, als er je gewesen. Er konnte zwar noch einen Kompromißvertrag mit dem Papst schließen (das Wormser Konkordat), aber schon die Tatsache, daß er diesen

Vertrag auf ausdrücklichen schriftlichen bedrohenden Befehl der Reichs-
fürsten abschloß, zeigt, wie tief die Macht und das Ansehen des Königs
damals gesunken war.

Dazu kam, daß gerade in diesen Jahren des Kampfes viel von dem
einstmals reichhaltigen, lange Jahrhunderte hindurch gesammelten
Königsgut verlorenging. Teilweise wurde es von dem König zur Ge-
winnung von Anhängern in Notzeiten vergeben, teilweise wurde es in
den Kämpfen von dem Laienadel errungen, teilweise wurde es als
kirchliches Gut von der nun in den Augen der Reformer sehr uner-
wünschten Schutzherrschaft des Königs befreit. Ein weiterer Weg, auf
dem Königsgut oder Königsherrschaftsbezirke dem König entfremdet
wurden, wurde schon erwähnt. In vielen Fällen verselbständigten sich
nämlich bisher unter Königsschutz stehende Bauerngemeinden, die
früher ihre Felder aus königlichen Wäldern herausgerodet und
als Markgenossen ihre Markgemeinden formiert hatten. Das Schutzverhältnis des Königs über sie lockerte sich in dem Augenblick, in dem
die Herrschaft des Königs im ganzen Reich an Kraft verlor. So wie
viele Reichsstädte eine immer größere Freiheit errangen, so auch die
Markgemeinden. Die Marken des Taunus, wie zum Beispiel die Hohe
Mark, sind wohl die bekanntesten geworden. Das war ein vierter Weg,
auf dem das Königsgut und vor allem die unerschöpflich scheinenden
königlichen Forsten hinschwanden.

Die allmähliche Entfremdung von Königsgut läßt sich schwer für
das Ganze des Reiches aufzeigen, da es sich dabei oft um eine Addition
kleiner Partikel handelt. Ich kann darum nur auf einen Aufsatz hinweisen, in dem ich die Verhältnisse des Rhein-Main-Gebietes in dieser
Frage untersucht habe („Das Kernland des alten deutschen Reiches
an Main und Rhein" in Deutsches Archiv für Geschichte des Mittelalters, Jahrgang 7, 1944. Heft 1. S. 1 ff.).

Doch von ganz anderer Seite aus erwuchs dem König- und Kaisertum neue Kraft. Nach einer Zwischenzeit von wenigen Jahrzehnten
gelang es dem Hohenstaufenkaiser Friedrich Barbarossa und seinem
Sohn und Enkel, nochmals eine neue stolze Machtstellung durch eine
neue, ganz andersartige Politik zu erlangen, dadurch, daß er seinem
Sohn Heinrich VI. durch Heirat mit der Erbin des sizilianischen Reiches,
Konstanze von Sizilien, die Erbschaft dieses normannischen Reiches
verschaffte. Das veränderte natürlich die Stellung des Kaisers dem Papste
und Rom gegenüber, verschob aber auch gleichzeitig die Stellung des
deutschen Königs den deutschen Fürsten gegenüber. Aber es veränderte
auch den Charakter des deutschen Königtums selbst. Das Schwer-
gewicht lag nun im sizilschen Reich, das durch seine nahen Beziehungen zu islamischen Reichen in die großen Kreise der Weltpolitik hineingezogen war. Als dann im 13. Jahrhundert Kaiser Friedrich II. durch
Deutschland zog, begleitet von fremdländischen Truppen und von Ele-

fanten und mannigfaltigen orientalischen Tieren, war das nicht mehr ein deutscher König in der Art von Otto I. oder Konrad II. oder Heinrich III. oder auch noch von Friedrich Barbarossa, sondern ein König. der zugleich und sogar vorwiegend Fürst eines halb orientalischen Landes war.

Was zunächst als eine Stärkung des deutschen König- und Kaisertums in Erscheinung trat, erwies sich jedoch als eine ungesunde Überspannung der Kräfte, die ins Unheil führen mußte. Die Stellung der Hohenstaufen in Italien mußte für den Papst als italienischen Fürsten gefährlich und für den französischen König um seiner Machtstellung willen bedrohlich werden. Diesen Gegnern gegenüber konnten sich die Söhne Friedrichs II. nur mit Mühe noch eine Zeitlang behaupten, bis Manfred 1266 bei Benevent entscheidend geschlagen und sein Neffe Konradin bei Tagliagozzo 1268 ebenso besiegt, gefangen und kurz darauf zu Neapel enthauptet wurde. Das war das Ende des staufischen Königshauses, das Ende zugleich des Versuches, durch enge Verbindung mit einer ausländischen Macht der in Deutschland so sehr geschwächten Machtstellung neue Kraft zu geben.

In Deutschland war der Eindruck dieser Katastrophe so groß, daß man von 1256 bis 1273 zu keiner anerkannten Königswahl kam. Verschiedene Vorschläge blieben kraftlos und konnten sich nicht durchsetzen. Das Interregnum nannte man diese Zeit. Lange erschien das Königtum in Deutschland so unwesentlich, daß man sich nicht zu einer Wahl jenseits der Interessen einzelner Gruppen entschließen konnte.

Diese Pause von fast 20 Jahren zusammen mit dem Eindruck des Endes der Hohenstaufen drückte dem Königtum der folgenden Jahrhunderte den Stempel auf. Der Einfluß der sieben Kurfürsten, die nun den König zu wählen hatten, überwog jetzt oft den des Königs selbst. Die Kurfürsten legten Wert darauf, einen schwachen Herrn zum König zu wählen und die Wahl eines durch Macht oder Bedeutung überragenden Herren zu vermeiden. So wurde als erster König nach der Zwischenzeit Rudolf von Habsburg gewählt, ein ziemlich machtloser Graf, dessen Besitzungen in der Nordschweiz und am Oberrhein lagen. Doch wußte er in seiner Regierung nicht nur dem Königtum neues Ansehen zu verschaffen, sondern vor allem auch sich selbst eine große Hausmacht, das heißt eigenen Besitz seines Hauses zu erwerben, die ihm und seinen Nachfolgern eine starke Königsmacht sicherzustellen schien. Doch die Macht der Kurfürsten führte das Reich andere Wege. Wieder wählte man, wie nun sehr oft, nicht den Sohn des letzten Königs, der ein mächtiger König hätte werden können, sondern einen anderen, möglichst machtlosen Herren, so nach dem Tode Rudolfs von Habsburg (1291) Adolf von Nassau. Ihm folgte nach kurzer Regierung des Habsburgers Albrecht I. Heinrich VII. von Luxemburg, also wieder ein König eines

neuen Hauses. Für ihn ist charakteristisch, daß er sich um seiner Machtlosigkeit willen weitgehend der Politik Frankreichs anschloß. Dahin
führte die engstirnige Politik der Kurfürsten. Auch in den folgenden
Jahrzehnten wechselten die Häuser, die den König stellten, miteinander,
um kein Haus zu mächtig werden zu lassen. Doch wußten trotzdem
verschiedene Kaiser eine so bedeutende Hausmacht zu erwerben, daß
sie wieder eine recht ansehnliche Königsmacht darstellen konnten: so
Ludwig der Bayer, Karl IV. aus dem Hause Luxemburg und Sigmund,
der trotz dem verhängnisvollen Vorbild der Hohenstaufen seine Macht
durch Anschluß an ausländische Mächte, diesmal im Osten, zu begründen suchte. Nun erst erreichten die Habsburger ein gewisses Erbrecht
dadurch, daß wiederholt der Sohn als Nachfolger des Vaters gewählt
wurde. Es war im ganzen ein sehr buntes Bild: der stete Wechsel der
Königshäuser, die sehr verschiedenen Methoden, mit denen die einzelnen
Macht zu erringen oder sich zu halten und durchzusetzen versuchten.
Bald stützten sich die Könige nur auf ihre Hausmacht, bald auf die auf-
strebenden Reichsstädte, bald auf den niederen Adel aller deutschen
Landschaften, aber alle errungenen Stellungen waren nur von kurzer
Dauer, bis unter Kaiser Karl V. Spanien die eigentliche Grundlage der
Kaisermacht wurde und Deutschland zu einem Nebenland in dem
Ganzen der Habsburgischen Monarchie herabsank.

Persönlichkeit der Könige

Die sich stets erneuernde Aufgabe, dem Königtum in all diesem
Wechsel das rechte Ansehen zu verschaffen, führte dazu, daß das 8. bis
13. Jahrhundert eine erstaunliche Fülle kraftvoller und eigenartiger
Charaktere auf dem Kaiserthron aufweist, und auch später fehlen sie
keineswegs. Beispielsweise seien Karl der Große, Heinrich I., Otto I.,
Heinrich II., Konrad II., Friedrich Barbarossa, Rudolf von Habsburg,
Ludwig der Bayer, Karl IV. genannt. Aber darum muß es auch hin-
genommen werden, daß in dieser Reihe der in fremden, römischen
Gedankenwelten Halt suchende Otto III., der psychologisch schwer
belastete, kaum überschaubare Heinrich IV., der amoralische Heinrich V., der geradezu eine Verbrechernatur genannt werden kann, und
der halborientalische Skeptiker Friedrich II. zu finden sind.

Groß ist auch der Unterschied in der Bildung dieser Könige, wenigstens soweit es sich um literarische und kirchliche Bildung handelt.
Die der ritterlichen Kultur besitzen sie alle. Jedesmal nämlich, wenn
bei einem unerwarteten Ausfall der Königswahl, bei dem Wechsel des
Königsgeschlechtes ein Fürst König wird, auf den man nicht gerechnet
und der es selbst nicht vermutet hatte, ist er nicht im Besitz einer literarischen, gelehrten Bildung, oft kann er kaum lesen und schreiben.

Dagegen haben die zum König bestimmten Prinzen alle eine sehr sorg-
fältige kirchlich-gelehrte Ausbildung neben der ritterlichen erhalten.
Selbst Otto I. mußte sich diese erst als erwachsener Mann mit großer
Mühe erwerben. Friedrich II. aber war von jeher ein hochgebildeter Mann.

Eine weitere Mannigfaltigkeit brachte der Einschlag fremden Blutes,
da manche Könige aus politischen Gründen Prinzessinnen fremder
Herrschergeschlechter heirateten. So war zum Beispiel Otto III. der
Sohn einer byzantinischen Prinzessin und Friedrich II. der einer nor-
mannisch-sizilischen Thronerbin.

Aber die deutschen Könige vor allem des 10. und 11. Jahrhunderts
sind nicht zu verstehen, wenn man sich nicht vor Augen hält, daß schon
nach dem Glauben der heidnischen Zeit die Könige eine gewisse über-
natürliche Kraft haben, wie sich das im „Königsheil" ausspricht.
Das setzt sich auch in den späteren Zeiten des Mittelalters fort, nur
daß es nun christliche Formen annimmt. Wir wissen, daß man den
französischen wie den deutschen Königen eine Heilkraft zuschrieb.
Man suchte darum die Nähe des Königs und seine Berührung. Hierhin
gehört auch die Tatsache, daß wiederholt von Visionen des Königs
oder seiner Familie erzählt wird. Durch sie erhält der König oder die
Seinen von Gott Kenntnis über bevorstehende Ereignisse. Der Tod
ihm nahestehender oder für das Reich wichtiger Menschen kündigt
sich oft auf diese Weise an (Thietmar von Merseburg II, 18—18).

In Deutschland hat die Tatsache, daß der König meist zugleich
Kaiser war, dieses Aufsehen zum König als einer sakrosankten Persönlichkeit noch verstärkt. Denn bei allen Meinungsverschiedenheiten
über Sinn und Kraft des Kaisertums, die wir im frühen Mittelalter
miterleben, blieb er doch immer der Schutzherr, der Vogt der römischen
Kirche, und das hob ihn aus der Reihe aller anderen weltlichen Fürsten
weit hinaus und gab ihm eine Art Heiligkeit. Aus der Gedankenwelt
der Ritter gesehen war er doch stets der oberste Heerführer im Dienste
des himmlischen Heerführers und Herren. Davon blieb ein den König
bestrahlender Rest in der Volkstradition, als im 12. Jahrhundert das
Kaisertum im Streit mit der Kirche seine offizielle Anerkennung großenteils verlor. Diese Haltung der Volkstradition war in der Praxis des
Volkslebens wichtiger als die Streitigkeiten der Theologen.

Die sakrosankte Stellung des Königs und Kaisers fand auch darin
ihren Ausdruck, daß die Lebenshaltung des Königs, sein Leben und
Denken dem der Bischöfe weithin angeglichen war. Natürlich trug
dazu auch die Tatsache ihr Teil bei, daß die geistlichen Fürsten, die
Bischöfe und Reichsäbte sehr viel im Dienste des Königs verwendet
wurden und daß darum ihre Lebenshaltung ein gutes Stück feudalisiert
wurde. Aber alle Lebensbeschreibungen deutscher Könige und Kaiser
zeigen neben der Feudalisierung der Bischöfe doch auch den kirchlichen Charakter des Lebens der Könige. Es ist ja nicht verwunderlich,

daß eine solche Angleichung eintrat, wenn man sieht, daß der König der ottonischen Zeit stets von seinen Reichsbischöfen umgeben war, daß er einen großen Teil des Jahres als Gast in den Pfalzen der Bischöfe und Erzbischöfe der berühmten Bistümer des Reiches zubringt. Sie sind seine täglichen Berater in allen politischen Fragen.

Ebenso nimmt aber auch der König für unsere Begriffe an außerordentlich vielen kirchlichen Feiern und Gebeten teil. Die Charakteristik, die Widukind von Corvey von ihm gibt, beginnt: „Otto, der Herr des Volkes, der älteste an Geburt und edelste der Brüder, war in erster Linie berühmt durch seine Frömmigkeit" (II, 36, S. 96). Und derselbe Chronist schildert seinen letzten Lebenstag, von dem er nicht ahnte, daß es sein letzter sein werde, folgendermaßen: „Am Dienstag vor Pfingsten kam der Kaiser nach Memleben. In der nächsten Nacht stand er, wie das gewohnt war, mit dem ersten Licht von seinem Lager auf und nahm an den nächtlichen und frühmorgendlichen Lobgesängen teil. Dann ruhte er ein wenig. Nach der Feier der Messe öffnete er gnädig seine Hand den Armen, aß ein wenig und ruhte wieder auf seinem Lager. Als die Mittagsstunde gekommen war, erhob er sich wieder und saß fröhlich und heiter zu Tisch und wohnte nach dem Mahl den Abendgesängen bei. Aber, als das Evangelium fertig gesungen war, fing er an zu fiebern und matt zu werden . . ." Glaubt man da nicht eine Schilderung des Lebenstages eines hohen Geistlichen zu lesen? Und noch ausführlicher ist eine inhaltlich dem entsprechende Erzählung von einem Lebenstage der Mutter Kaiser Ottos I., der Königin Mathilde, bei demselben Schriftsteller (Widukind III, 74, S. 150/51).

Bei dieser Mannigfaltigkeit der deutschen Könige und dem großen Wechsel in ihrer Machtstellung und der politischen Haltung ist es sehr schwer, sich ein einigermaßen einheitliches Bild von dem Alltagsleben der Könige zu verschaffen, wie wir es unserem Thema nach müßten. Der enge Anschluß an die Kirche gilt hauptsächlich von den späteren Karolingern, von Ludwig dem Frommen an, dann den Ottonen von Otto I. bis zu Heinrich II. und dem salischen Könige Heinrich III. Das Leben Heinrichs I. war hauptsächlich von seiner Jagdleidenschaft bestimmt, soweit nicht Regierungsgeschäfte anderes verlangten. Auch Otto I. war ein eifriger Jäger. Das erfüllte neben seinem Anschluß an kirchliche Kreise sein Alltagsleben. Die Lebenshaltung seines Sohnes Ottos II. aber wurde, seit er die byzantinische Prinzessin Theophano geheiratet hatte, stark von dort aus bestimmt, wie für seinen Sohn Kaiser Otto III. auch der Einfluß seiner Mutter, sein langjähriger Aufenthalt in Rom und seine Vorliebe für römisches Wesen sein Leben lang charakteristisch sind.

Heinrich II. war wiederum ein Freund kirchlicher Kreise und einer entsprechenden Lebensführung, die dadurch gekennzeichnet wird, daß man ihn unter die Heiligen der Kirche aufnahm. Sein Nachfolger

Konrad II. aber hatte keine kirchliche, sondern nur eine gute ritterliche Erziehung und Ausbildung genossen. Dem entsprach auch seine Lebenshaltung. Sein Sohn wiederum, Kaiser Heinrich III., fühlte sich selbst fast als Priester.

So wechselte das Bild des deutschen Königs häufig von einer Generation zur anderen, und damit auch die Eigenart seines Alltagslebens. Nur eines war ihnen allen gemeinsam: das Fehlen einer festen Residenz. Der König hatte keine feste Heimat. Er zog von einem seiner Königshöfe zum anderen, wenn er nicht zwischendurch im Wohnsitz eines Bischofs oder in einem Königskloster wohnte. Es muß immer ein stattlicher Zug von vielen Reitern und einigen Wagen gewesen sein, wenn ein König von einem Ort zum anderen zog. Erst Kaiser Karl IV. hatte in Prag eine wirkliche Residenz, nachdem schon sein Vorgänger, Ludwig der Bayer, lange Zeit über in München gelebt hatte.

Die Hofhaltung

Die Hofhaltung des Königs an gewöhnlichen Tagen muß etwa dem Leben eines adeligen Herren entsprochen haben. Auch auf der königlichen Tafel gab es reichlich Wild.

Anders ist es bei feierlichen Gelegenheiten. Da wird uns die Hofhaltung Karls des Großen als sehr großartig beschrieben: zwölf Stunden lang sei der Zugang zur Tafel offen gewesen. Jedesmal, wenn die süße Speise auf gewaltigen Schüsseln erschien, wurde von zwanzig uniformierten Herolden das Wohl des Kaisers ausgebracht. Der Kaiser aß am Tisch allein. Dabei bedienten die Herzöge entsprechend ihren Hofämtern (Kämmerer, Mundschenk, Truchseß, Marschall). Dann aßen die Herzöge, von Grafen bedient.

Außer den Hallen, in denen der König und der Hochadel aßen, gab es weite Säle, wo Arme bewirtet wurden. Noch bei der berühmten Landshuter Hochzeit, die kein Kaiser, sondern ein Wittelsbacher hielt, wurden alle Bewohner der Stadt Landshut, und wer sich sonst noch gerade dort aufhielt, von der herzoglichen Küche verpflegt und mit Wein versorgt. Lebensmittel durften deshalb in diesen Tagen in Landshut nicht verkauft werden. Doch waren es nur hohe Feste und Feiertage, an denen es so hoch herging, an anderen Tagen lebte der König und sein Hof einfach.

Die Führung der königlichen Hofhaltung war meist der Königin anvertraut, wie wir dies zum Beispiel von Karls des Großen Mutter Berta wissen. Damit war im allgemeinen die Verwaltung der königlichen Einnahmen (es waren ja lange Jahrhunderte Naturalabgaben der Königshöfe und Königsbauern) verbunden, also eine große verantwortungsvolle Aufgabe lag in den Händen der Königin.

Überhaupt nahm die Königin im deutschen Mittelalter neben dem König einen bedeutenden Platz ein. Das zeigt sich schon darin, daß man ihr die Regentschaft für einen noch unmündigen Sohn überläßt, wie das in der deutschen Geschichte wiederholt der Fall war. Aber auch während der Regierung eines Königs haben die Königinnen oft eine sehr bedeutsame Rolle gespielt, besonders bei den Ottonenkaisern. Daß auch unglückselige Eingriffe von Königinnen in die Politik vorkamen, dafür ist das krasseste Beispiel Praxedis, die Gemahlin Kaiser Heinrichs IV., die in kritischer Lage ihren Mann öffentlich beschuldigte unter Ausbreitung von Intimitäten ihrer Ehe, von denen wir nicht wissen, ob sie wahr oder falsch waren.

Eine Zwischenstellung zwischen den Rittern und dem König nahmen die Fürsten und Grafen ein, die je nach der Macht und dem Reichtum des Herren ein sehr weit abgestuftes Bild der Machtstellung und der Lebenshaltung ergab. Nur eines ist festzuhalten gegenüber älteren Vorstellungen: Sie waren keine Beamten des Königs, sondern durch Treuverpflichtung mit dem König verbundene Herren, mit denen er sich in die Durchführung seiner königlichen Aufgabe, das heißt Recht und Frieden aufrechtzuerhalten und das Land nach außen zu schützen, teilte.

So war auch die Hof- und Lebenshaltung der Fürsten sehr verschieden. Walter von der Vogelweide und die anderen Dichter des 12. und 13. Jahrhunderts wissen uns davon zu berichten, denn sie loben oder klagen über ihren Aufenthalt an verschiedenen Höfen je nach der Erfahrung, die sie dort machten.

Verschieden war auch die Teilnahme an der ritterlich-höfischen Kultur und Dichtung. Der Hohenstaufenhof, der der Welfen, der Österreicher und der Thüringer Hof waren wohl die Hauptpflegestätten ritterlicher Kultur und ritterlicher Dichtkunst. Andere Höfe aber waren augenscheinlich davon kaum berührt. Im Laufe des 14. und 15. Jahrhunderts sank im allgemeinen der kulturelle Stand der deutschen Fürstenhöfe nach dem Zerfall der ritterlich-höfischen Kultur. Der Ton wurde rüde, die Trunkfreudigkeit nahm zu, und die Frauen spielten in der Geselligkeit keine große Rolle mehr. Doch das führt uns schon über die Grenzen des Mittelalters hinaus.

V. GEISTLICHE UND MÖNCHE

Hohe Geistlichkeit und Adelsherrschaft

Das Bild des deutschen Volkes in den Jahrhunderten des Mittelalters wäre nicht vollständig, wollten wir die Geistlichkeit beiseite lassen, die gerade damals eine so große Rolle im Leben des ganzen Volkes spielte. Um ihre Stellung und Eigenart erfassen zu können, müssen wir einen Blick auf die politische Entwicklung des Reiches werfen. Wir sahen schon, daß der König, angewiesen auf die Treuebindung seiner Großen und Lehensträger und seinen Königsbesitz, nur wenig Macht in der Hand hatte. Er vermochte sich nur mit Mühe den Mächtigsten des Adels gegenüber, einerlei ob sie den Herzogstitel führten oder nicht, durchzusetzen. Die Zukunft des deutschen Königtums mußte am Anfang des 10. Jahrhunderts hoffnungslos erscheinen. Da faßte König Otto I. den Entschluß, das Reich auf die Kirche zu stützen und diese stark zu machen. Er stattete die Bischöfe und Reichsäbte reich mit Besitz und Herrschaftsrechten, zu denen öfters auch Grafschaftsrechte und Herzogtümer gehörten, aus, verlangte dafür aber von diesen geistlichen Herren die Stellung größerer festgesetzter Kontingente zum Heer und die Führung dieser in eigener Person. Diese Truppen der geistlichen Fürsten machten mehr als die Hälfte des königlichen Heeres aus. Außerdem schlossen die Herrschaftsrechte die Verwaltung dieser Gebiete, die Steuererhebung von den dazu verpflichteten Königsleuten und die Gerichtsbarkeit in diesem Kreise in sich. Man sieht, aus den Bischöfen und Reichsäbten wurden nun geistliche Fürsten, und bei vielen lag der Nachdruck dabei auf dem Fürstsein.

Es ist dies die vielbesprochene Institution der sogenannten Eigenkirche der Ottonenkaiser, eine Einrichtung, die sich in geringerem Ausmaß bei kleineren weltlichen Heeren wiederholt bis zu Adelsherren als Herren und Patrone von Pfarrkirchen. Die Folge davon war eine sehr enge Verbindung von Königtum und Kirche, so wie in schwächerem Maße auch von Adel und Kirche. Sie wurde noch enger dadurch, daß nahezu alle Bischöfe und Reichsäbte dem Hochadel entstammten. Oft waren Prinzen des Königshauses in diesen Stellungen zu finden, so wie wieder auf niederer Stufe die Äbte der kleineren Klöster alle den dem Kloster benachbarten Adelsgeschlechtern entstammten. Viele Klöster waren unmittelbar Hausklöster solcher Familien. Sie wurden oft von diesem Geschlecht gegründet, stets unterhalten, aber es war selbstverständlich, daß der Abt dann auch diesem Geschlecht entnommen wurde, daß die jüngeren Söhne oder Töchter als Mönche oder Nonnen in solche Klöster eintraten, daß die Söhne und Töchter dort oft erzogen, die Klöster Begräbnisstätten des Geschlechtes waren und dort auch die Totenmessen der verstorbenen Familienmitglieder gefeiert wurden. Ebenso hatte auch das Königshaus seine Hausklöster für Mönche und Nonnen. Die der Ottonen liegen rings um den Harz: Quedlinburg, Gandersheim, Memleben u. a.

Die Könige gingen sogar noch einen Schritt weiter. Da die Kleriker fast die einzigen literarisch Gebildeten in diesen Jahrhunderten waren, verwandte der Kaiser vorzugsweise Bischöfe und Äbte als Gesandte und besetzte Kanzleramt und Kanzlei stets mit Klerikern, bei der ungeheuren Autorität der Kaiserurkunde im 10. Jahrhundert sehr einflußreiche Ämter. Auch seine Berater (Minister) wählte sich der Kaiser gern aus diesem Kreis.

Das hatte natürlich zur Folge, daß die weltliche Tätigkeit und das weltliche Auftreten im Leben dieser Bischöfe und Kleriker einen außerordentlich großen Raum einnahm. Hören wir zum Beispiel, was Widukind von Corvey, selbst ein Mönch, von Erzbischof Brun von Köln, dem Bruder Kaiser Ottos I., zu berichten hat: „Er besaß große Geisteskraft, großes Wissen, jedwede Mannestugend und Tatkraft. Als ihn der König an die Spitze des noch ungezügelten Volkes der Lothringer gestellt hatte, säuberte er das Land von den Räuberbanden und lehrte das Volk so nachdrücklich die Zucht des Rechtes, daß die beste Ordnung und der schönste Frieden in diesen Landstrichen herrschten" (Widukind II, 36). Man glaubt doch von einem weltlichen Herzog reden zu hören.

Als im 10. Jahrhundert die Ungarn in Deutschland einfielen, kämpften Bischof Ulrich von Augsburg und Abt Engilbert von Sankt Gallen mit dem Panzer unter der Mönchskutte hoch zu Roß gegen die Feinde.

Auch bei anderen Bischöfen trat die Freude am Herrschen stärker hervor. So vor allem bei dem Erzbischof Adalbert von Bremen († 1072), dessen Einfluß sich über Dänemark, Schweden und Norwegen erstreckte und der durch Zusammenziehung von Grafschaften sich eine Art Herzogtum zu schaffen wußte. Als weitere Beispiele wären Bischof Megingaud von Eichstädt oder Udo von Hildesheim und aus späteren Zeiten noch Bischof Eberhard von Bamberg, der wichtige Ratgeber Kaiser Friedrich Barbarossas, zu nennen.

Bischöfe, denen es sehr ernst war mit ihrem asketisch gefaßten und auf das Jenseits gerichteten Christentum, wie der hochbedeutende Bischof Adalbert von Prag (982 bis 997), fanden sich in dieser Umgebung eines verweltlichten, in den Dienst des Königtums verstrickten Klerus nicht mehr zurecht. Der Märtyrertod bedeutete für ihn eine Befreiung aus einer ihm fremden Welt.

Es war für das Königtum eine gefährliche Verbindung, weil alles von diesem Dienst der Kirchen abhing und eine sich ihres Wesens bewußte Kirche diese Bindung abschütteln mußte. Für die Kirche war es auf die Dauer eine unmögliche Belastung und Beherrschung, die zu einer Revolution gegen diesen Zustand führen mußte. Gregor VII. wehrte sich gegen die aus dieser Herrschaft entspringende Einsetzung der Bischöfe durch den König, Bernhard von Clairvaux kämpfte für die Lösung des priesterlichen und bischöflichen Amtes von weltlichen Interessen und weltlichem Aufwand. Gleichzeitig kämpfte man an vielen Stellen zugleich gegen die Herrschaft von Eigenkirchenherren über kleinere Klöster und Kirchen, deren Herren man zu abhängigen Klostervögten oder zu Patronatsherren mit begrenzten Rechten herabzudrücken wußte. Es war ein ungeheurer Kampf, der das ganze Abendland und besonders schwer Deutschland erschütterte.

Damals schrieb Bernhard von Clairvaux eine Kampfschrift gegen den feudalisierten Klerus Frankreichs und speziell des Klosters Cluny, aus dem wir ein besonders klares, wenn auch einseitiges Bild von dem Leben dieser geistlichen Fürsten des frühen Mittelalters bekommen. Wenn auch die französischen geistlichen Herren wohl reicher waren als die deutschen, wenn also für Deutschland wohl nicht gilt, daß diese Herren mindestens mit einem Gefolge von sechzig Pferden auftraten, wie Bernhard erzählt, so lassen sich doch die Hauptzüge dieses Bildes auch auf Deutschland übertragen: „Der Prunk, die Pracht, der Luxus der Kleider und der Bauten, der Gastmahle und höfischen Feste der Schauspiele und der weltlichen Musik." Er beschreibt die raffinierte Kochkunst, die Genußsucht, die Vorliebe für gewürzte Weine und ebenso die mit gold- und purpurdurchwirkten Quasten behangenen Maultiere dieser geistlichen Herren. Ähnliche Schilderungen der großen Gastmahle, die Bischof Konrad von Konstanz in Sankt Gallen gab, finden wir in den Casus S. Galli ausführlich beschrieben (113/194).

Gerade bei dieser Schilderung, ebenso aber in der Schrift Bernhards zeigt sich, wie viele Sitten, wie das Minne- und Gedächtnistrinken zu Ehren der Toten, aus der weltlichen Adelswelt in die Bezirke der Klöster und der Bischöfe übernommen wurden. Vergessen wir aber nicht, daß diese Herren alle den gleichen adeligen Herrenfamilien entstammten und auch noch rege Beziehungen zu ihnen hatten. So wird es auch verständlich, daß Bernhard klagt, daß die Sagen und Heldenepen des Volkes in der Gedankenwelt, ja sogar in den Predigten dieser hohen Geistlichkeit eine außerordentlich große Rolle spielten, daß man, wie Bernhard erzählt, selbst in dem sonst als vorbildlich betrachteten Kloster Cluny, das die geistige Heimat vieler führenden Bischöfe des ganzen Abendlandes war, „in allen Sälen und Gängen, im Gewände, an den Portalen und Simsen es wimmeln sähe von Affen und Löwen, Zentauren, Halb- und Waldmenschen. Da kämpfen Ritter und Monstren, Fische und Schlangen, Jäger stoßen ins Horn . . ." kurz, die Fabeln der Antike, der keltischen und der germanischen Vorzeit sind hier lebendig.

Doch es wäre verfehlt, diese alt-feudal-kirchliche Welt der Ottonen- und Salierzeit nur mit den Augen des eifrigen Reformers Bernhard sehen zu wollen. Denn einmal war es die Missionszeit der deutschen Kirche, in der man damals noch stand. In ihr aber war man überall auf den Schutz und die Förderung derjenigen, die schützen konnten, das waren aber die Könige und die maßgebenden Kreise des Adels, angewiesen. Die Herren haben damals diesen Schutz geleistet, ohne den eine Weiterentwicklung der Kirchen gar nicht möglich gewesen wäre, ebenso stützten sie die Stiftungen des Königs und des Adels. Eine arme, machtlose Kirche hätte sich damals inmitten einer rein feudal denkenden Umwelt kaum so gut durchsetzen können. Die Neuerrichtung von Kirchen und Klöstern war nur den Spenden des Königs und des Adels zu verdanken. Das mußte naturgemäß zu einer engen Zusammenarbeit von adeligem Stifter und Abt des Klosters oder dem Pfarrer einer von ihm gestifteten Kirche führen. Viele Herren sahen es als die beste Ausnutzung ihres Grund und Bodens in ihrem eigenen Interesse an, wenn sie ein Kloster oder eine Kirche darauf errichteten. Himmlischer wie irdischer Lohn winkten dann.

Diese enge Berührung, die verwandtschaftliche Bande sehr verstärkten, mußten aber auch dazu führen, daß heidnische Sagen und Heldengestalten in der Gedankenwelt dieser Mönche lebten, daß ihre Frömmigkeit Elemente aus dem Kampfesdasein in sich aufnahm. Wir hörten es aus dem Munde von Bernhard von Clairvaux. Wir können aber auch beobachten, wie Päpste, die aus Adelsfamilien stammten, Elemente der altfeudalen Ideenwelt in ihre päpstliche Arbeit verflochten, wenn sie später einmal wieder in heimatlichen Burgen und Schlössern zu Gast gewesen waren. Das gilt von Papst Leo IX., der nach einem solchen Besuch eine eigene päpstliche Eigenkirche oder Schutzherrschaft über Klöster nach altem Vorbild zu schaffen suchte und der dann auch seine Kriege selbst führte. Das gilt auch von Papst Urban II., der nach einer längeren Reise durch die Schlösser seiner französischen Heimat so zum Kreuzzug aufrief, daß es der Denkweise der Ritter seiner Heimat entsprechen mußte.

Außerdem muß man sich vor Augen halten, daß alle neuen Bistümer Deutschlands, die immer weiter nach dem heidnischen Osten zu vorgeschoben wurden, zunächst Kampfstätten waren, von denen nicht nur friedlich das Evangelium gepredigt, sondern auch mit Waffengewalt der Raum für Kirchen und Klöster geschaffen und der zu ihrem Gedeihen notwendige Frieden aufrechterhalten werden mußte, also alles Aufgaben für adelsherrliche Waffen.

Das alles bedingte eine enge Zusammenarbeit von Adel und hoher Geistlichkeit. Eine Missionskirche steht in dieser Hinsicht unter anderen Gesetzen als eine andere Kirche. Da konnte es nur zu leicht zu einer Verwischung der Grenzen von weltlichem Adel und kirchlichen Herren kommen, besonders da in dieser Zeit eines jungen noch unentwickelten Christentums kein Sinn für Klarheit und Reinheit der Kirche und ihrer Ämter zu erwarten war. Daß außerdem von diesem feudalisierten hohen Klerus Großes für das Reich (Abwehr der Ungarn, Ausdehnung nach Osten und Beratung des Königs und Kaisers) und für die kulturelle Entwicklung Deutschlands geleistet wurde, ist über jeden Zweifel erhaben.

Wichtig ist, daß der alte Herrenklerus eine eigene ausgeprägte und starke Frömmigkeit aufzuweisen hatte. Es war eine Vorstufe der Gottesstreiterfrömmigkeit der Kreuzfahrer, von der wir schon gesprochen haben. Für diese Geistlichen war, wie für die weltlichen Herren, Christus der König und Heereskönig, in dessen Dienst sie standen und dem sie zu Treue verpflichtet sind. Gewiß war ihr Dienst zunächst der kirchliche Dienst, wie ja auch Benedikt in seiner Regel den Dienst der Mönche als „militia des Herrn Christus" bezeichnet hat. Aber wenn man ihm mit Messelesen und in anderen kirchlichen Formen diente, konnte es nicht falsch sein, ihm daneben auch in weltlicher Weise zu dienen. Und da der Kaiser als unmittelbar im Dienste Gottes stehend angesehen wurde, konnte auch der Dienst dieses sakral angeschauten Kaisers nur Dienst des Herren Christus, des höchsten Königs, sein und als solcher Gott wohlgefällig. So hatte sich eine eigene Frömmigkeit in diesen Bischofskreisen herausgebildet, die zeigt, wie ernst man auch diese, heute uns unmöglich erscheinende Lebens- und Wirkensform vor Gott rechtfertigen zu können glaubte.

Der größte Teil der Geistlichen dieser Zeit empfand dieses Nebeneinander von geistlichem und weltlichem Dienst nicht als drückend oder untragbar. Der Mönch Widukind von Corvey schreibt über seine verschiedenen Bücher: „Denn habe ich mit jenem Werk der Pflicht meines Standes als Mönch nach Kräften genügt, so will ich mich jetzt nicht dem entziehen, was ich der Liebe zu meinen Ahnen und meinem Volke schuldig bin." So verfaßte er seine Sachsengeschichte, die vor allem die Geschichte des Ottonenhauses darstellt. Ganz anders Bernhard von Clairvaux. Er schreibt in einem Brief: „. . . mein ungeheuerliches Leben, mein beladenes Gewissen; ich bin sozusagen die Chimäre des Jahrhunderts, nicht Kleriker und nicht Laie; denn das Leben des Mönchs führe ich längst nicht mehr, nur das Gewand trage ich . . ."; und im Gebet zu Gott gewendet sagt er: „. . . da Du mich zum Mönch machen und in Deinem Heiligtum bergen wolltest in diesen bösen Tagen, einen Menschen, welcher der Welt notwendig ist, ohne den die Bischöfe ihre Geschäfte nicht erledigen können." Mancher hat das wohl im stillen ähnlich empfunden, doch keineswegs alle, wie Widukinds Beispiel zeigt.

Seit dem Kirchenkampf unter Gregor VII. veränderte sich allmählich das Bild dieser hohen Geistlichkeit. In diesem Kampf stritt man nicht nur um die freie Wahl und Einsetzung der Bischöfe, Erzbischöfe und Äbte der großen Klöster durch die Kirche, sondern ebenso auch um die Durchsetzung eines rein kirchlichen Dienstes dieser Herren ohne Verpflichtung zu politischem oder wirtschaftlichem Dienst für den König. Langsam setzte sich diese Seite des Kampfes, die nicht im Mittelpunkt des öffentlichen Interesses stand, durch, so daß wir seit dem 13. Jahrhundert einen neuen Typ der Geistlichen antreffen.

Dorfpfarrer

Neben diesen hohen Geistlichen standen die niederen Geistlichen, vor allem die Dorfpfarrer. Im Lebenskreis der Eigenkirche ergab es sich von selbst, daß die Dorfpfarrer von den Stiftern und Herren der Kirche, die man später Patrone nannte, ausgewählt wurden, und zwar oft mehr nach dem Gesichtspunkt der Gefügigkeit dem Herrn gegenüber als nach ihrer geistlichen Eignung und Vorbildung. Diese Pfarrer waren damals meist noch verheiratet oder hielten sich Geliebte. Erst seit den Zeiten von Papst Gregor VII. wurde das anders. Bezeichnend sind hier die Fragen, die Bischof Ulrich von Augsburg (924 bis 973) in seinem Bistum überall, wie seine Lebensbeschreibung berichtet, stellte: wie der Gottesdienst erfüllt werde, ob die Geistlichen Frauen bei sich hätten, auf die Jagd gingen, Gasthäuser besuchten, dem Trinken und Essen über das Maß frönten, unanständige Witze erzählten (Vita Oudalrici cap. 6). Hier stand man also noch sehr in den Anfängen. Viel blieb noch zu tun.

Wir wissen im einzelnen wenig von dem Leben dieser Dorfpfarrer, so daß sich etwa entscheiden ließe, wie weit die genannten Fragen des Augsburger Bischofs Ulrich wohl die wahren Zustände sahen. Um ein Bild von ihrem Leben zu bekommen, muß man sich dreierlei vor Augen halten: einmal, daß sie bis zu den Zeiten der unter Gregor VII. vorstoßenden Kirchenreform fast alle verheiratet waren und sich auch dann nur sehr schwer von den alten Gewohnheiten trennen konnten, wenn auch nicht in der Öffentlichkeit. Das Zweite ist, daß ihre Bildung und Ausbildung auf sehr tiefer Stufe stand, wenn man nicht einen Mönch eines benachbarten Klosters zum Pfarrer des Dorfes machte. Dazu kommt, daß ihre Lebenshaltung ganz von der Freigebigkeit, oder wie man damals sagte: der „milde", des Dorfherrn und Patrons der Kirche oder auch der bessergestellten Bauern ihrer Gemeinde abhing. Das bedeutet aber, daß sie oft ein recht armes und elendes Leben in einer gewissen Abhängigkeit von Laienmächten führten. Die Kirchenreformbewegung des 11. und 12. Jahrhunderts bemühte sich, auch ihre Lage zu verbessern. Doch gelang das nur langsam. Die Schwankliteratur des 15. und 16. Jahrhunderts entwarf oft sehr häßliche Bilder von den Dorfgeistlichen. Das ist zweifellos entstellt und übertrieben um des Schwankes willen. Aber ein Körnchen Wahrheit muß in diesen Schilderungen doch enthalten sein, sonst hätte man sie nicht immer wieder von neuem vortragen können. Das heißt freilich nicht, daß es nicht auch prachtvolle kräftige, wenn auch derbe Gestalten voll von praktischem Christentum unter diesen Bauernpfarrern gegeben hätte.

Mönche

Es war die Hirsauer Klosterreformbewegung, die mit Unterstützung der führenden Stellen der Kirche den Kampf um die Beseitigung der Eigenkirchenherrschaft des Adels vom König bis zum Freiherrn über die Klöster und Pfarrkirchen führte. Es ging dabei um die sogenannte Kirchenvogtei, das heißt die Herrschaft von Adelsgeschlechtern über von ihnen gegründete oder ausgestattete Kirchen oder auch über einzelne von ihnen den Klöstern und Kirchen gemachte Schenkungen von Land und Leuten. Auch unabhängig von der Klosterreformbewegung wurde dieser Kampf in vielen Dörfern und Städten gegen die Herren der Kirche geführt. Man scheute nicht davor zurück, auch geistliche Waffen oder auch Fälschungen von alten, die Freiheit angeblich garantierenden Gründerbriefen oder Schenkungsurkunden herzustellen und im Kampf vorzulegen. Man war sich augenscheinlich nicht immer dieser Fälschungen bewußt, sondern glaubte, es müßten solche die Freiheit garantierenden Dokumente vorhanden gewesen sein, so daß man nur Verlorenes zu ersetzen glaubte. Aber Fälschungen waren es. Es ist heute noch oft schwer, sie von echten Urkunden zu unterscheiden.

Die alten Klöster Deutschlands, die Benediktinerabteien, zeigen eine dem Kern der Eigenkirchen entsprechende Entwicklung. Auch ihre Mönche kamen nahezu alle aus den Adelsfamilien. Auch sie führten in den Grenzen der Ordensregel ein Herrendasein. Denn diese Klöster hatten einen ungeheuren Landbesitz aus Schenkungen des Königs oder der großen Adelsgeschlechter des Landes. Dieser große Besitz mußte verwaltet werden, einschließlich der Herrschafts- und Gerichtsrechte, die zu solchem Grundbesitz gehörten. Teilweise leisteten das Mönche, teilweise gab man sie zunächst an benachbarte Adelige ab, Gründer und Schenker behielten sie sich unter dem Namen der Vogtei als Herrenrecht vor; alles das verband noch enger mit dem benachbarten Adel. Von gemeinsamen Festen, von gemeinsamem Minnetrinken berichten die Chroniken. Die Bearbeitung des Bodens aber geschah, von der nächsten Umgebung des Klosters abgesehen, durch kleine, auf dem Land angesiedelte Bauern, die dem Kloster in lockerer oder festerer Form untertänig waren. Auch ihnen gegenüber hatten die Mönche eine Herrenstellung.

Diese Benediktinerklöster haben damals für Deutschland Gewaltiges geleistet. Sie waren es von den Zeiten des Bonifatius ab, die das Christentum in Deutschland verbreitet und in zäher Kleinarbeit heimisch gemacht haben. Sie haben die ersten ärztlichen Hilfen geleistet und ärztliche Kunst zuerst gelehrt. Sie haben fürsorgerische Arbeit als erste geleistet u. a. Die ältesten sind Reichenau (724), Amöneburg (722), Fritzlar (732), Fulda (744), Ellwangen (764), Hersfeld (768) und Corvey (822). Ihnen schloß sich unter den Ottonen der Kranz von Klöstern um den Harz und dann die mit der Missionsaufgabe beauftragten Klöster des nördlichen und südlichen Ostens an, abgesehen von den alten Gründungen in den rheinischen Römerstädten, die sich lebendig weiterentwickelten.

Alle diese Klöster waren zugleich landwirtschaftliche Musterbetriebe mit einem weiten Wirkungsbereich. Denn der Benediktinerorden war von seiner italienischen Vergangenheit her im Besitz alterprobter landwirtschaftlicher Technik, und da die Benediktinerregel den Mönchen sieben Stunden Handarbeit am Tage neben vier bis fünf Stunden religiösen Dienstes vorschrieb, waren alle Mönche landwirtschaftlich, handwerklich oder auch wissenschaftlich tätig. Gewiß konnten nicht alle Arbeiten des großen Grundbesitzes allein von ihnen geleistet werden, aber sie stellten für jede Sparte des wirtschaftlichen Lebens die fachwirtschaftlich geschulten, selbst mitarbeitenden Leiter. So war ihr Einfluß auf diesem Gebiet sehr groß. Seit dem 11. Jahrhundert traten neben die Chormönche (Kleriker) die Laienbrüder (fratres conversi), denen dann die Hauptlast der landwirtschaftlichen und handwerklichen Arbeit zufiel.

Eine der größten Leistungen der Benediktiner in der ersten Hälfte des Mittelalters liegt darin, daß sie einen großen Teil der Rodungsarbeit, von der oben schon die Rede war, veranlaßten und durchführten. Die Klöster hatten meist Wildland genug, das sich zur Rodung eignete, und sie konnten aus ihren zahlreichen älteren Dörfern neue Rode- und Dorfgemeinschaften zusammenstellen. In manchen Ortsnamen wie Mönchbruch, Mönchsrod, München und den Zusammensetzungen dieser Art hat sich die Erinnerung daran noch erhalten.

Daneben aber hatten alle Klöster Klostergärten, an deren Beispiel die Bauern der Nachbarschaft Baumzucht und Gemüsezucht auch von fremden Sorten und ebenso die Ärzte und Apotheker Heilpflanzen aller Art kennenlernen konnten. In einen Grundriß des Klosters Sankt Gallen sind Kräuter-, Gemüse- und Arzneigärten eingetragen. Aber auch in der Herstellung verschiedenster verfeinerter Käsesorten und Würzweine waren die Klöster vorbildlich.

In anderen Handwerksgebieten wurden entweder fremde römische oder byzantinische Techniken von den Klöstern nach Deutschland übertragen, so in der Baukunst, in der Kunst der Herstellung von Schmuck und weltlicher wie kirchlicher Gefäße und Geräte durch Emailarbeit oder Edelsteineinlagen. Aber auch alte deutsche Kunst, wie die der Weberei wurde kultiviert und veredelt. Das galt vom Gartenbau, der Blumenzucht, der Bierbrauerei, dem Weinbau u. a. Überall wurde gearbeitet und überall bedeutete es eine Förderung der wachsenden deutschen Kultur. Im ganzen war das Leben dieser Benediktinerklöster arbeitsam, sachlich genau überlegt und darum tüchtig in der Arbeitsleistung, ganz abgesehen von der darin liegenden großen religiösen Bedeutung. Askese, wie sie gelegentlich bei Eremiten nach fremdem Vorbild zu finden war, kam nur als eine Ausnahme im Ganzen des Volkslebens vor und war diesen Klöstern durchaus fremd. Wir haben von Festen in Sankt Gallen gehört und wissen, daß man auch im Kloster der heiligen Hildegard von Bingen, in Rupertsberg, Frühlingsfeste mit Gesang und heiteren Verkleidungen feierte, hier im Geist einer jungen naturfrohen Mystik.

Anderseits darf man sich das Leben in diesen Klöstern auch nicht allzu rosig vorstellen. Als Beispiel dafür sei ein Brief der Tegernseer Mönche, die das Kloster Feuchtwangen erneuern sollten, aus ihren ersten Zeiten in dem dortigen Kloster angeführt. Es hatte damals wie die meisten Räume überhaupt noch keine Glasfenster in der Kirche. Darum baten sie Bischof Liutold von Augsburg um Leintücher, um die Fenster der Kirche zu verhängen. In dem Briefe heißt es: „Besonders unangenehm und schwer empfinden wir es, sooft wir uns zum Gottesdienst in der Kirche versammeln, daß wir das Zwitschern der Vögel, die in Scharen durch die offenen Fenster hereinfliegen, durch unseren Gesang nicht übertönen können und daß wir, wenn wir uns zum Gebet auf den verschneiten Fußboden werfen, von allen Seiten in Schnee gehüllt werden ... die entzündeten Kerzen flackern im Wehen des

Windes, um endlich viele Tränen weinend zu verlöschen" (Tegernseer Briefsammlung Nr. 4 von 993/4). Unter solchen Umständen waren die vier bis fünf Stunden religiösen Dienstes, den die Regel vorschrieb, keine leichte Aufgabe.

Nach der Trennung von Chormönchen und Laienbrüdern erwartete man von den ersteren vor allem wissenschaftliche und pädagogische Arbeit. Auch auf diesem Gebiet erwarben sich die Benediktiner große Verdienste. Denn ihnen ist es zu verdanken, daß vieles von dem Wissen der Antike ins Mittelalter hinübergerettet wurde. Und zwar einmal dadurch, daß diese Klosterbrüder sich den Inhalt der antiken Werke erarbeiteten und ihren Schülern weitergaben, und dann dadurch, daß sie in ihren Schreibstuben in unermüdlicher Arbeit viele dieser antiken Autoren abschrieben und so in Deutschland von einer Generation zur anderen weitergaben. Welche Höhe der Dichtkunst lateinischer Sprache, aber deutschen Geistes dabei erreicht und welche Zartheit des Empfindens in so rauhen Zeiten hier kultiviert wurde, können die heute noch zu Herzen gehenden Gedichte von Walahfried Strabo, dem Abt von Reichenau (808 bis 849), sehr wohl zeigen oder auch die im Kloster für den Gebrauch im Kloster geschriebenen Dramen von Hroswitha von Gandersheim (etwa 930 bis 1000).

Daß daneben auch die heimischen Sagen und Dichtungen in der Landessprache in den Klöstern lebendig waren, geht für Frankreich aus der genannten Schrift Bernhards hervor, für Deutschland beweist es die Tatsache, daß zahlreiche althochdeutsche und mittelhochdeutsche Dichtungen in den Klöstern abgeschrieben und weitergegeben wurden. Ohne das hätten wir nur wenige der älteren deutschen Dichtungen heute noch.

Von den Klosterschulen hörten wir schon, als wir von der Erziehung der Söhne und Töchter adeliger Kreise sprachen. Die berühmtesten waren Sankt Gallen, Tegernsee, Reichenau, Fulda, Lorsch, Gandersheim, Hildesheim und Sankt Emmeram in Regensburg, wo Kaiser Otto III. und Heinrich II. erzogen wurden. Überall dort sind innere und äußere Schulen der Klöster zu unterscheiden, die einen für den Nachwuchs des Klosters u. a. werdende Geistliche, die anderen für die Söhne des Adels der Nachbarschaft, gelegentlich auch für andere Schüler. Von Fulda wissen wir, daß diese Schule wieder Schule machte, daß zweiundzwanzig Tochterschulen sich von Fulda herleiteten und wohl auch von dort überwacht und betreut wurden. Große Bibliotheken, die die Klöster erwarben oder selbst schrieben, dienten in der Hauptsache wissenschaftlicher Arbeit der Mönche, daneben aber auch den Schulen. Erst am Ende des 10. Jahrhunderts gewannen nun entstehende Bistums-, Dom- oder Kathedralschulen eine größere Bedeutung. Aber auch ihr Vorbild waren die alten Benediktinerklöster.

Der Kampf gegen die Adelsherrschaft

Auf drei Stufen hat sich also die Entwicklung des deutschen Klerus im frühen Mittelalter vollzogen: auf der der Bischöfe, der Klöster und der niederen Geistlichkeit. Allen diesen Stufen war gemeinsam die jahrhundertelange Herrschaft der Eigenkirchen und der zähe Kampf, der zu ihrer Überwindung führte, oder mit anderen Worten die lange Herrschaft des Adels und der harte Befreiungskampf für eine Selbständigkeit und Eigengesetzlichkeit der Kirche. Im ganzen ist es ein Kampf der Benediktinerklöster, die unter der Eigenkirchenherrschaft ihre erste Blütezeit im deutschen Leben hatten und die durch ihre Erziehungsarbeit auch für das Denken und Handeln der Bischöfe maßgebend waren.

Neue Mönchsorden

Für die zweite Hälfte des Mittelalters wurde außer der Freiheit von der Adelsherrschaft ein neuer Typ von Frömmigkeit maßgebend. Einmal war es eine Verinnerlichung, die zugleich eine Steigerung und Bereicherung der Gefühlswelt bedeutete. Außerdem aber verband sich mit der Frömmigkeit weiter Kreise der zweiten Hälfte des Mittelalters ein starkes soziales Empfinden und ein von daher gesteuerter Wille zum Helfen. Den Nährboden für diesen sozialen Frömmigkeitstyp bildeten die damals zu immer größerer Bedeutung aufsteigenden Städte, die durch das dort gegebene enge Zusammenleben die Grundlage für eine solche Entwicklung boten.

Beide Neuwendungen des religiösen Lebens erfaßten in gleicher Weise die Geistlichkeit und die Welt der Klöster. Neue Orden entstanden, die zum Träger dieses anderen Denkens und Fühlens wurden. Es waren die beiden neuen Orden der Zisterzienser (gegründet 1098) und der Prämonstratenser (gegründet 1120). Für die Zisterzienser wurde nicht ihr Gründer im strengen Sinne, Robert von Molesme, sondern Bernhard von Clairvaux maßgebend (seit 1112). Die bedeutendsten Klöster dieses Ordens dieser Zeit waren: Maulbronn, Salem, Heisterbach, Himmenrode, Eberbach, Doberan und Lehnin. Diese Klöster zeichnen sich durch eine Hebung der materiellen und geistigen Kultur, vor allem der Baukunst, aus. Wichtiger aber ist noch Bernhards Einfluß auf die Neubegründung des religiösen Lebens. Für ihn steht im Mittelpunkt die Liebe zu Gott mit Verwendung aller Gefühlsmächte. Von ihm nahm die Mystik des Mittelalters ihren Ausgang. Die hierfür maßgebenden Schriften Bernhards sind: der Tractatus de diligendo Deo und die 86 sermones über das Hohe Lied.

Den Orden der Prämonstratenser gründete Norbert von Xanten, der Erzbischof von Magdeburg. Sein Hauptanliegen war, mit dem

Mönchtum, so wie er es ererbt hatte, eine pfarramtliche Seelsorge der
benachbarten Gemeinden zu verbinden und im Osten Missionstätig-
keit, und so neben das beschauliche Andachtsleben praktische Arbeit
im Sinne des Christentums zu stellen. Die bekanntesten Klöster dieses
Ordens sind Weissenau, Schussenried, Obermarchtal und Ursperg.

Doch eines verband die Zisterzienser und Prämonstratenser noch
mit den Benediktinerklöstern der ersten Jahrhunderte des Mittelalters:
auch ihre Mitglieder entstammten größtenteils den benachbarten Adelsfamilien, und viele von ihnen können noch als Kloster einer bestimmten
benachbarten Adelsfamilie betrachtet werden: unverheiratete Glieder
des Geschlechtes traten als Mönche oder Nonnen bei ihnen ein. Ge-
dächtnisfeiern für verstorbene Mitglieder der Familie wurden im Kloster
gefeiert, und die Begräbnisstätte des Geschlechts lag auch weiterhin
im Gebiet eben dieses Klosters oder in seiner Kirche.

Aber seit dem 13. Jahrhundert standen daneben Klöster, die Wert
darauf legten, nicht reich zu sein wie die alten Benediktinerabteien.
Es sind die Minoriten- oder Bettelorden, das heißt die von Franz von
Assisi (1182—1226) begründeten Franziskaner, die 1216 gegründeten
Dominikaner und die etwas später (1256) entstandenen Augustiner.
Sie hatten ihren Hauptzuwachs aus bäuerlichen und bürgerlichen
Kreisen, wenn sie auch Novizen aus Adelskreisen nicht ausschlossen.

Neue Frömmigkeit — Devotio moderna

Die neue Frömmigkeit aber, deren Anfänge man in den neuen Orden
beobachten konnte, blieb keineswegs auf diese Mönchskreise beschränkt.
Wir finden sie in allen Teilen des Laientums verbreitet. So hören wir
von einer großen Steigerung der Marienverehrung und der Heiligen-
verehrung, die beide eine sehr gefühlvolle Seite entwickelten. Die Herz-
Jesu-Verehrung gehört in dieselbe Bewegung hinein und vor allem das,
was wir als Mystik zusammenfassen. Dichtung und Theologie gehen
hier eine enge Verbindung ein. Wir nennen, um nur einige Beispiele
aufzuführen, Augustin von Ruysbroek, Heinrich Seuse, den „Gottes-
freund" (Name unbekannt), Meister Eckehart, Johannes Tauler, dessen
Lied „Es kommt ein Schiff gefahren" heute noch viel gesungen wird
und seine symbolische Ausdrucksweise gut kennzeichnet. Weiter ist
Bonaventura zu nennen, der zeitlich einer der ersten war, dazu die
Frauen Margarethe Ebner, Elsbeth Engel, Mechthild von Magdeburg
und Mechthild von Hackeborn, von denen hauptsächlich religiöse
Lieder aus dieser Zeit uns erhalten sind.

Zu diesen Liedern gehörte eine für sie geschaffene Musik, da man
diese Lieder zu begleiten pflegte. Das halb deutsche, halb lateinische
Lied: Quem pastores laudavere, gehört zum Beispiel auch in diesen

11. König Sigismund reitet zum Empfang des Papstes

12. Das Leben im Kloster. Aufnahme in die Ordensgemeinschaft — Beerdigung eines Mönchs. Ende des 14. Jhs.

13. Anfänge des Bildungswesens. Die Klosterschule. Anfang des 13. Jhs.

14. Versorgung von Verwundeten vor der Stadt Konstanz. Erste Hälfte des 16. Jhs.

15. Bauarbeiten im Mittelalter. Ende des 14. Jhs.

16. Bürgerliche Geselligkeit. Nürnberger Schönbartspiele. Mitte des 16. Jhs.

17. Tischsitten in der Stadt. Bürgerliche Tafel. Um 1466

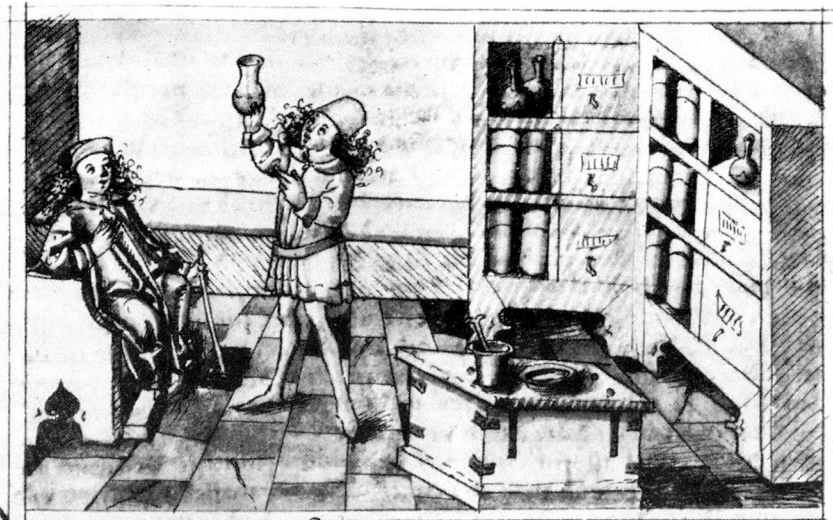

Merck hie wie sich der mensch gesunt sthull halten mit dem stuelgang
Es spricht Auicenna der maister wer sich gesunt well halten
mit dem stuelgang der soll die dmy nutzen dy in zw stiele
machent gen vnd vast saichen Vnd die im swais pringen vn

18. Apotheker mit einem Kunden. Zweite Hälfte des 14. Jhs.

Hie sagt Seneca wie der mensch wol soll lernen sterben zc
Einem der weiß haiden spricht das der mensch sol tailen sein lebenn
in dreyerlay tail Czu dem ersten sol er gedencken an das vergan
gen leben wie vnd in welcher weis er gelebt hab Czu dem ande
ren an dy gegenburtigen Zeit dy bezund ab wie er darin auff neme

19. Letzter Zuspruch für einen Sterbenden. Zweite Hälfte des 14. Jhs.

Kreis. Leider kennen wir diese geistliche Musik bis zur Mitte des 16. Jahrhunderts so gut wie gar nicht. Die Reformation hat für sie eine große Belebung und eine viel weiter greifende Popularität gebracht. Doch das überschreitet die Grenzen unseres Themas.

Man hat diese Frömmigkeit, soweit sie nicht in den engeren Kreis der Mystik gehört, gern als „Devotio moderna" bezeichnet. Zu ihr gehören, den Charakter des Ganzen bestimmend, noch zwei weithin wirkende Werke: einmal die „Imitatio Christi" von Thomas a Kempis (etwa 1410—1420) und die von einem Unbekannten verfaßte „Theologia Deutsch", die einige Jahre älter ist. Beide haben sehr große Wirkung gehabt, im Sinne einer Abkehr von dem „eitlen Leben" und einer Hinführung zur reinen Liebe Christi. Auch die Malerei dieser Zeit zeigt den Einfluß dieser Devotio moderna. Ich nenne als Beispiele Roger van der Weiden, die Brüder von Eyck und Hans Memling. Jan van Eycks Heilige Caecilie zeigt uns im Bild die Innigkeit der damaligen Musik. Ein Dichtwerk, das auch diesen Geist atmet, ist der „Ackersmann von Böhmen" von Johannes von Saaz.

Den anderen Ton der damaligen aus der Zeit heraus entstehenden Frömmigkeit, den der sozialen Hilfe, des gegenseitig aufeinander Angewiesenseins aller Glieder unseres Volkes finden wir hauptsächlich in den Städten. Wir werden darum, wenn wir von diesen reden, nochmals darauf zurückkommen müssen. Er wird in der Hauptsache von den Minoriten, den Orden Franziskaner, Dominikaner und Augustiner vertreten.

VI. DER BÜRGER

Die Entwicklung der Städte

Die Zeit, in der das Bürgertum in Deutschland sich voll entfaltete und die darum durch die Entwicklung der Städte und des Bürgertums ihr Gepräge erhielt, liegt nach den Jahren 1250 oder 1300.

Wir haben schon davon gesprochen, daß es auch vorher schon Städte gab, daß gerade das 12. und 13. Jahrhundert überall Städtegründungen des Königs und der Fürsten im Wettbewerb miteinander sieht, aber ihr eigentliches Wesen zeigten die Städte doch noch nicht bei ihrer Gründung und in ihrer Frühzeit. So bedeutet es eine Hinwendung zur zweiten Hälfte des Mittelalters, wenn wir unsere Aufmerksamkeit nun den Städten und dem Bürgertum zuwenden. Vier Faktoren sind es, die auf den ersten Blick die Jahrhunderte des Mittelalters, die auf 1250 folgten, von den früheren abgrenzen: erstens die seit dem Untergang der Hohenstaufenkaiser stark herabgesetzte Macht der Kaiser gegenüber der der aufsteigenden und um den besten Platz an der Sonne ringenden Schar der Kurfürsten und Fürsten, zweitens die Übernahme des Schutzes der öffentlichen Sicherheit und speziell des Friedens des bäuerlichen Landes durch die aufstrebenden Landesstaaten an Stelle der Adels- herren verschiedenster Stufe, die ihn bisher ausgeübt hatten, und die daraus sich mit Notwendigkeit ergebenden Verschiebungen in Sinn und Bedeutung des ritterlich-bäuerlichen Schutzverhältnisses, drittens der langsame Aufstieg der Bauern und der Bauerngemeinden besonders da, wo früher eine starke Schutzherrschaft des Königs über seine Bauern bestand, sich aber mit dem Sinken der Königsmacht gelockert hatte, und viertens der Aufstieg der Bürger in Handel und Handwerk.

Im Zusammenhang mit diesen Punkten vollzieht sich aber, wie wir schon beobachten konnten, eine andere, an Wichtigkeit alle genannten zunächst sichtbaren Faktoren überragende Wandlung vor allem im Aufstieg der Bauern und Bürger, aber auch im Kampf der Ritter um ihre Stellung im Leben des Volkes: an Stelle der bisher vorherrschenden Bindung von oben nach unten tritt als vorherrschendes Prinzip eine Querverbindung der Gleichgestellten, an Stelle der das Feudalsystem charakterisierenden Schutzherrschaft in allen ihren Schattierungen tritt die Genossenschaft, die nun zur eigentlich gemeinschaftsbildenden Kraft wird. Der Wandel vollzieht sich nicht mit einem einzigen großen Ereignis, sondern langsam Schritt für Schritt mit mancherlei Kompromissen und Zwischenstufen, lange wahrscheinlich ohne mehr als wenigen zum Bewußtsein zu kommen. Es ist also das spätere Mittelalter eine Zeit der Zersetzung der feudalen Lebensformen, die das Leben der Jahrhunderte vor dem Interregnum bestimmt hatten und des Emporkommens einer auf anderer Grundlage gegründeten Lebensform. Wir haben das im Leben der Bauern schon beobachtet, werden es aber am klarsten in der Welt der Bürger und Städte erkennen können.

Wenden wir uns den Städten zu, so müssen wir noch einen kurzen Rückblick auf das 9. bis 12. Jahrhundert werfen, um die spätere Stadt und ihre Bürger verstehen zu können.

Deutschland hatte zwar eine Reihe von Städten von den Römern ererbt, vor allem am Rhein und der Donau: Xanten, Köln, Bonn, Koblenz, Trier, Metz, Mainz, Worms, Speyer, Straßburg, Basel, Konstanz, Bregenz, Zürich, Chur, Augsburg, Kempten, Regensburg, Passau, Salzburg, Wien u. a. Aber diese Städte sind nicht geblieben, was sie waren. Ihre Bevölkerungszahl ging in der Völkerwanderungszeit sehr zurück, und die Bevölkerung ernährte sich zum großen Teil vom Ackerbau. Die Stadtmauern zerfielen bei manchen dieser Städte. Die zweite Wandlung aber, die mit ihnen vorging, bestand darin, daß der Bischofssitz, einerlei, ob er seit alter Zeit in der Stadt war oder neu errichtet wurde, das Leben der Stadt in erster Linie bestimmte. Um seinetwillen wurden die Mauern erhalten oder auch wieder hergestellt. Um den Bischofssitz häuften sich die Kirchen im Schutz seiner Mauern. Man hat neuerdings diese Städte des 10. und 11. Jahrhunderts, als die Ottonen die Kirchen bereichert und machtvoll gemacht hatten, als „Klerikerburgen" bezeichnet (Hans Planitz, Die deutsche Stadt im Mittelalter, S. 63) und mit Recht. Das zeigen schon einige Zahlen: Köln besaß damals elf Stiftskirchen, davon acht Kanoniker- und drei Kanonissenstifter, außerdem zwei Benediktinerklöster und vier Pfarrkirchen. Trier, das damals nicht viel mehr Einwohner hatte als heute ein größeres

Dorf, besaß neun Stiftskirchen und Klöster, darunter die besonders reichen Klöster St. Maximin und St. Paulin, die bedeutende Kreise in der Stadt als Immunitäten unter ihrer eigenen Herrschaft hatten. Mainz hatte acht Stiftskirchen und vier Klöster, Metz zehn, Verdun neun und Lüttich zehn kirchliche Institute größerer Bedeutung. Macht man sich klar, wie klein diese Städte für unsere Begriffe damals waren und daß außer den Chorherren und Mönchen, außer dem Domkapitel und den Pfarrgeistlichen noch ein großes Heer dienender oder zugehöriger Menschen zu ihnen gehörte, so wird deutlich, wie sehr das Leben dieser Städte dadurch bestimmt wird, daß sie Sitz eines Bischofs und so vieler geistlichen Institute sind. Und in den neu errichteten Bistümern wie Bamberg, Magdeburg, Paderborn, Hildesheim sah es ebenso aus. Nur in Hamburg und Bremen war sehr früh schon der Handel neben dem Bischofssitz ein das Wesen der Stadt bestimmender Faktor.

Das Gesicht dieser Städte hat sich im Laufe des Mittelalters vor allem am Rhein und der Donau entscheidend verändert. Handel und Gewerbe sind neben dem Bistum und oft darüber hinaus maßgebend geworden. Diese große Wandlung geht parallel mit dem Wachstum der Zahl der Städte in Deutschland. Man rechnet im 9. Jahrhundert etwa 40 Städte oder stadtähnliche Marktsiedlungen, im 10. 90, im 11. 140, im 12. 250, im 13. Jahrhundert mit Einrechnung der Städte jenseits von Elbe und Saale 1000 bis 2000, bis gegen Ende des Mittelalters die Höchstzahl von etwa 3000 erreicht wurde.

Hier ist also eine große soziale und wirtschaftliche Umwälzung eingetreten. Was ist geschehen? Handel und Handwerk hatten sich entfaltet und sich in den Städten Aktionsmittelpunkte geschaffen. Man hat darüber gestritten, ob Handel oder Handwerk dabei die führende Rolle innegehabt habe (Planitz betont einseitig den Handel). Aber das läßt sich generell nicht entscheiden, sondern die Frage müßte für die verschiedenen Städte verschieden beantwortet werden. Im Norden Deutschlands hatte der Handel ein Übergewicht, im Süden aber oft das Handwerk.

Die Märkte

Beide, Handel und Gewerbe, brauchen Schutz, um ihrer Arbeit nachgehen zu können und vor Dieben und Räubern sicher zu sein. Das wird besonders fühlbar, wenn kein starker, alle umfassender Staat seine Untertanen schützt, wie wir das schon bei den Bauern beobachten konnten. Dazu kommt, daß der Händler sowohl wie der Handwerker einen Wohnsitz als Ausgangspunkt nötig hat, wo sich Waren stapeln, oder gar Gold- und Geldwerte horten lassen, ohne zu große Gefahr des Diebstahls oder Raubes. Diese Sicherheit muß vor allem der Platz aufweisen, wo sie ihre Waren zum Verkauf sammeln und feilbieten wollen. Darum werden die Kaufleute überall königliche Muntmannen, das heißt sie unterstellen sich der Schutzherrschaft des Königs. Dann zahlen sie ihm Steuer (Bede), genießen aber dafür die Vorteile seines Schutzes vor Gericht und mit den Waffen im täglichen Leben. Wir kennen das ja auch aus dem bäuerlichen Leben.

Doch damit nicht genug. Der Fernhandel wie der mit dem Handwerk verbundene Kleinhandel, ebenso aber der für alle nichtbäuerlichen Leute lebensnotwendige Lebensmittelhandel braucht einen Markt, und zwar — und das ist entscheidend — einen wohl geschützten Markt. Alle Marktprivilegien sind in der Hauptsache die Zusage des Schutzes des Königs (oder bald auch eines anderen großen Herren) über diesen Markt. Meist bevorzugt man dabei noch darüber hinaus die ummauerten oder in nächster Nachbarschaft einer Königsburg oder eines starken Bischofssitzes, einer „Klerikerburg", gelegenen Ansiedlungen, die schon an sich Schutz gewährten. Doch ist immer dabei der Königsschutz der zunächst maßgebende Faktor und der Königsfriede, der in diesen Städten besteht und mit dem königlichen Schutz des Marktes in diesen viel begehrten Marktprivilegien bestätigt und erneuert wird. Zudem sind Königspfalzen und Bischofssitze damals die bedeutendsten Verkehrsmittelpunkte, so daß man schon darum den Markt gern hier sehen möchte.

An diesen Märkten siedeln sich dann die Kaufleute an. Denn sie wollen ihren Fernhandel von hier aus betreiben und hier ihre Waren für den Fernhandel und den Handel des Marktes lagern. Ebenso kommen aber hierher auch die Handwerker, die nicht mehr nur für den Bedarf einer Grundherrschaft oder eines Dorfes arbeiten, wie das ursprünglich der Fall war. Sie wollen nun regelmäßig auf diesem Markt verkaufen und darum ihre Waren auch hier lagern. Dazu kommen als weitere Zuzügler noch einzelne Bauern oder halbbäuerliche, halbgewerbliche Betriebe, die auch an dem Markt interessiert sind. Alle zusammen bilden die Gemeinde der um den Markt herum entstehenden Siedlung, die man, wenn alle diese Voraussetzungen erfüllt sind, als Stadt bezeichnet. Diese Stadtgemeinde steht aber ebenso wie jede Dorfgemeinde oder auch eine nichtummauerte Marktgemeinde unter der Schutzherrschaft eines Herren. Stadtherr ist oft ein Bischof, da die verkehrsreichen Bischofssitze zur Niederlassung von Kaufleuten und Handwerkern einladen. Stadtherr ist aber oft auch der König, an dessen Pfalzen sich oft Städte anschließen (Aachen, Frankfurt, Ulm, Nürnberg, Braunschweig, Meißen u. a.), oder auch mächtige Klöster wie Sankt Gallen, Fulda, Hersfeld, Quedlinburg, Gandersheim. Märkte ohne Ummauerung im Schutz eines benachbarten Klosters haben sich nicht zur Stadt entwickelt, sondern sind Marktflecken ohne Stadtprivileg geblieben, wie beispielsweise Weinheim bei Lorsch, Wasserbillig bei Sankt Maximin-Trier und Allensbach bei Reichenau. Alles zusammen: Schutzherrschaft eines starken Herren,

Ansiedlung von Kaufleuten und Handwerkern, Markt und Ummauerung schafft die Stadt und unterscheidet sie und das in ihr pulsierende Leben nun scharf von den Dörfern und ihren Bauern. Die andere Arbeit schafft neue Lebensweise, neue Gewohnheiten und Sitten, andere Verpflichtungen des einzelnen, andere Lebensordnungen, wie sie in ihren markantesten Punkten in den Stadtrechten niedergelegt werden. Der entscheidende Gründungsakt besteht in der in einem Privileg festgelegten Gewährung des Königsschutzes für die Niederlassung und des Königsfriedens für den Markt. Wo, wie in den rheinischen Bischofsstädten der Königsschutz, die Ummauerung und wohl auch der Markt schon von jeher bestand, bestätigte man das oft in einem entsprechenden Privileg. Bis zum 12. Jahrhundert überwiegen durchaus eigenwüchsig an Verkehrsmittelpunkten erwachsene Niederlassungen, die dann mit dem Stadtprivileg versehen und ummauert wurden, während vom 12. Jahrhundert ab die zielbewußten, geplanten Gründungen von weltlichen Fürsten als Stadtherren (Hohenstaufen, Welfen, Zähringer u. a.) bei weitem in der Mehrzahl sind.

Eine spätere Potenzierung der Märkte stellen die Messen dar. Die ersten verschafften im 12. und 13. Jahrhundert der Champagne eine Vorzugsstellung im Handel (Troyes und Bar-sur-Aube). Eine der frühesten in Deutschland war die von Köln (1170) und dann die 1240 begründete Frankfurter Messe, neben die die von Leipzig trat. Diese beiden letzten bekamen gegen Ende des Mittelalters Weltruf.

Die Größe der Städte

Doch hüten wir uns, verleitet durch die stolze Blüte der Städte und ihre Entwicklung, ihre Bedeutung im Gesamtleben des Volkes zu überschätzen. Gegen Ende des Mittelalters, also in der Zeit der schönsten Blüte der deutschen mittelalterlichen Stadt, lebten in Städten nur etwa zehn bis fünfzehn Prozent der Gesamtbevölkerung von etwa 12 bis 13 Millionen (Bechtel, Wirtschaftsgeschichte Deutschlands I, 255 ff.), das sind also etwa eine und ein Viertel bis eine und drei Viertel Millionen Menschen. Sie lebten in etwa 3000 Städten im ganzen damals zu Deutschland gehörigen Gebiet. Dreißig dieser Städte haben damals zusammen 375 000 bis 400 000 Einwohner. Die restlichen 2970 Städte waren also im Durchschnitt nur von je 370 Menschen bewohnt. Von den genannten „großen" Städten hatten nur etwa 12 bis 15 „Großstädte" eine Einwohnerzahl von mehr als zehntausend Einwohnern, dazu kommen etwa 15 bis 20 Städte mit je 2000 bis 10 000 Einwohnern, die ganze große übrige Masse der Städte (etwa 2700 bis 2800) hatten zwischen 100 und 1000 Einwohner. Davon haben vermutlich rund 350 Städte 500 bis 1000 Einwohner gehabt, während die übrigen rund 2450 Städte nur

100 bis 500 Einwohner gehabt haben können, also eine für uns kaum vorstellbare Miniaturausgabe von Städten darstellten. Das zeigt, daß wir von unserem heutigen Bild einer Stadt völlig absehen müssen, wollen wir uns eine Vorstellung von mittelalterlichem städtischem Leben machen. In ganz kleine Verhältnisse — nach unseren Begriffen — müssen wir uns hineinzudenken versuchen. Da aber die etwa 2450 Städte mit 100 bis 500 Einwohnern für die Herausbildung neuer Lebensformen wie der Zünfte, Gilden, des städtischen Rates und anderer Ämter um ihrer Kleinheit willen nicht in Frage kamen, haben die großen Leistungen der Städte auf dem Gebiet des Handels und Gewerbes, neuer Lebensformen und politischer Lebensgestaltung allein die geringe Zahl von 500 Städten mit über 500 Einwohnern und wahrscheinlich sogar nur die noch kleinere Zahl von 200 Städten mit mehr als 1000 Einwohnern geschaffen. Das ist eine erstaunliche Leistung, die aber, wie sich hier wieder ergibt, nur einen kleinen Bruchteil der Bevölkerung voll erfaßt. Denn neben den 85 bis 90 Prozent der dörflich-agrarisch lebenden Menschen, denen auch die Ritter zuzurechnen sind, verbleiben auch die über 2000 Städte mit weniger als 500 Einwohnern weithin in den ererbten dörflich-feudalen Lebensverhältnissen. Es ist falsch, das späte deutsche Mittelalter als eine Zeit der überwiegenden Stadtkultur anzusehen. Gewiß, Bürger und Städte haben kulturell und wirtschaftlich ebenso wie innenpolitisch bei weitem die größten Leistungen und Neugestaltungen aufzuweisen, aber die zahlenmäßige Hauptmasse des Volkes wird davon kaum berührt.

Um so höher sind aber die Leistungen eines so kleinen Kreises von Menschen zu bewerten. Um eine Übersicht darüber zu bekommen, unterscheiden wir am besten politische, handelsgeschichtliche, gewerbegeschichtliche, soziale und kulturelle Leistungen, die das Leben der Städte gestaltet haben.

Der Kampf gegen die Stadtherren

Auf dem Gebiet der Politik ist davon auszugehen, daß jede Stadt einmal einen Stadtherren besaß, unter dessen Schutz sie lebte und dem sie Steuer zahlte. In dem Maße nun, in dem das eigene Leben, der Reichtum und das Selbstbewußtsein der Städte erstarkte, die königliche Macht und auch die mancher Fürsten herabsank, stieg die Tendenz der Bürger, die Herrschaft des Stadtherrn abzuschütteln oder häufiger noch zur Bedeutungslosigkeit herabzudrücken. Ähnlich wie in den Beziehungen von Bauern und Rittern wurde die Schutzherrschaft sinnlos, hier in dem Augenblick, in dem die Stadt sich aus eigener Kraft besser schützen konnte als vermittels der Macht des oft weit entfernten und in Kriege verwickelten Königs. In den Bischofsstädten wußten die

Bürger die aus dem Investiturstreit sich oft ergebenden Streitigkeiten und Feindschaften zwischen König und Bischöfen geschickt auszunutzen und so als tertii gaudentes die völlige oder doch weitgehende Freiheit von der bischöflichen Stadtherrschaft zu erreichen, so wie Mainz, das voll berechtigten Stolzes das in solchem Kampf errungene freiheitliche Privileg in die ehernen Türen des Domes eingraben ließ (1118), wo es heute noch zu lesen ist.

Die Stadtgemeinde und ihre Ämter

Um die Kräfte der Stadt in solchen Kämpfen zusammenzufassen und um des vollen Einsatzes der einzelnen Bürger sicher sein zu können, erneuerte die seit jeher bestehende Stadtgemeinde ihre Zusammengehörigkeit in Kampfzeiten oder anderen Krisen durch einen allgemeinen Schwur der Bürger. Es ist eine Eidgenossenschaft (conjuratio), wie wir sie aus bäuerlichen Kreisen in den Schweizer Urkantonen und ähnlichen Eiden aus dem Bauernkrieg kennen. Sie schuf nicht, wie man angenommen hat (Planitz S. 251 ff.), eine neue Gemeinschaft, sondern sie erneuerte und verstärkte die genossenschaftliche Bindung, die jede Gemeinde in bäuerlichen wie bürgerlich-städtischen Kreisen schon immer ihrem Wesen nach besitzt.

Entscheidend für den Sieg der Städte in diesem Kampf war, ob es ihnen gelang, nun von den Bürgern gewählte Institutionen zu schaffen, denen die Regierung der Stadt im Inneren und die Verwaltung ihrer Mittel übertragen wurde, selbst wenn ein vom Stadtherrn eingesetzter Vogt oder Schultheiß eine Zeitlang noch mit eingeschränkten Befugnissen daneben tätig war. Es war die Geburtsstunde der Stadträte (bisweilen auch Senat genannt) und der Bürgermeisterämter. Auf die stark differierenden Einzelheiten dieser Entwicklung kann hier nicht eingegangen werden. Sie gehören in die Verfassungsgeschichte.

Seit dem Zusammenbrechen der Macht der Hohenstaufenkaiser war es meist in den Reichsstädten leichter, die Herrschaft des königlichen Stadtherren abzuschütteln als in den Bischofsstädten, da dort der Stadtherr zur Stelle und die Macht der geistlichen Fürsten im allgemeinen im Steigen war. So konnte Frankfurt Mainz überflügeln, Nördlingen Eichstätt, Nürnberg Regensburg und München Freising. Auch in der Größenordnung sanken die Bischofsstädte außer Mainz und Köln dadurch auf einen tieferen Platz.

Der Zuzug zur Stadt

Parallel zu diesem Kampf gegen den eigenen Stadtherrn ging ein Kampf mit den der Stadt benachbarten ländlichen Grundherren um die Herrschaft über bäuerliche Leibeigene oder andere Hintersassen, die gegen den Willen ihres Herren in die Stadt ausgewandert waren. Im allgemeinen galt der Satz, daß sie der alten Untertänigkeit ledig und freie Bürger der Stadt seien, wenn sie über Jahr und Tag unangefochten von dem Herrn in der Stadt saßen. Aber oft mußte hart um das Schicksal solch eines Zuwanderers gestritten werden. Bisweilen kommt es auch zu Kompromissen, so daß Bewohner der Stadt oder gar Bürger noch mit Abgaben an auswärtige Grundherren belastet blieben.

Etwas ganz anderes sind die sogenannten „Pfahlbürger". Es waren meist Adelige der Nachbarschaft, die sich gegen die Aufnahme als Bürger oder durch einen besonderen Vertrag zum Kriegsdienst für die Stadt verpflichteten, ohne in ihr zu wohnen. Selbstverständlich bekämpften die Landesfürsten diese Pfahlbürgerschaft sehr, da sie ihnen kriegerische Kräfte entzog und sie den ihnen oft feindlichen Städten zukommen ließ.

Genossenschaftlicher Zusammenschluß

Doch diese Kämpfe anderen Herren gegenüber standen an Bedeutung weit zurück hinter dem Kampf gegen den Stadtherrn. Er schloß Handwerker und Kaufleute, die bisher, unter sich im eigenen Kreis organisiert und zusammen lebend, kaum engere Berührung miteinander hatten, zu einem Ganzen zusammen. Nun bekam der Begriff des Bürgers erst seine rechte Kraft, und diese Zusammengehörigkeit schloß sie gegen die Landgemeinden ab. Vor allem aber legte der Erfolg des Kampfes gegen den Stadtherrn die Verantwortung für den ganzen neuen Lebenskreis der Stadt auf die einzelnen Bürger und erhöhte so ihr Selbstbewußtsein und ihren Stolz. An Stelle der Untertänigkeit nicht nur als institutioneller Lebensform erwuchs das Bewußtsein der genossenschaftlichen Zusammengehörigkeit, der Freiheit und der Verantwortung für das Schicksal des Ganzen und die Bereitwilligkeit, dafür auch Dienste und Lasten, wie sie die Sicherheit des Ganzen und die Behauptung der errungenen Stellung verlangte, zu leisten. Wieder trat an dieser Stelle die Bedeutung der Frage des Schutzes und der Friedensgarantie hervor, die seinerzeit zum Schutzvertrag mit dem Herrn, also zur Untertänigkeit geführt hatten, in dem Zeitpunkt aber, in dem der Friedensschutz von den Bürgern selbst übernommen und in der Gemeinschaft der eigenen Hände garantiert wurde, Selbstbewußtsein und Genossenschaftsdenken aufwuchsen und damit eine neue Lebensgrundlage entstehen ließen.

Die Juden

Im einzelnen weist auch die Geschichte des Handels im Mittelalter eine große Leistung des Bürgertums auf. Denn der Fernhandel in der Ottonenzeit lag größtenteils in der Hand der Juden und der früh im Handel hervortretenden Friesen. Charakteristisch ist, daß in einer Zollordnung aus dem Anfang des 10. Jahrhunderts zu dem Wort „Kaufleute" der Zusatz gemacht wurde: „d. h. die Juden und die anderen Kaufleute" (Mon. Germ. Capit. III. 253/252 cap. IX.), und Bischof Rüdiger von Speyer schrieb 1084: „als ich Speyer zu einer Stadt erhob, da meinte ich seine Ehre tausendfach zu vermehren, wenn ich auch die Juden mit hinzunahm". Die Juden standen unter Königsschutz wie auch die anderen Kaufleute. Der Schwabenspiegel sagt: „da von sullin si des riches knehte sin, unde der romische Künec sol si beschermen..." (Art. 214). Doch erging es den Juden im Mittelalter nicht so gut, wie es danach wohl erscheinen könnte. Gelegentlich der Kreuzzüge hatten die Juden in Deutschland, Frankreich, aber auch in England blutige Verfolgungen auszustehen. Die starke religiöse Erregung der Zeit, der Wille, die Feinde Christi im Namen Gottes zu bekämpfen, führte zu der Schlußfolgerung: Warum denn in die asiatische Ferne ziehen, warum nicht an Stelle dessen die „Feinde Christi", das heißt die Juden, die ihn ans Kreuz schlugen, hier bekämpfen, besonders wenn, was oft uneingestandenermaßen oder bewußt mitwirkte, eine reiche Beute dabei lockte. Damals verschlechterte sich die Lage der Juden im Abendland beträchtlich, auch außer den Verfolgungen, die noch zunahmen. Man schloß sie mehr und mehr von großen kaufmännischen Unternehmungen aus, so daß ihnen schließlich nur der Handel mit Altmaterial, Pferden und anderem Vieh und das Geldgeschäft verblieb, das durch die kirchlichen Verbote christlichen Kaufleuten nur in beschränktem Maße möglich war. Hier allerdings finden sich Zinsen, die uns als Riesenwucher erscheinen, zum Beispiel sechsundachtzig und zwei Drittel Prozent (Belege Planitz, a. a. O., Anm. 40, S. 277ff.), was natürlich diese Wucherer und verallgemeinernd die Juden verhaßt machte. Hatten die Juden von jeher für sich gewohnt, so erzwang man nun die Absperrung und verschärfte sie. Juden mußten nun durch bestimmte Abzeichen kenntlich sein, zum Beispiel durch den spitzen Hut der Männer, den wir auf zahlreichen Bildern und Plastiken zur biblischen Geschichte aus dem Spätmittelalter abgebildet sehen.

Der Fernhandel

Neben den Juden und mancherlei vereinzelten Ausländern hatten die Friesen, die von jeher Bauern und Seefahrer zugleich waren, den Handel

mit Frankreich und England schon im 7. und 8. Jahrhundert in der
Hand. Später fuhren sie das Rheintal hinauf und über die Ostsee nach
Schweden und Norwegen. Sie verkauften vor allem heimische Tuche,
um das in Friesland fehlende Holz und das unzureichend erzeugte
Getreide einzuführen. Doch das änderte sich in der Zeit von dem 10. zum
12. Jahrhundert; mehr und mehr übernahmen deutsche Kaufleute den
Fernhandel und drängten die Juden und Friesen zurück.

Im Süden ging der Handel von Regensburg aus und suchte Byzanz,
später auch in größerem Maße Italien auf, von Köln aus ging der Handel
nach England, von Mainz aus nach dem Westen und den Rhein hinauf
und hinunter. Im Osten ging anfangs des Mittelalters ein lebhafter
Handel von bestimmten, von Karl dem Großen festgelegten Stationen
aus in das Slawenland, bald aber überflügelten Magdeburg und Prag
alle anderen Städte dieser Region bei weitem.

Überall trat nun also der deutsche Fernhandelskaufmann auf, und
seine Unternehmungen wuchsen stetig im Laufe der Jahrhunderte, bis
wir ihn gegen Ende des Mittelalters überall, vor allem aber in den nun
neu aufstrebenden Städten Augsburg, Nürnberg und Ulm einerseits und
Hamburg, Bremen und Lübeck andererseits sehr tätig, wohlhabend und
angesehen finden. Aber auch kleine Städte sind häufig Träger solchen
weltweiten, großzügig angelegten Handels wie Ravensburg, das durch
seine Handelsgesellschaft weithin im Ausland bekannt, ja berühmt wurde.

Das Ansehen des Kaufmanns steigt

Aber das Ansehen, das der deutsche Kaufmann nun genoß, mußte
schwer errungen werden. Denn einmal war die Einschätzung des Handels
im Volk schwer dadurch belastet, daß zu Beginn des Mittelalters die
Sachsen und dann die Pommern gefürchtete Seeräuber waren, Danzig
und Jomsburg an der Odermündung waren durch Seeräuberei berühmt
oder besser dafür berüchtigt, und außerdem blühte, so wie Venedig
dadurch reich wurde, im deutschen Osten der Sklavenhandel sehr. Er
war ein wichtiges Tätigkeitsfeld der jüdischen Händler. So war es nicht
zu verwundern, daß für viele Menschen der Zeit die Begriffe Fernhandel, Seeräuberei und Sklavenhandel sehr nahe beieinander lagen.

Das war es aber nicht allein, was es dem Kaufmann schwer machte,
ein öffentliches allgemeines Ansehen zu gewinnen. Denn auch die
Kirche lehnte fast allgemein das Händlertum ab. Redliche Arbeit sei
nur, was mit der Hände Arbeit hervorgebracht sei, vor allem die Arbeit
des Bauern, aber der Verdienst des Kaufmanns, der an dem gewinne,
was andere erarbeitet hatten, galt als ungerechtfertigt und darum un-
sittlich. Diese Auffassung beherrschte lange die allgemeine kirchliche
Meinung. Noch Caesarius von Heisterbach, gestorben um 1240, sagte,

ein Kaufmann könne kaum ohne Sünde sein. Auch Thomas von Aquin
erkannte nur den Handel, der zur Beschaffung des Lebensnotwendigen,
also von Lebensmitteln verhilft, als berechtigt an., Duns Scotus wollte
den Handel ganz verboten sehen. Sätze wie der, daß der Kaufmann dem
Höllenrachen am nächsten stehe, waren Allgemeingut. Auch die Prediger und Dichter des Spätmittelalters haben dem Kaufmann noch viel
vorzuwerfen; so Berthold von Regensburg, Heinrich von Melk, Hugo
von Trimberg und Freidank, nach dem der Teufel den Handelsstand
begründet hat. Bei einer solchen allgemeinen kirchlichen und weltlichen
Meinung gehörte sehr viel dazu, bis die Kaufleute sich das Ansehen
erwerben konnten, das die hanseatischen Kaufleute im Norden und die
mächtigen Handelsherren in Nürnberg, Augsburg, Ulm und Basel im
Süden besaßen.

Gilden und Handelsgesellschaften

Dieser große Aufstieg des Kaufmanns vollzog sich im wesentlichen
nicht durch den einzelnen, sondern durch Gilden und Handelsgesellschaften verschiedener Art. Schon vor der Bildung der Genossenschaft
aller Bürger und dann innerhalb dieses Kreises bestanden enge Zusammenschlüsse der Kaufherren. Denn die Gilden sind uralte Verbände
des gemeinsamen Lebens auf religiöser Grundlage, die Handelsgesellschaften dagegen praktisch-wirtschaftliche Zusammenschlüsse zur Durchführung eines gemeinsamen Geschäftes und dann zu dauernder ge-
schäftlicher Verbindung. In den Gilden feierte man gemeinsam das
Andenken der Toten, feierte aber auch zusammen trinkfreudige Feste
und so weiter, in den Handelsgesellschaften fand sich dagegen zusammen, wer sich etwa an einem Handelszug nach Venedig oder England
mit Kapital beteiligen wollte. Häufig hatten sie Familiencharakter wie
die Gesellschaft der Fugger und der Welser oder wie weithin auch die
Ravensburger Handelsgesellschaft.

Doch um unserer an moderne große Zahlen gewöhnten Phantasie,
die sich ein Bild dieses Handels der deutschen Handelsherren formen
will, Zügel anzulegen, sei erwähnt, daß auf einer der meist befahrenen
Alpenstraßen pro Jahr eine Gütermenge befördert wurde, die in etwa
zwei unserer Güterzüge Platz gefunden hätte (Kulischer, Allgemeine
Wirtschaftsgeschichte I. S. 267. München 1928).

Im Norden Deutschlands dagegen wuchs sich ein solcher Handels-
verband zu dem großen Bund der Hansa aus, der eine große Anzahl
der Kaufmannschaften von norddeutschen Seestädten wie auch aus
Städten des Binnenlandes und im Gefolge davon auch die Städte selbst
umfaßte. Sie hatte ihre Niederlassungen in London, in Flandern, in
Norwegen, in Wisby auf Gotland und in Rußland bis nach Nowgorod

hin. Sie führte selbständig Kriege und wußte machtvoll lange ihre Handelsniederlassungen im Ausland zu schützen, bis die erstarkenden nationalen Staaten der Nachbarschaft, voran England, dieser von keinem kräftigen deutschen Königtum geschützten Hansa ein Ende machten. Leider können wir hier auf Einzelheiten der Geschichte der Hansa, ebenso aber auch die der süddeutschen großen Handelsmächte nicht eingehen. Sie ließen sich bald auch in Italien nieder und nahmen diesen Handel selbst in die Hand. Der Fondaco dei Tedeschi in Venedig zeugt heute noch davon.

Zünfte und Gewerbepolitik

Das Handwerk machte in der gleichen Zeit gewaltige Fortschritte, und mit ihm erwuchs der Typ des bürgerlichen Handwerkers. Von den ursprünglich für den Bedarf eines Dorfes bestimmten Erzeugnissen bis zu den handwerklich und künstlerisch hochstehenden Handwerkserzeugnissen des 16. Jahrhunderts, die wir heute noch in Museen und privaten Sammlungen bewundern, ist ein weiter Weg, ebenso aber auch von dem eben noch der grundherrlichen Untertänigkeit entwichenen Handwerker zu dem Zunftmeister oder zu dem Künstler zwei bis drei Jahrhunderte später oder dem zum Kaufherrn erwachsenen Handwerksherrn, der seine gewerblichen Erzeugnisse in Italien, England oder Flandern verkaufte. Dieser Wandel ist außer dem allgemeinen wirtschaftlichen Aufschwung auf die zielbewußte Gewerbepolitik der Zünfte in Zusammenarbeit mit den Stadtverwaltungen zurückzuführen. Dadurch, daß die Zunftordnungen einheitliche Preise, aber auch ziemlich einheitliche Größen der Betriebe und gleichartigen Warenbezug durchzusetzen wußten, blieb dem einzelnen Meister nur die Steigerung der Qualität der Arbeit, wenn er sich vor anderen auszeichnen wollte. Nicht überall sind diese Grundregeln streng und gleichmäßig durchgeführt worden, aber die erstrebte Wirkung in der Hebung der Qualität des Arbeitserzeugnisses wurde zweifellos erreicht.

Die Zünfte, denen das großenteils zu verdanken ist, waren ähnlich den Gilden alte genossenschaftliche Verbände Gleichgestellter. Gemeinsame Totenehrungen, gemeinsames Auftreten bei Prozessionen, gemeinsame Feste schlossen sie auch außerhalb der Arbeit zusammen. Ursprünglich sprach man von Bruderschaften (fraternitates), seit dem 14. Jahrhundert mit Vorliebe von Zünften. Die ältesten uns bekannten sind die der Weber in Mainz, der Fischhändler in Worms (1106/07), der Schuhmacher in Würzburg (1128), der Bettziechenweber und Drechsler in Köln, aber es ist natürlich reiner Zufall, wenn eine solche Zunft einmal in Urkunden oder Chroniken genannt wird, es kann lange solche gegeben haben, ohne daß unsere Quellen uns das überlieferten.

Das Ziel der Gewerbepolitik dieser Zünfte und bald auch der Stadtverwaltungen ging dahin, der Zunft und ihren Meistern eine Monopolstellung in der Stadt zu verschaffen durch Ausschließung oder doch Zurückdrängung der auswärtigen Konkurrenz und von der Zunft nicht angehörigen Handwerkern. Die Festlegung der Verkaufspreise sollte Überbietung und Preiswucher ausschließen und zugleich der Gesamtbevölkerung den Bezug von Nahrungsmitteln und den wichtigsten Gebrauchsgütern sicherstellen. Auch eine gewisse Einheitlichkeit in der Herstellung wurde zu erreichen gesucht. Ebenso wurde Einheitlichkeit in der Ausbildung der Lehrlinge erstrebt, um dem Gewerbe einen guten Nachwuchs zu sichern. Alles das wurde in den besten Zeiten der Zünfte ohne Enge und ohne Pedanterie ausgeübt. Später allerdings zeigten diese Maßnahmen auch ihre schlechten Seiten, wenn sie das Festhalten an veralteten Handwerksformen erzwangen, dem Nachwuchs den Zutritt zu der Meisterschaft in der Zunft versperrten durch Festsetzung einer festen Höchstzahl der Meister und einseitig das Wohl der Meister förderten. Es ist ein gutes Beispiel dafür, daß dieselben Maßnahmen in gutem oder in schlechtem Geiste ausgelegt eine ganz verschiedene Wirkung haben können. Es ist darum ein übertriebener Lobpreis der Zunft als Ausdruck der Zeit, in der das Handwerk noch einen goldenen Boden hatte, ebenso unberechtigt wie ein radikales Verdammungsurteil, das nur den Egoismus der Zunftmeister als allein maßgebenden Faktor sieht. In guten Anfangszeiten und schlechteren Endzeiten hat die Zunft diese beiden Seiten gezeigt, beides ist gegeneinander abzuwägen, wenn man zu einem gerechten Urteil kommen will.

Arbeitsmarkt und soziale Fürsorge

Der Arbeitsmarkt war augenscheinlich bis gegen Ende des Mittelalters recht gut. Die wachsenden Städte und das darin wachsende Gewerbe konnte damals stets frische Kräfte brauchen, und der Kampf der Städte mit den benachbarten Grundherren um die Lage der von den Dörfern zuwandernden Arbeitskräfte zeigt, wie sehr man in der Stadt die Zuwanderung begrüßte. Erst im späteren 15. und beginnenden 16. Jahrhundert veränderte sich diese günstige Lage des Arbeitsmarktes. Eine gewisse — allerdings sehr angreifbare — Altersversorgung bestand in dem sogenannten Halbscheidevertrag, nach dem derjenige, der als Nachfolger eines anderen dessen Stelle antreten wollte, seinem Vorgänger bis zu seinem Tode die Hälfte der Einkünfte zu überlassen hatte. Aber auch abgesehen von solchen etwas primitiven Anfängen regte sich damals das Bewußtsein, zur sozialen Fürsorge verpflichtet zu sein. Der Genossenschaftsgedanke, den wir oben in der Formung der Stadtgemeinde, der Gilden und der Zünfte in innerpolitischen Fragen

lebendig sahen, erwies auch hier seine formende Kraft. Gilden und
Zünfte wußten sich verpflichtet, für ein unschuldig in Not geratenes
Mitglied sowie für Witwen und Waisen von Meistern Sorge zu tragen.
Auch die oben schon besprochene Niederhaltung der Konkurrenz oder
des unterbietenden anderen Meisters hatte neben der gewerbepolitischen
eine soziale Tendenz: sie sollte eine größere Zahl von Meistern schaffen,
die zu leben hatten, also mit modernen Worten gesagt: einen gesunden
Mittelstand. Bis zu einem gewissen Grade ist dies auch gelungen.

Doch wäre es verfehlt, anzunehmen, daß es darum in den mittelalterlichen Städten keine scharfen Gegensätze von reich und arm
gegeben hätte. Im Gegenteil, große Vermögen waren zwar sehr selten.
Aber in manchen Städten befand sich mehr als die Hälfte alles Ver-
mögens in der Hand einer dünnen Schicht, die etwa drei bis fünf Prozent
der Bevölkerung ausmachte, und oft war mehr als die Hälfte aller Einwohner ohne Vermögen (Bechtel, Wirtschaftsgeschichte I. 269. – Bühler,
Kultur des Mittelalters, 154).

Die großen Vermögen entstanden auf zweierlei Weise: einmal durch
den Großhandel, an dem sich durch die Handelsgesellschaften oft auch
solche, die selbst nicht Kaufleute waren, sogar Geistliche, beteiligen
konnten. Außerdem wurden häufig kleinere Handwerker von größeren,
die auch den Verkauf übernahmen und oft selbst nicht mehr arbeiteten,
abhängig. Mit anderen Worten, es kam zur Ausbildung von Handwerks-
herren, deren Herrschaft aber rein wirtschaftlich war und mit alten
Schutz- und Treuverhältnissen nichts zu tun hatte. So waren um 1473
3500 Webstühle von Jakob Fugger abhängig, sie arbeiteten für ihn, er
bestellte und bestimmte Stoffe, er vertrieb die Ware. So bildeten sich
aus kleinen Zellen, meist der reinen Heimarbeit, große Industrieunter-
nehmen vor allem im Textilgewerbe. In Deutschland sind Schwaben
um Ulm und im Alpenvorland, die Donauländer, das Rheinland und
Friesland, später auch Sachsen und Schlesien, die hauptsächlich an dieser
Industrie beteiligten Landschaften. Eine anschauliche Schilderung der
schwäbischen Tuchfabrikation aus dem Anfang des 16. Jahrhunderts gibt Sebastian Franck in seinem Weltbuch. Die deutschen In-
dustrien standen hinter denen Frankreichs und Italiens freilich zurück.
Ein paar Zahlen können das erläutern: während man in Frankfurt a. M.
jährlich 3360 Stück Tuch im Jahre 1452 herstellte, in Köln 12 000, in
Straßburg 1800 bis 2000, stellte man in Florenz schon in der ersten
Hälfte des 14. Jahrhunderts 15 000 bis 20 000 Stück Tuch her, und in
Brügge waren an die 1300 Personen, also etwa 68 Prozent der gesamten
erwachsenen männlichen Bevölkerung mit der Verarbeitung von Wolle
beschäftigt. Dort bestanden schon weit größere Betriebe. Wir haben darum
aber keine Veranlassung, die sehr ungünstige Schilderung eines Fabrik-
betriebes mit 300 weiblichen Arbeiterinnen in einem Fabrikgebäude, die
der schwäbische Dichter Hartmann von Aue in seinen Roman Iwein

(1201) von seinem französischen Vorbild Chrétiens von Troyes (12. Jahrhundert) übernahm, auf deutsche Verhältnisse zu übertragen. Er beschreibt ein „witez wercgadem" (Fabrikgebäude) und darin stickend und webend 300 sehr schlecht bezahlte, unterernährte und sehr schlecht gekleidete Frauen, so daß aus seiner Darstellung eine flammende Anklage gegen solche Betriebe wird (Hartmann, Iwein 6186 ff., dazu Bechtel, Wirtschaftsgeschichte I, 395, und Fr. Heer, Tragödie 326/327). Die Anklage besteht augenscheinlich zu Recht, wenn sie auch nicht auf deutsche Verhältnisse bezogen werden darf. Aber die Gefahr, daß die Entwicklung nach dieser Richtung gehe, bestand sicherlich auch hier, vor allem, da es keinen starken Staat gab, der sich verpflichtet oder berechtigt geglaubt hätte, in solchen Fällen einzugreifen und Auswüchse zu beschneiden.

Auch in drei anderen Gewerben trieb die Entwicklung in der Richtung auf den modernen Lohnarbeiter und neuzeitliches Unternehmertum hin, jedoch so, daß die Wirtschafts- und Lebensverhältnisse noch in weitem Abstand von denen des 19. und 20. Jahrhunderts verblieben; man muß sich darum davor hüten, allzuschnell Parallelen zu ziehen und Begriffe des modernen Wirtschaftslebens auf diese Zeiten zu übertragen. Die drei genannten Gewerbe waren der Bergbau, das Hüttenwesen und die Salzgewinnung. In diesen ließ sich nicht im Kleinbetrieb wie bei den Zunfthandwerken arbeiten. Sie verlangten größere Betriebsanlagen und die Zusammenarbeit zahlreicher Arbeitskräfte. Bei den Hütten- und Hammerwerken verlief die Entwicklung mit der angedeuteten Zielrichtung ziemlich gradlinig. Die meist fürstlichen Grundherren verstanden vielfach nicht genug von der Technik dieser Werke, um sie selbst betreiben zu können und verpachteten sie an Hüttenmeister, wenn diese nicht überhaupt das Recht zum Eigenbetrieb in beschränktem Umfang erwarben (Erbfeuer). Diese Hüttenmeister sorgten für die Beschaffung des Rohstoffes und den Verkauf der Produkte, ebenso sorgten sie aber auch für das benötigte Kapital und gerieten so in den Geldhandel hinein. Sie wurden Unternehmer, die nicht mehr Hand anlegten, denen aber doch der Gewinn großenteils zugute kam. Die im Betrieb Tätigen aber wurden zu Lohnarbeitern. Die größte Entfaltung in dieser Richtung erlebte das Hütten- und Hammerwesen in Thüringen im Anschluß an die Mansfeldischen Gruben (Bechtel, Wirtschaftsgeschichte I, 210, 310).

Anders verlief die Entwicklung im Bergbau. Als dort im 14. Jahrhundert ein großer technischer Umschwung dadurch eintrat, daß man von dem Tagbau zum Stollenbau übergehen mußte, weil im Tagbau nicht mehr genug zu gewinnen war, und man deshalb Kapital brauchte, wurden die Bergarbeiter noch nicht zu Lohnarbeitern, sondern sie schlossen sich zu sogenannten Lehnhauergenossenschaften zusammen, denen von der Hauptgenossenschaft bestimmte Abschnitte des Berges

zur eigenen Bearbeitung zugewiesen wurden. Dieser Abbau auf eigene
Rechnung gab den Bergarbeitern die Möglichkeit einer Erweiterung
ihrer Einnahmen ohne größeres Risiko. Doch der Schacht- und Stollenbau erforderte immer größere Geldmittel, die die Lehnhauergenossenschaften nicht besaßen und nicht zu beschaffen wußten; so ging im
14. Jahrhundert die Möglichkeit, in den Genossenschaften zusätzliche
Einnahmen zu gewinnen, dem Bergarbeiter verloren. Er war nun als
reiner Lohnarbeiter auf seinen festen Geldlohn angewiesen. Das notwendige Kapital aber boten Kaufleute und Bürger in der Hauptsache
gegen Ausgabe von Kuxen.

Oft kam auch die Herrschaft über die Bergwerke und der Gewinn
ihrer Ausbeutung völlig in die Hand der großen Kaufherren. So gab
das Haus Fugger, vertreten durch Hans Fugger, im Jahre 1487/88 an
Erzherzog Sigismund von Tirol ein großes Darlehen und erhielt dafür
als Pfand die reichen Gewerke von Schwaz. Von da an wiederholten
sich derartige Verträge öfters. Das Leben der Bergarbeiter wurde dadurch, soweit wir sehen, nicht geändert.

Solche Darlehen wie dies der Fugger nahmen seit der Mitte des
15. Jahrhunderts ständig an Bedeutung zu, denn die erstarkenden Landesstaaten brauchten viel Geld. Gerade die großen Handelshäuser der süddeutschen Städte wie die Fugger und Welser wurden mehr und mehr zu
Bankhäusern. Das brachte eine enge Bindung zum Beispiel der Fugger
an das Haus Habsburg mit sich. Jedes Auf und Ab in der Geschichte
Habsburgs spürten die Fugger auch. Spekulationen großen Umfangs
wurden unternommen, die oft nahe an die Grenze des Bankerotts
führten.

Doch nimmt diese Erscheinung keinen allzugroßen Raum ein. Es
sind, wenn man auf das Ganze sieht, nur sehr wenige Familien und
Firmen, bei denen man das viel gebrauchte Wort des „Frühkapitalismus"
mit Recht verwenden kann. 85 bis 90 Prozent der Bevölkerung lebten
in bäuerlich-ländlichen Verhältnissen von dieser Entwicklung ganz
unberührt, und von den restlichen 10 bis 15 Prozent, die in Städten
wohnten, lebten weitaus die meisten in den Kreisen der Zünfte und
Gilden, die auch mit dieser kapitalistischen Entwicklung nichts zu tun
hatten. Aber auch der große Reichtum der „kapitalistischen" Familien
zerfloß meist in verhältnismäßig kurzer Zeit.

Die Patrizier

Hatte der Gegensatz von „Frühkapitalismus" und armen Leuten
auch nicht den Umfang und die Schärfe, die man oft angenommen und
behauptet hat, so bestand in der bürgerlichen Welt fast überall — wenn
auch nicht in allen Städten — der scharfe Gegensatz von Patriziern

und Zünften. Wie es in den Bauerngemeinden von jeher eine Schicht
der Wohlhabenden und Angesehenen gab, aus der Schöffen und Beauftragte der Gemeinde genommen wurden, so bestand auch unter
der Herrschaft der Stadtherren schon lange eine solche Schicht, die
unsere Urkunden meist meliores, das heißt „die Leute, die was Besseres
sind", nennen. Es waren fast durchweg Kaufleute, in Süddeutschland
auch Handwerksmeister, die durch den Verkauf der Erzeugnisse ihres
angewachsenen Gewerbebetriebes zugleich Kaufleute geworden waren.
Sie hatten vor der Masse der anderen Bürger einmal ihren Reichtum
und dann den auf Reisen gewonnenen Weitblick voraus. Meist waren sie
in einer Gesellschaft zusammengeschlossen, entweder in einer Kauf-
mannsgilde oder, wenn sie auch andere Bürger einschlossen, in einer
besonderen Gesellschaft. Die bekannteste ist die Richerzeche in Köln,
die den Kampf mit dem erzbischöflichen Stadtherren großenteils durch-
führte und danach den Rat beherrschte. Sie kämpften, da sie den dazu
nötigen Aufwand bestreiten konnten, zu Pferd mit Panzer und Schild,
ähnlich wie die Ritter. Aber sie waren keine Ritter. Gewiß gab es in
den Bischofsstädten wie Worms bischöfliche Ministerialen, also Ritter,
die mit den Patriziern verschmolzen, als diese die maßgebenden Männer
in der Stadt wurden, aber viele der Ministerialen zogen sich schon im
13. Jahrhundert wieder auf das Land zurück. Wo sie in der Stadt verblieben, wurden sie oft neben den Patriziern genannt, oft wurde eine
bestimmte Zahl von ihnen neben den Patriziern in den Rat entsandt,
so zum Beispiel in Basel sieben. Sie bestimmten jedoch das Wesen des
Patriziates nicht. Im ganzen gilt, daß Patrizier Kaufleute mit besonderem
Wohlstand und Ansehen sind. Das war maßgebend. Später erwarben
sie oft Landbesitz außerhalb der Stadt, und dort mochte ihre Stellung
der des Landadels ähnlich werden. Solange sie in der Stadt lebten,
waren sie Patrizier, das heißt bevorzugte Bürger, aber keine Ritter, so
gern sie es auch oft gewesen wären. Manche von ihnen wurden zwar
dominus (her) genannt, aber nur wenn sie ländliche Herrschaftsrechte
und Besitzungen hatten. Ähnlich steht es mit der Bezeichnung als Ritter
(miles).

Meist reiste der Patrizier nicht mehr selbst mit seinen Warenzügen,
sondern leitete die Geschäfte seiner Firma vom heimatlichen Kontor
aus, während draußen jüngere Mitglieder der Familie oder an Außen-
stellen fest ansässige Handelsagenten die Firma vertraten. Der Begriff
der Firma entstand in diesen Kreisen und bekam gerade in diesen Jahrhunderten eine große, über das rein Wirtschaftliche hinausgehende
Kraft. Ein gewisser Unterschied zwischen dem Norden und dem Süden
Deutschlands bestand darin, daß in den Hansestädten die einzeln han-
delnden Kaufleute überwogen, im Süden aber die Handelsgesellschaften
in offener oder geschlossener Form.

In manchen Städten ging die Macht der „Geschlechter", das heißt der Patrizier, so weit, daß Feindschaften der Geschlechter untereinander lange Jahre und Jahrzehnte die ganze Stadt erschüttern konnten. So in Köln der Kampf der Overstolzen gegen die Weisen oder die Kämpfe der Auer in Regensburg, der Stolzhirsche in Augsburg, der Zorn und von Mühlenheim in Straßburg, der Roten und Schwarzen in Kolmar und ähnliche Kämpfe in Wien seit 1260 (Planitz, Die deutsche Stadt, S. 448, Anm. zu 268).

Muntmannen der Patrizier

Diese Kämpfe wurden für den Frieden der Städte dadurch gefährlich, daß die Patriziergeschlechter sich gefügsame Muntmannen schufen, daß sie also ein unter ganz anderen Verhältnissen erwachsenes Institut in die Stadt übertrugen. Muntmannen aber eines solchen patrizisch-kaufmännischen Herren wurden Elemente, die in dem Leben der Stadt nicht verankert waren, die keiner Zunft oder gar Gilde angehörten und die, schon um ihr Brot zu verdienen, bereit waren, jeden Streit im Auftrag des Herren auszufechten. So wird es verständlich, daß Könige und Fürsten, die das Institut der Munt überall in den ländlich feudalen Verhältnissen fruchtbar anwandten, diese städtische Muntmannschaft mit allem Nachdruck bekämpften. Anschaulich wird das Bild solcher Muntmannen in Shakespeare Romeo und Julia in den Gefolgschaften der Montecchi und Capuletti (vgl. über das Patriziat: Planitz, Die deutsche Stadt, S. 119 ff., 256 ff. und 448. — Bechtel, Wirtschaftsgeschichte I. S. 337 ff. und S. 177).

Patrizier und ritterliche Kultur

Die Einrichtung der Muntmannen sowie die Tatsache, daß die Patrizier zu Pferd zu kämpfen oder berittene Kämpfer zu stellen pflegten sowie vieles in ihrer Lebensweise legte es nahe, daß man rückschauend in den Patriziern einen städtisch gewordenen Adel statt ritterlich sich gebender bürgerlicher Herren sah (Herm. Gumbel, Deutsche Kultur, S. 60 ff., und Johannes Bühler, Kultur des Mittelalters, S. 162 u. a. halten die Patrizier für Ritter, für in der Stadt lebenden Adel — meines Erachtens mit Unrecht). Besonders gute Quellen zur Geschichte des Patriziates sind die Handlungsbücher, die uns von vielen Handelshäusern des Reiches erhalten sind.

Herren waren diese Großkaufleute, die an der Spitze einer großen Firma standen und ihre Warenzüge bis in ferne Länder sandten, die als Bankiers mit Fürsten und Kaisern, die Darlehen brauchten, verkehrten, sicherlich, aber keine ritterlichen Herren. Doch hatte die ab-

sinkende Kultur der ritterlichen Welt noch einen solchen Glanz, daß
die Ritterkultur nun noch eine Nachblüte, eine nachahmende Nachblüte in den Städten erlebte. Eine eigene Lebensform dieser bürgerlich
wohlhabenden Leute bildete sich langsam, aber sie erschien den Geschlechtern der Städte zu alltäglich, zu unfeierlich. Sie hob sie nicht
genügend aus der Masse der Bürger heraus. So schloß man sich an die
absterbende ritterliche Kultur an und verhalf ihr in den Städten zu
einem späten Glanz. Charakteristisch dafür ist, daß man Turniere in
den Städten abhielt, die mit den ritterlichen wetteiferten, so wie man
zum Beispiel 1226 zu Magdeburg einen „Gral" abhielt, zu dem „alle
Kaufleute, die da Ritterschaft wollen üben" aus den benachbarten
Städten eingeladen wurden. In ähnlicher Weise machten die Frauen
und Töchter dieser städtischen Geschlechter die Mode der ritterlichen
Damen mit. Festliche Gelage, zu denen die Patrizier sich zusammenfanden und bei denen man ritterliche Gebräuche und Lebensformen
nachahmte, hießen oft Artushöfe, was sich auch auf die Gebäude
übertrug, wo solche Feste stattfanden, wie sie sich zum Beispiel in Danzig
und Thorn noch lange erhalten haben.

Auch in der Dichtung zeigt sich das gleiche Bild. Schon Gottfried
von Straßburg gehörte dieser bürgerlich lebenden, aber an ritterlichen
Idealen sich ausrichtenden, ritterliche Sitten pflegenden, ritterliche
Heldentaten durch Dichtung und Lektüre feiernden Welt an. Meister
Johannes Hadlaub, ein Hausbesitzer in Zürich (um 1300), verherrlichte
die Minne und den Frauendienst im ritterlichen Stil. Im 15. Jahrhundert
war Püterich von Reicherzhausen ein großer Verehrer von Wolfram
von Eschenbach, der im Land herumreiste, um Wolframs Grab zu
suchen. Um dieselbe Zeit erneuerte in München Ulrich Fuetrer die
Sagen des Artuskreises in einer Dichtung. Wie stark diese ritterlichen
Sagen in den Städten gelesen wurden, geht auch daraus hervor, daß
unter den ersten gedruckten Dichtungen sich der jüngere „Titurel"
und „Parzifal" befinden (1477). Als „Volksbücher" haben sich viele
dieser ritterlichen oder auch antiken Sagenstoffe in ritterlicher Form
bis in die Neuzeit als viel gelesene Lektüre nun gerade der minder
gebildeten Schichten und der Jugend erhalten. Goethe las in seiner
Jugend mit Freude die „Vier Haimonskinder", „Die schöne Melusine",
„Kaiser Oktavian", „Die schöne Magelone" „mit der ganzen Sipp-
schaft". So erlebte die ritterliche Literatur und Kultur hier eine lang-
anhaltende bürgerliche Nachblüte.

Kämpfe zwischen Zünften und Patriziern

Die politische Stellung der Geschlechter in der Stadt, das heißt die
alleinige Ausübung des Stadtregimentes durch diesen Kreis der Patrizier

war in vielen Städten nicht von langer Dauer. Die durch das ganze
Mittelalter sich hindurchziehende Tendenz ging auf Beteiligung immer
weiterer Kreise an der Stadtverwaltung und damit auf einen stetigen
sozialen Aufstieg eben dieser Kreise. Diese Kämpfe wurden aber, wie
das für das Mittelalter selbstverständlich ist, nicht von einzelnen Männern
ausgefochten, sondern von genossenschaftlichen Zusammenschlüssen
der Beteiligten. So standen einst die Bürger im ganzen gegen die Stadtherren auf, dann die Zünfte gegen die Patrizier und schließlich vielerorts
die Zunftgesellen gegen die Zunftmeister. Im Grunde war es ein ein-
heitlicher Kampf, der in verschiedenen Zeiten und auf verschiedenen
Stufen ausgekämpft wurde. Doch traten dort, wo sich Zünfte und Patrizier gegenüberstanden, soziale und wirtschaftliche Antriebe zurück, da
es in den Zünften wie in den Geschlechtern reiche Leute gab; der
politische Kampf um die Anteilnahme am Stadtregiment trat hier in
den Vordergrund. Die Überschau über diese Vorgänge wird dadurch
erschwert, daß alle diese Kämpfe uneinheitlich sind. Sie wurden in den
einzelnen Städten ohne jeden Zusammenhang miteinander geführt, mit
sehr verschiedenen Kräften und sehr verschiedenem Erfolg.

In Köln kam es schon 1216 zu einem Streit zwischen Geschlechtern
und Zünften, den der damals noch in der Stadt maßgebende erzbischöf-
liche Stadtherr zugunsten der Patrizier beendete. Friedrich II. versuchte
im Jahre 1232 noch einmal durch ein generelles Verbot der Zünfte
und auch der Ratskollegien ein politisches Wachstum der Städte zu
verhindern, jedoch vergebens. Jetzt nahmen die Unruhen überall um
so stärker zu, und schon gegen Ende des 13. und im 14. Jahrhundert
kämpfte man an vielen Stellen. Aber erst im 14. Jahrhundert waren
die Zünfte stark genug, um sich vielerorts durchsetzen zu können.
In Esslingen, Ulm, Freiburg, Goslar und Dortmund erreichten sie eine
Beteiligung am Rat. Oft war das aber auch nur eine bedeutungslose
Beschwichtigung wie in Würzburg, wo 1303 in den Rat, der 20 Rats-
herren und zwei Bürgermeister umfaßte, nur zwei Vertreter der Zünfte
zugelassen wurden. Das Ziel der Zünfte war, die Hälfte der Sitze des
Rates zu erlangen. Dies wurde u. a. erreicht in Freiburg, Hagenau,
Straßburg, Zürich, Konstanz, Wien, Stralsund, Naumburg, Mainz,
Dinkelsbühl und Fritzlar. Doch gelang es ihnen auch in manchen
Städten, die völlige oder fast vollständige Herrschaft der Zünfte im Rat
und damit in der Stadt zu gewinnen, so in den meisten flandrischen
und niederländischen Städten, aber auch in Magdeburg, Stendhal,
Nordhausen, Speyer, Ravensburg, Isny und Biberach. Umgekehrt
blieben Bemühungen der Zünfte um Anteil an der Stadtherrschaft
in den alten Hansestädten Hamburg, Lübeck und Bremen ohne Erfolg.
Dort war das Ansehen der Großkaufleute in allen Kreisen der Stadt
zu groß. In einer ganzen Reihe süddeutscher Städte gelang es den
Zünften zunächst, die Macht zu erringen, doch konnten sie sich nicht

behaupten. Denn mit Hilfe der Kaiser als Stadtherren der Reichsstädte
gelang es den Geschlechtern doch, die Zunftherrschaft wieder abzu-
schaffen. So beseitigte Kaiser Karl IV. 1366 die Zunftherrschaft in
Frankfurt a. M. und stellte die Machtstellung der Geschlechter wieder
her. Ähnlich ging es in Regensburg, Basel und Nürnberg. Augsburg
und Esslingen erhielten erst unter Kaiser Karl V. die Geschlechter-
herrschaft wieder und ebenso nach mannigfachem Wechsel Ulm. Ohne
die Hilfe der Kaiser wäre ein solches Zurückstellen der Uhr auch in
diesen Städten wohl kaum möglich gewesen.

Die Kämpfe wurden teilweise mit großer Erbitterung und Grau-
samkeit geführt. Als Beispiele seien Magdeburg genannt, wo nach
dem Sieg der Patrizier 1301 zehn Aldermänner der Zünfte auf dem
Markt verbrannt wurden, Straßburg 1308, Nürnberg 1349, wo die
Rädelsführer enthauptet und sehr viele Bürger geächtet wurden, oder
Köln, wo nach der sogenannten Weberschlacht von 1371 zahlreiche
Weber hingerichtet wurden (vgl. Planitz, Die deutsche Stadt, S. 325 ff.;
Bechtel, Wirtschaftsgeschichte, S. 272 und 301).

Kämpfe der Zunftgesellen gegen die Meister

Die dritte Stufe der Kämpfe in den deutschen Städten des Mittelalters ging von den Gesellen aus. Im Anfang der Städte und Zünfte
gab es keine Gesellenfrage. Denn solange die Betriebe klein waren,
jeder Meister also nur wenige Gesellen und Lehrlinge beschäftigte und
die Städte selbst stark zunahmen, hatte jeder Geselle die Aussicht,
Meister zu werden. Was also im Interesse der Meister gesetzlich festgelegt wurde, kam einmal auch ihm zugute. Außerdem lebten die Gesellen im Haus und der Familie des Meisters, der in der Werkstatt mit
ihnen zusammenarbeitete, so daß irgendwelche Reibungen leicht be-
hoben werden konnten.

Dann aber wurden die Betriebe größer. Sie beschäftigten eine größere
Anzahl von Gesellen, die nun großenteils keine Aussicht hatten, Meister
zu werden, besonders wenn die Zünfte eine Höchstzahl von Meistern
festsetzten. Dazu kam, daß der Meister bei wachsendem Betrieb nicht
mehr regelmäßig in der Werkstatt mitarbeitete, weil er für den Verkauf
der Ware und den Einkauf des Materials sorgen mußte. So wurden
Geselle und Meister einander fremd. Die alte Atmosphäre patriarchalischer
Zusammengehörigkeit bestand nicht mehr. Zunächst versuchte man
sich dadurch zu helfen, daß man den Zwang zum Wandern der Gesellen
einführte, aber das bedeutete doch nur eine Scheinhilfe für den Augenblick. Im Gegenteil wurden nun die Herbergen der Wandernden leicht
zu Sammelstellen der Unzufriedenen, Mißvergnügten, wo nur zu schnell
eine Kampfstimmung gegen die Meister entstehen und sich ausbreiten

konnte. Schon früh hatten die Gesellen sich zu Verbänden (etwa nach dem Muster der Zünfte) zusammengeschlossen. Man feierte gemeinsam Feste, trat gemeinsam bei Prozessionen und anderen Gelegenheiten auf, man ehrte gemeinsam seine Toten und so weiter, wie das die Zünfte auch taten. Doch bald wurden aus diesen Gesellenbruderschaften Kampfverbände gegen die gehaßten Meister der Zunft, die allein im Besitz aller Rechte zu sein schienen. Ja diese Zusammenschlüsse wuchsen gegen Ende des Mittelalters über die Grenzen der einzelnen Stadt hinaus, wie die Zünfte sich in ähnlicher Weise zusammenschlossen. So gab es 1357 ein Schneiderbündnis der Zünfte aus 20 südwestdeutschen Städten und 1361 einen Schneidertag in Schweidnitz, zu dem aus ebenso vielen Städten die Schneider zusammenkamen. An vielen Orten kam es zu heftigen Auseinandersetzungen und harten Kämpfen. Am bekanntesten ist im Jahre 1495 der Kolmarer Bäckerstreit geworden. Er dauerte zehn Jahre. Er war aus einem kleinen Anlaß entstanden: Die Bäckergesellen hatten sich bei der Fronleichnamsprozession zurückgesetzt gefühlt. Schließlich mußten die Zunftmeister und die mit ihnen zusammengehende Stadt Kolmar nachgeben. Man sieht, die Frage der Gesellen, das heißt der Lohnarbeiter, drohte gegen Ende des Mittelalters für den Frieden der Städte gefährlich zu werden.

Das wurde noch dadurch verschärft, daß die Zahl der keiner Zunft Angehörigen, der ungelernten Arbeiter, mit der Zeit wuchs, wenigstens in den großen Städten. Für ihre Tätigkeit als Packträger, Boten, Packer, Wieger, Messer, Zähler, Radtreter oder für allerlei untergeordnete Arbeit im öffentlichen Dienst gab es keine Zunftordnung, aber auch keinen Schutz in Tagen der Not, wie ihn die Zünfte gewährten. Auch diese Leute wurden ein unruhiges Element im öffentlichen Leben. Hier drohte Not. Viele dieser unzufriedenen Gesellen oder arbeitslosen Ungelernten traten in die Landsknechtsheere ein, die damals immer mehr Menschen verlangten, aber das war auch keine gute Lösung. Denn die ausgedienten oder zur Zeit nicht angeworbenen Landsknechte bevölkerten die Landstraßen und zogen als ein jederzeit zu Gewalttätigkeiten bereites Element durch das Land.

Die wirtschaftlichen und sozialen Wandlungen des 16. Jahrhunderts, die außerhalb der uns gezogenen Grenzen liegen, ließen diese Anfänge noch nicht zur Entfaltung kommen. Außerdem muß man sich, um diese Gesellenbewegung und ähnliches im Rahmen des Ganzen richtig beurteilen zu können, klarmachen, daß die 85 bis 90 Prozent der deutschen Bevölkerung, die in bäuerlichen Verhältnissen auf dem Land lebte, von alledem fast nichts spürte und daß die Bewohner der Kleinstädte auch davon unberührt blieben, so daß nur etwa 5 bis 7 Prozent der Bevölkerung die Welt bildete, in der diese Bewegungen vor sich gingen.

Das Bild der Stadt

Will man sich eine klare Vorstellung von dem Stadtbild, aber auch von dem Leben und Treiben der Bürger mittelalterlicher Städte machen, so geht man zweckmäßigerweise nicht von modernen Städten aus — da ist der Abstand zu groß —, sondern von bäuerlichen Landgemeinden des Mittelalters. Denn aus solchen sind ja auch die Städte einmal entstanden. Die Städte des 9. und 10. Jahrhunderts waren entweder Klerikerburgen, so wie wir sie schon kennengelernt haben, oder sie waren ganz überwiegend Ackerbaustädte. Die landwirtschaftlich tätigen Stadtbewohner wohnten in der Stadt und betrieben ihre Landwirtschaft vor den Mauern. Das gilt nicht nur von den wenigen Städten, die es im 9. und 10. Jahrhundert überhaupt gab (im 9.: 40, im 10.: 90 Städte), auch die Städte des 15. und 16. Jahrhunderts, die als Handelsstädte berühmt sind, hatten in ihren Mauern noch eine große Zahl von Ackerbürgern. So hielt man in Frankfurt a. M. im Jahre 1500 noch 1200 Mastschweine, und im Jahre 1400 gab es dort in den Vorstädten noch 229 Scheunen. Die Straßen waren allenthalben nicht nivelliert, meist nicht entwässert und mit Kot bedeckt. Vieh lief auf den Straßen herum. Erst seit dem 14. Jahrhundert wurden die Straßen häufiger gepflastert. Köln hatte damit angefangen, 1310 folgte Lübeck, 1322 Straßburg, 1368 Nürnberg, 1399 Frankfurt und so weiter. Wurde der Schmutz der Straßen zu groß, so legte man gelegentlich Stroh darüber, baute aus Brettern den Häusern entlang einen primitiven Steg, über den man nun recht und schlecht passieren konnte.

Es mag uns zunächst scheinen, als ob man daraus auf Armut der Städte einerseits und auf Gleichgültigkeit gegen das Bild der Stadt und ihrer Straßen schließen könne. Doch das wäre ganz falsch, denn es sind die gleichen Städte, die in der zweiten Hälfte des Mittelalters die schönen, heute noch bewunderten Bauten schufen: Dome, Rathäuser und Bürgerhäuser. Diese sollten das Bild der Stadt bestimmen und bestimmten es. Gegen den Zustand der Straßen war man damals noch gleichgültig. Und welchen Eindruck die deutschen Städte auf ausländische Reisende machten, beweisen viele Zeugnisse. Wir führen als ein Beispiel für viele Äneas Silvius Piccolomini, den späteren Papst Pius II. an: „...Wo gibt es in Europa eine prachtvollere Stadt als Köln?... Nürnberg, diese herrliche Stadt in wahrhaft majestätischem Glanze... Aufrichtig zu reden, kein Land in Europa hat bessere und freundlichere Städte als Deutschland..." lesen wir in seinem Bericht (1458), und andere äußern sich ähnlich. Es ist das ein starker, auffallender Gegensatz, der sich aus zwei Umständen erklärt: einmal durch den großen Wandel in der Lebensweise, den die Bürger in der Zeit von 1200 bis 1500 durchgemacht haben, wie wir später sehen werden, und dann durch den starken Gemeinschaftssinn der Bürger dieser Zeit und ihre Opferbereitschaft für ihre Stadt. Denn wenn wir uns die Bauten der Städte, von denen um 1500 nur etwa zwölf mehr als 1000 Einwohner hatten, ansehen, so will es kaum faßbar scheinen, daß etwa 500 bis 1000 Einwohner, die durchaus nicht alle reich waren, solche Dome, Rathäuser, Stadtmauern, Stadttore, Brunnen und Bürgerhäuser bauen konnten, wie wir das heute noch vielerorts sehen oder bis vor wenigen Jahren sahen. Es sind das außerordentliche Leistungen, die dem großen, opferbereiten Gemeinschaftssinn der Bürger einer solchen Stadt zu verdanken sind.

Der einheitliche Typ der Bürger

Das Bild der Stadt dieser Zeit hat einen einheitlichen Charakter. Das beruht im wesentlichen darauf, daß das Zusammenleben und Zusammenstehen in den Nöten der Stadt einen einheitlichen Charakter der Bürger nicht nur der einzelnen Stadt, sondern auch der Städte einer Landschaft schuf, eine gewisse aneinander angeglichene Art im Denken, Handeln und Reden. Schon der enge Zusammenschluß der Handwerker in Zünften, der Kaufleute in Gilden und beider zusammen in der Bürgerschaft war es, der einen einheitlichen Typ des Bürgers schuf, und die Wandlungen in der Lebenshaltung vom Leben des Bauern zu dem des Bürgers, von denen noch zu reden sein wird, trugen weiter ihr Teil zu einer solchen Vereinheitlichung bei. Diese aber sprach sich dann von außen gesehen in der Einheitlichkeit des Bildes der Häuser, Straßen und Städte aus.

Die meisten Städte zeigten auch einen klaren vorgezeichneten Stadtplan. Er war meist dem Städtegründer zu verdanken, vor allem bei den planmäßigen Neugründungen des 12., 13. und 14. Jahrhunderts. Aber auch, wo die Herrschaft der Städtegründer abgeschüttelt oder bedeutungslos geworden war, behielt man die planmäßige Anlage auch im weiteren Ausbau bei, so daß man heute noch oft den mittelalterlichen Kern der Stadt und seinen Plan erkennen kann.

Straßenleben

Will man sich das Leben und Treiben auf diesen Straßen und Gassen vor Augen stellen, so muß man sich daran erinnern, daß die Ankunft oder die Abfahrt eines der großen Wagenzüge der Kaufleute oder Handelsgesellschaften (denn man reise ja immer in Zügen) ein großes Ereignis darstellte, das die Stadt lange beschäftigte. Hatte die Stadt einen Hafen an einem Fluß oder an der See, so war die Ankunft von Schiffen von dem gleichen Interesse. Fanden Märkte oder gar Jahrmärkte statt, so erfüllte das die Gedanken der Bürger und bestimmte das gesamte Bild einer Stadt während seiner ganzen Dauer.

Aber auch an gewöhnlichen Tagen brachte das Ausrufen, das eine
Zeitung oder Reklame ersetzen mußte, Leben in die Straßen. Der Korb-
macher, der Hausierer, der Kesselflicker, der Messerschleifer, der
„Haderlump" rufende Lumpensammler, der Schornsteinfeger, aber
auch der Baderknecht und Kuchenbäcker waren regelmäßig zu hören
wie die Nacht über der Nachtwächter. Besondere Ereignisse waren es,
wenn ein Zahnbrecher oder ein Wunderdoktor sein Auftreten anzeigte.
Dazu kamen fahrende Leute, Spielleute oder Darsteller irgendwelcher
Art, womöglich noch mit einem selten gesehenen gezähmten Tier.
Weiter trugen die recht häufigen kirchlichen Umzüge, Prozessionen oder
Wallfahrten oder auch Hochzeits- und Leichenzüge zur Belebung der
städtischen Straßen bei. Auch durchziehende fremde Ritter oder Söldner
gab es zu sehen. Ja auch der meist am Markt aufgestellte Pranger,
an dem Männer oder Frauen für leichtere Vergehen zur Schau gestellt
wurden, die Staupsäule für Prügelstrafen oder die sogenannte Wippe,
mit der Bäcker, die zu leichtes Brot gebacken hatten, ins Wasser ge-
taucht wurden, waren stets ein Gegenstand höchsten Interesses.

Schon das Dorf wies wie im Bauen so auch eine gewisse Einheitlichkeit im Leben und Denken auf. Noch viel mehr war das in der Stadt
der Fall, wo man enger zusammenlebte, mehr aufeinander angewiesen
war und gemeinsam die Wandlungen vom Dorf zur Stadt erlebte.

Bauer und Bürger. Wandlungen des Lebens vom Dorf zur Stadt

Die erste bedeutende Änderung der Lebenshaltung ergab sich aus
der Änderung der Arbeit, von der oben schon die Rede war. War ein
Ort zur Stadt geworden (12. Jahrhundert), überwogen Handel und
Handwerk bald die in der Stadt betriebene Landwirtschaft. Sie sank,
von wenigen Ausnahmen abgesehen, zur Nebenarbeit der Handwerker
herab. Der mit Handel und Handwerk aber gegebene Zusammenschluß,
der über das Zusammenarbeiten im Bauerndorf bald hinausging, schliff
viele Sonderheiten ab, glich sie aneinander an. Außerdem brauchte man
nun als Handwerker, aber mehr noch als Kaufmann geschäftliche
Gewandtheit im Umgang mit Menschen und weiten Blick, Verständnis
auch für die andere, von der eigenen abweichende Art des Menschen,
mit dem man zu tun hatte, und die Möglichkeit, um einige Jahre voraus
berechnen zu können. Das alles verlangte Ordnung und Berechnung,
Planen und Sparsamkeit mit bestimmtem Ziel, was dem Bauer meist
fremd gewesen war. Das schuf in dem Bürger einen neuen Menschen-
typ, der sich vom Bauern deutlich unterschied.

Anderseits standen der bäuerliche und der Handwerkertyp in manchem zusammen der Art des in großen Unternehmungen lebenden

Kaufmanns gegenüber. Beide nämlich erstrebten im allgemeinen keine Weiterentwicklung, sondern ein Beharren in den bestehenden Zuständen, eine Befriedigung in der altgewohnten Arbeit. Von hier aus wurde das Bewußtsein der meisten Menschen beider sozialen Gruppen bestimmt. Sogar die Tatsache, daß der Bauer in den Kämpfen des 15. und 16. Jahrhunderts nicht nur um Erhaltung guten alten Rechtes, sondern auch unter dem Schlagwort von der „Göttlichen Gerechtigkeit" um eine Verbesserung seiner sozialen und politischen Lage stritt, blieb bei den meisten unter der Schwelle des Bewußtseins, besonders weil man das Wort vom guten alten Recht stets im Munde führte. Ebenso nahm der Handwerker Aussichten auf einen wirtschaftlichen Aufstieg gern hin und kämpfte in den Zünften um eine Besserung seiner Lage, aber dies Streben war in der Hauptsache politischer Art und ließ wirtschaftliche oder soziale Besserung an zweiter Stelle, im Gegensatz zu der Geisteswelt der Kaufmannschaft, bei der das Streben nach einem wachsenden Gewinn bald ganz im Vordergrund stand. Demgegenüber trat das Sichmühen um eine innere Befriedigung in der Arbeit althergekommenen Stils weit zurück. Auch die Handwerksmeister, die sich zu Unternehmern entwickelt hatten, wie wir es zum Beispiel im Textilgewerbe kennengelernt haben, beherrschte das Gewinnstreben in gleicher Weise. Der großen Masse der Handwerksmeister aber und der Gesellen lag ein solches reines Gewinnstreben völlig fern.

Von der herrschaftlichen zur genossenschaftlichen Bindung

Trotz dieses Gegensatzes hatte diese Entwicklung eine deutlich hervortretende Einheitlichkeit aller Stadtbewohner zur Folge. Je mehr nämlich die Herrschaft des Stadtherrn abgeschüttelt wurde, um so stärker mußte der Genossenschaftsgeist der nun auf sich selbst gestellten Bürger, ihr Verantwortungsbewußtsein für das Ganze werden. Zwei Perioden in der Geschichte der Bürger scheiden sich deutlich durch den Wechsel von Treu- und Gefolgschaftsbindungen zu genossenschaftlichen Bindungen, also von vertikalen herrschaftlichen zu horizontalen Verbindungen Gleichgestellter. Auch der Typ des Bürgers in seiner durchschnittlichen Gestaltung spricht diese Gegensätzlichkeit aus.

Nun aber waren die Bürger auch bereit, Wachdienste zu leisten, am Mauerbau mitzuarbeiten oder dafür beizusteuern und so weiter, hing doch das Wohl und Wehe aller von solchen Leistungen ab. Mit der Zeit trat eine gewisse Wandlung dadurch ein, daß mit zunehmendem Erfolg der Geschäfte und steigendem Reichtum der Stolz dieser Bürger auf ihre Stadt stieg und nun die Bauten, Rathäuser, Kaufhäuser, Tore, Türme und Brunnen nicht mehr so sehr Ausdruck der wirtschaftlichen

oder wehrpolitischen Notwendigkeit, sondern ebensosehr des bürgerlichen Stolzes wurden. Auch das steigerte die beobachtete Opferfreudig-
keit. Beim Bau der Kirchen sprach natürlich die Frömmigkeit der
Bürger, von der noch die Rede sein soll, das entscheidende Wort, aber
sie sind daneben doch auch in starkem Maße Ausdruck des Stolzes der
aufsteigenden Bürgerschaft und des Wettbewerbes verschiedener Zünfte
und Gilden, die eigene Altäre stifteten und Kapellen bauten, und verschiedener benachbarter Städte miteinander. Ohne diesen Stolz des
Bürgers auf seine Stadt, seine Zunft oder seine Handelsgesellschaft
wäre vieles im Leben der Städte unverständlich.

Das Bürgerhaus

Auch das Bürgerhaus, das zunächst nur ein in die Stadt übernom-
menes Bauernhaus war, änderte bald unter den Erfordernissen des
städtischen Lebens seine Formen. Ställe und Scheunen verschwanden
oder wurden klein und mit dem Hof hinter das Wohnhaus zurück-
gedrängt. Das Wohnhaus selbst wurde unter dem Einfluß der Raum-
knappheit schmäler und höher. Die Seite mit dem nun steil ansteigenden
Giebel wurde nach der Straße zu gelegt. Dorthin kam auch der Eingang,
da man meist eng Haus an Haus baute. Das Erdgeschoß enthielt nun
bei kleineren Verhältnissen die Arbeitsräume, also die Werkstatt des
Meisters und die Küche, das Obergeschoß die Wohn- und Schlafräume
und darüber befand sich ein Dachgeschoß, im Süden die Bühne genannt, mit
Vorratsräumen. In wohlhabenderen Häusern wurde alles etwas größer
ausgestattet, das Erdgeschoß ergänzte eine Diele (Hausflur), das Obergeschoß ein Vorsaal. Oft traten im Laufe der Zeit die Kontore des Kaufmanns oder des handwerklichen Herren an die Stelle der alten Werkstatt, was dem Haus einen veränderten Charakter gab. Im ganzen aber
hatte das bürgerlich-städtische Haus ein ziemlich einheitliches Gesicht,
wobei die Bauform, die Art des Fachwerks und die Art der verwendeten
Steine je nach der Landschaft wechselte. Die meisten Häuser waren noch
Fachwerkbauten. Der Steinbau, den man von den Römern gelernt
hatte, drang im Kirchenbau, bei Königs- und Bischofspfalzen, dann
auch bei Häusern von Fürsten und von wohlhabenden Kaufleuten
immer weiter vor. Doch war er in den Städten und mehr noch auf dem
Lande immer eine Ausnahme, so daß man bestimmte Häuser als „stei-
nernes Haus" eindeutig für die Bürgerschaft bezeichnen konnte. Doch
wurde das Fundament und der damit sich ergebende Keller bald in
der Regel aus Stein gebaut.
Eine gewisse Änderung des Bildes ergab auch die Einrichtung von
Läden in Häusern von Handwerkern oder Krämern. Doch müssen wir
alle unsere heutigen Begriffe von Läden und ihrer Größe weit zurück-

schrauben, wenn wir ein Bild ihrer mittelalterlichen Vorgänger bekommen wollen. Oft war es nur ein etwas erweitertes besonders gestaltetes
Fenster. Aber für die damalige Stadt war auch das schon etwas Besonderes.

Auch die Verglasung der Fenster kommt in den Städten erst im
14. und 15. Jahrhundert auf. Noch im 13. Jahrhundert waren die Fenster nicht verschlossen und schloß man die Läden, so wurde es im Zimmer
dunkel. Man half sich zunächst, wie auf dem Lande, mit mancherlei
Verhüllungen der Fensteröffnungen und verkleidete kleine Stellen mit Glas,
oder man erweiterte die verglasten Stellen auf die Hälfte des Fensters.
Viel hat man aber jedenfalls auch bei den kleinen, oft grünlichen Butzen-
scheiben nicht gesehen.

Der Stubenofen, vom Bauernhaus in der Form eines verkleinerten
Backofens übernommen, wurde etwa Ende des 14. Jahrhunderts meist
ersetzt durch den glasierten Kachelofen, der im Laufe der Zeit je nach
der Wohlhabenheit des Besitzers immer reicher und bunter ausgestattet
und mit ehrenden Sitzen an den Seiten versehen wurde. Beides, Fenster
und Kachelofen schufen die vielbesprochene Gemütlichkeit und Heime-
lichkeit der Stube des Hauses zur Winterzeit.

In den Städten hielt man sich gern Vögel aller Art in Käfigen
oder man ließ auch besonders zahme Vögel frei im Zimmer fliegen.
Antonio de Beatis berichtet darüber aus Oberdeutschland. Wir kennen
den Brauch aber auch aus Thüringen. Auch das trug zur Charakteri-
sierung der alten deutschen Stuben bei.

Die meisten Häuser trugen Namen, unter denen sie und ihre Bewohner in der Stadt bekannt waren, zum Beispiel zum Hirsch, zum
Hasen, zur Krone etc. Ein dem Namen entsprechendes Bild kennzeichnete meist das Haus von außen. War der Besitzer ein Patrizier, so
bezeichnete er das Haus mit seinem Wappen, das Patrizier nach dem
Vorbild des Adels regelmäßig annahmen. Ja in manchen Städten ging
diese Mode so weit, daß alle ratsfähigen Familien Wappen führten.

Wieweit in diesen Städten eine besondere Gruppe von Geschlechtern
oder Patriziern bestand und diese ein besonders der Ritterschaft ab-
gesehenes kulturelles Leben führten, hing von der wirtschaftlichen
Struktur jeder Stadt und dem Ausgang der in ihr bestehenden innerpolitischen Streitigkeiten, Kämpfe oder auch nur Spannungen ab.
Ein einheitliches Bild ist hier nicht zu geben.

Frauen- und Familienleben

Auch das Frauen- und Familienleben hatte mit dem Übergang vom
Dorf zur Stadt eine Veränderung erfahren. Zwar die rechtliche Grundlage, die Muntherrschaft des Mannes über Frau und Kinder, blieb

dieselbe, die sie in bäuerlichen Verhältnissen war. Doch die Arbeitsteilung, die im Bauernhof der Frau ein besonderes Reich in Kindererziehung, Hühnerhof, Garten und Kleinviehzucht zuwies, änderte sich.
Denn abgesehen von der Kindererziehung verengerte sich dieser Kreis
im städtischen Haushalt sehr oder er verschwand sogar ganz. Dafür
wuchs im Handwerkerhaushalt der Frau eine neue Aufgabe zu, die
Fürsorge für die in der Hausgemeinschaft lebenden Lehrlinge und
Gesellen. Das sicherte der Frau Meisterin eine achtunggebietende
Stellung, wie wir sie noch in vielen Volksliedern und Erzählungen
nachklingen hören. Die Achtung, die man der Bäuerin neben
dem Bauern entgegenbrachte, hatte sich in die vor der „Frau Meisterin" verwandelt, oft nicht zum Nachteil der Frau. Dazu kommt,
daß in manchen Handwerken ein bestimmter Arbeitsprozeß der
Frau zugewiesen wurde und in manchen kleineren Handwerken
der Verkauf. Auch das hob die Stellung der Frau im ganzen des
Lebens. Als in späteren Jahrhunderten gar für viele Gesellen die
Heirat mit einer Meisterstochter fast der einzige Weg war, um zu einer
Meisterstelle zu gelangen, war damit erneut eine Steigerung der Bedeutung von Meisterin und Meisterstochter gegeben.

Neben alledem scheint sich auch das Bild der Frau im städtischen
Haus etwas verschoben zu haben. Wenn wir aus der Schwankliteratur
mit Vorsicht Schlüsse ziehen können — und dazu sind wir sicherlich
berechtigt —, so scheint die städtische Frau der bäuerlichen Frau gegenüber herrischer und gewalttätiger geworden zu sein, was durch die ihr
zugewiesene Aufsicht über Lehrlinge und Gesellen nicht verwunderlich
wäre. Anderseits ist ganz augenscheinlich die Bildung der städtischen
Frauen unter dem Einfluß des weiteren Blickes, den die Stadt bot, und
der Kenntnisse, die hier schon durch Handel und Verkehr zuströmten,
weit reicher und besser geworden. Wir brauchen nur in die uns erhaltenen
Briefwechsel von Frauen und Mädchen hineinzusehen, um das vollauf
bestätigt zu finden.

Noch einen zweiten Schluß lassen diese Korrespondenzen von
Männern und Frauen zu: das ist der auf die Innigkeit der Beziehungen
innerhalb der Familien. Ich glaube nicht, daß diese sich gegenüber
den bäuerlichen Kreisen gesteigert hatte (wenn man nicht Bildungs-
einflüsse hier als bedeutsam ansehen will), aber wir erfahren jetzt mehr
darüber, da man nun Briefe schreiben konnte und schrieb und diese —
wie die der jungen Magdalena Paumgartner — uns teilweise zufällig
erhalten sind.

Man heiratete sehr früh, wie ja auch oft in bäuerlichen Kreisen.
So heiratete Albrecht Dürers Mutter mit 15 Jahren, Ulman Stromers
zweite Frau mit 14½ Jahren und seine Tochter mit 14 Jahren. Das
kam in allen Bevölkerungsschichten häufig vor. In Nürnberg mußte
zum Beispiel die Stadtverwaltung verbieten, daß Lehrlinge heirateten.

Leider können wir nicht übersehen, ob diese frühen Ehen gute oder
schlechte Folgen hatten.

Frauenüberschuß

Aus dem späteren Mittelalter wissen wir, daß ein Geburtenüberschuß
der Frauen bestand und es wird wohl im ganzen Mittelalter so gewesen
sein. In der dörflich-bäuerlichen Welt war dieser dadurch aufgefangen
worden, daß in allen Bauernhöfen Raum und Arbeit für unverheiratete
weibliche Familienmitglieder (Tanten) reichlich vorhanden war. Im
städtisch-bürgerlichen Haus war das Mitleben von „Tanten" schon
um des Raumes willen nur in geringerem Maße möglich. Außerdem
fiel gar manche Arbeit, die in einem ländlichen Haushalt noch so neben-
bei erledigt werden mußte, weg. Daraus ergab sich ein Drängen von
unverheirateten Frauen zur Berufsarbeit. In den ersten Jahrhunderten
hatten die Zünfte und Stadtregierungen solchen Frauen Zutritt zu den
Zünften gegeben, vor allem den Witwen von Meistern. Doch bald
entschied man nach engeren Grundsätzen, so wie alle Zunftbestimmun-
gen damals eingrenzten, wo sie nur konnten. Die Pestjahre in der Mitte
des 14. Jahrhunderts erhöhten noch den Frauenüberschuß. Die weit
verbreitete Heimarbeit im Textilgewerbe, besonders in der Gold- und
Seidenspinnerei, beschäftigte und ernährte viele dieser Frauen. Auch
der neugegründete Orden der Beginen nahm einen Teil dieser ledigen
Frauen auf, da er weniger strenge Forderungen stellte. Aber ein großer
Notstand blieb in vielen Fällen doch bestehen.
    Wenn die Schilderung, die Hartmann von der Aue im Anschluß
an Chrétiens von Troyes von einem großen Spinnereibetrieb mit 300 Arbeiterinnen gibt, nur ein Stück Wahrheit enthält, ist sie schon die Be-
schreibung eines erschreckenden Notstandes für solche unverheirateten,
als Arbeiterinnen beschäftigten Frauen.

Frauenhäuser und Prostituierte

Auch die große Zahl von Prostituierten in Frauenhäusern gegen
das Ende des Mittelalters ist von da aus verständlich.
    Erstaunlich ist die Selbstverständlichkeit, mit der man in der Be-
völkerung, aber auch bei den Behörden, ja selbst in der Geistlichkeit,
mit dem Vorhandensein dieser Frauenhäuser rechnete. Kam zum
Beispiel ein Fürst als Gast in eine Stadt, so gehörte der Besuch eines
solchen Hauses zu den von der Stadtregierung zusammengestellten und
bezahlten Festveranstaltungen. Oder hören wir ein anderes Zeugnis:
In der Lebensbeschreibung von Wilwolt von Schaumburg lesen wir:
„Herr Wilwolt richtete (zu Gent) ein Bankett her, lud dazu den obersten

englischen Kapitän mit seinem trefflichsten Adel und viele andere
große Herren und mächtige Leute ein ... Dazu hatte er von Brügge
und Flandern die allerhübschesten Frauen, die da sein möchten, dazu
die besten Spielleute, bestellt. Da fingen sie an zu tanzen und waren
fröhlich, und zur Nacht verehrte er einem jeden Herren eine hübsche
Frau, mit ihr nach des Landes Gewohnheit zu schlafen. Des Morgens
wurden sie ihm alle gütlich wieder abgeliefert, wofür er sich höchlich
bedankte. Er beschenkte eine jede gebührend und schickte sie ehrlich
nach Hause." Ein so großes Fest war natürlich eine Ausnahme, aber
der Zusatz: „nach des Landes Gewohnheit" zeigt, daß Ähnliches, wenn
auch in kleinerem Ausmaß mindestens dort in Flandern und Burgund
allgemeine Sitte war. Eine gleichartige Einstellung den Frauenhäusern
gegenüber in deutschem Bürgertum zeigt die Nördlinger Frauenhaus-
ordnung von 1472, die mit den Worten beginnt: „Dieweil die Mutter
der heiligen Christenheit (die Kirche), um mehrerem Übel zuvorzu-
kommen, duldet, daß man in einer Kommune ein Frauenhaus und freie
Töchter in diesem hat ..." Eine solche Einstellung wird zum Teil verständlich durch die damals ziemlich allgemein verbreitete medizinische
Lehre von den Körpersäften, nach der ungenügende sexuelle Betätigung
beim Mann zu einer Krankheit und allenfalls sogar zum Tode führe.
Darum ward damals auch die völlige sexuelle Enthaltsamkeit von
Heiligen und Priestern als eine ganz besondere Leistung empfunden und
gefeiert.

Essen und Trinken

Was Essen und Trinken anbelangt, so ließe sich das meiste früher
vom Bauern Gesagte auch für die Bürger wiederholen, oder das vom
Ritter Erzählte übertragen, je nachdem, ob es sich um kleinere Leute
oder Patrizier handelte. Sparsames Essen am Alltag und üppiges Schmau-
sen bei Hochzeiten, aber in geringerem Maße auch an den hohen Feiertagen des Jahres war auch hier allgemein üblich. So wird von der Hochzeit einer Bäckerstochter in Augsburg im Jahre 1406 berichtet, daß
20 Ochsen, 49 Zicklein, 500 Stück verschiedenes Federvieh, 1006 Gänse,
25 Pfauen, 46 Mastkälber, 95 Mastschweine und 15 Truthähne ge-
schlachtet worden seien. Man sieht, der zunehmende Reichtum mancher
städtischen Kreise trieb auch diese Sucht, bei Festen mit dem eigenen
Wohlstand zu glänzen, sehr in die Höhe. Auch wurde der Speisezettel
das ganze Jahr über abwechslungsreicher als er auf dem Lande war,
da der Handel ausländische Gewürze, fremde Weine und dergleichen
brachte, und auch im gewöhnlichen Verlauf des Jahres der Markt
leicht die Möglichkeit, sich mit mancherlei Speisen zu versorgen, bot.
Zudem lernte der Kaufmann, der fremde Märkte und Länder auf-
suchte, eine große Zahl bisher unbekannter Speisen kennen.

Kleidung

In der Kleidung hat man augenscheinlich damals in der Stadt einen großen Luxus getrieben, und zwar gingen hierin, im Gegensatz zu heute, die Männer voran. Ihre Kleidung war farbenprächtig, reich geschmückt und wechselte häufig mit der Mode. Aber auch die Frauen standen dahinter kaum zurück. Der Patrizier wetteiferte mit dem Ritter und kleidete sich nach seiner Weise nur häufig viel kostbarer. Der Zunftmeister aber und die Frau Meisterin wollten hinter den Patriziern nicht zurückstehen. Die Stadtverwaltungen und Landesstaaten griffen oft ein und setzten in „Kleiderordnungen" dem Luxus bestimmte Grenzen oder beschränkten den Gebrauch bestimmter Stoffe und ähnliches auf eine bestimmte Gruppe der Bevölkerung. Aber sehr viel scheinen diese Kleiderordnungen nicht geholfen zu haben. Auch ließen sie oft noch recht weiten Spielraum, so zum Beispiel wenn in Regensburg die Höchstzahl von Röcken und Mänteln für Frauen auf je 18 festgesetzt wurde, damit man immer wechseln könne.

Schulbildung der Kinder

Allmählich erhielten in den Städten die Kinder immer häufiger ein gewisses Maß von Schulbildung. Während noch in den ersten Zeiten der neugegründeten Städte von wenigen Ausnahmen abgesehen nur die künftigen Geistlichen eine regelmäßige Schulbildung bekamen, entstanden seit dem 14. und 15. Jahrhundert häufiger Schulen, die keine gelehrte Bildung vermittelten, also keine „Lateinschulen" waren, sondern „deutsche Schulen", in denen man lernte, was der junge Handwerker und Kaufmann nötig hatte: Lesen, Schreiben, Rechnen und etwas Geographie. Meist wurden sie von den Städten errichtet und unterhalten, aber auch an Klosterschulen schlossen sich ähnliche an. Auch Private richteten mancherorts solche Schulen gegen Entgelt ein. Die Bezahlung der Lehrer war meist gering. Wir wissen zufällig, daß der Rat der Stadt Frankfurt den Lehrern der Knabenschule am Leonhards- und Liebfrauenstift soviel Gehalt gab, wie man einem Söldner an Sold zu geben pflegte.

Die Schulzucht dieser Schulen war wie die der alten Klosterschulen meist streng, die Haselruten spielten eine große Rolle. Die Schüler mußten diese übrigens selbst auf Spaziergängen schneiden; virgatum ire nannte man das. Nur an einem Tag im Jahr, dem sogenannten Kindleinstag (28. Dezember), ließ man alle Zügel schießen. Alle Schulordnung war da aufgehoben. Die Schüler wählten sich selbst einen Abt oder Bischof aus ihren Reihen, ahmten parodierend kirchliche Zeremonien nach, sangen Spottlieder nach frommen Melodien und ähnliches mehr. 1249 beschwerte sich das Kloster Prüfening bei dem Papst über Ausschreitungen bei einer solchen Gelegenheit, doch augenscheinlich ohne rechten Erfolg.

So gingen in der Stadt nun die Kinder, auch wenn sie nicht für den geistlichen Stand bestimmt waren, meist in die Schulen, und zwar fast alle in die Stadt- oder Volksschulen. Patrizierfamilien schickten ihre Kinder öfter auch in Lateinschulen. Auch auf dem Lande besserten sich nach dem Vorbild der Städte die Schulverhältnisse. Doch lernten die Kinder das, was sie außer Lesen, Schreiben und Rechnen brauchten, nicht in den Schulen, sondern in der Lehrlingszeit vom Meister und den Gesellen oder im Kontor des Kaufmanns sowie auf der Wanderschaft der Gesellen. Die Erziehung aber lag mehr als in der Hand der Schule in der der Eltern und dann in der des Lehrmeisters und der Frau Meisterin oder des Kaufherren und seiner Familie, zu dem der Knabe in die Lehre trat.

Die Badstuben

Eine städtische Einrichtung waren auch die Badstuben, die in dem Leben der Bürger eine große Rolle spielten. Ihre Zahl nahm gegen Ende des Mittelalters sehr zu. In Nürnberg zählte man acht Badstuben, in Breslau zwölf und in Wien sogar 29. Das sind für die geringe Bevölkerungszahl der Städte große Zahlen. Auch in die größeren Dörfer drangen die Badstuben damals ein.

Da in den Häusern eine rechte Badeeinrichtung fehlte (wenn man nicht eine hölzerne Waschbütte als solche rechnen wollte), waren die öffentlichen Badstuben eine Notwendigkeit der Reinlichkeitspflege und der Hygiene.

Meist standen in den Badstuben nur große Kufen mit warmem Wasser, in denen eine oder zwei Personen sitzen konnten, oft Mann und Frau gemeinsam. Ein Schwitzbad, Abreiben, Übergießen oder auch Schlagen mit Wedeln durch die Baderin ergänzte oft dieses Sitzbad.

Da man meist lange im Bade blieb und bei dem Zusammensein im Bade spielte, aß, trank oder sang, wurde bald eine gesellige Unterhaltung daraus, und das nahm immer mehr zu. Die Städte mußten Badeordnungen erlassen, um mißbräuchliche Verwendung der Bäder zu verhüten und die notwendige Ordnung sicherzustellen, so in Wien in den Jahren 1400, 1421 und 1464. In der zweiten Hälfte des 15. und im 16. Jahrhundert kam es, als Rückschlag, zu einer großen Verminderung der Badstuben, einmal weil der sehr große Holzverbrauch damals bei den abnehmenden Wäldern nicht mehr zu verantworten war, und auch darum, weil die damals stark auftretende Syphilis durch die Badstuben stark verbreitet wurde.

Krankheiten

Krankheiten bedrückten das Leben in den Städten weit mehr als auf dem Land, denn hier traten Epidemien sehr leicht und mit großer Heftigkeit auf. Das enge Aufeinanderwohnen, die enge, oft lichtlose Bauart, das stehende Wasser in den Gräben, in die allerlei Unrat hineingeleitet wurde, die Verseuchung der Brunnen durch die nahegelegenen Senkgruben und die Beerdigung der Toten innerhalb der Mauern der Stadt, das alles beförderte die Entstehung von Seuchen. Die schlimmste war der „Schwarze Tod" in den Jahren 1346 bis 1350, der sich von Sizilien und wenigen Teilen Italiens über Marseille, Südfrankreich, Oberitalien, Spanien, England, Rußland und Deutschland ausbreitete und eine Unzahl von Opfern kostete. Manche Städte waren nahezu entvölkert, da viele, um sich zu retten, aus den verseuchten Städten flohen. Aber mit diesen Jahren war die Gefahr noch nicht überstanden. In Frankfurt a. M. waren zum Beispiel in der folgenden Zeit die Jahre 1352, 1356/57, 1364, 1365, 1396/97, 1402, 1412, 1418, 1419, 1420, 1428, 1438, 1439, 1443, 1449, 1450, 1451, 1461, 1463, 1467, 1468, 1473 und 1480 bis 1482 große Sterbejahre. Die Zahlen der Opfer übertreiben die Berichte leicht, da sie von so großen Zahlen sich keine Vorstellung machen können, aber in Nürnberg betrug nach dem Zeugnis eines Mitglieds der Familie Tucher die Zahl der Toten von August 1462 bis zum Februar 1463 4493 und im Jahre 1494 8780. Was man medizinisch sich unter diesem „Schwarzen Tod" und ähnlichen Krankheiten vorzustellen hat, läßt sich heute kaum noch feststellen.

Ärzte und Apotheken

Schon um der Seuchen willen war der Bedarf an Ärzten gegen Ende des Mittelalters sehr groß. Bis dahin war es damit im ganzen Abendland schlecht bestellt. Denn abgesehen von der volksmedizinischen Tätigkeit der „weisen Frauen", der Schäfer und anderer im Dorf übten nur die Kleriker und vor allem die Mönche ärztliche Tätigkeit aus. In den großen alten Klöstern wie Sankt Gallen gab es Krankenstuben, Kräutergärtlein und mit dem Krankendienst vertraute Mönche, die auch ihr Wissen an Jüngere weitergaben. Es bestand hauptsächlich in der Kenntnis der wichtigsten Schriften der antiken Medizin und aus einer gewissen Erfahrung der Praxis. Doch war es den Geistlichen verboten, chirurgische, blutige Eingriffe vorzunehmen, weil, wenn sie dadurch — wenn auch guten Willens — den Tod eines Menschen verursacht hätten, sie dauernd für das Priesteramt untauglich geworden wären. So spaltete sich die Chirurgie sehr zum Schaden der Kranken von der anderen Medizin ab und wurde besonders ausgebildeten Chirurgen oder gar

Badern überlassen. Den Klerikern blieb nur die innere Medizin und das
Gebet, das mehr und mehr an bestimmte heilige Nothelfer für bestimmte Krankheiten gerichtet wurde (Blasius gegen Halsschmerzen,
Sebastian, Rochus und Quirin gegen die Pest, Agathe und Mamertus
gegen Brustkrankheiten, Dionysius von Paris gegen die „Franzosen-
krankheit" u. a.). Zur Versorgung von Verwundeten siehe Abb. 14, S. 176.

Ein Anstoß zur Weiterentwicklung der Medizin kam von den Ara-
bern her, die als Erbe des Hellenismus die klassische griechische Medizin
beherrschten, weit über die in den abendländischen Klöstern verbreiteten
wenigen Werke hinaus. Zwar war dem Muslim schon die Abbildung
des menschlichen Körpers verboten und mehr noch die Sektion mensch-
licher Leichen, zudem hinderte der Glaube an die unbedingte Autorität
der griechischen Medizin eigene Weiterarbeit, aber trotzdem genügte
doch das, was die Araber vermittelten, dazu, in Salerno, das von jeher
in engen Beziehungen zu Byzanz und dem Orient stand, eine fruchtbare
medizinische Schule entstehen zu lassen. Konstantin von Afrika, ein
christlicher Sohn afrikanischer Eltern (gestorben 1087 in Monte Cassino),
übersetzte dort Werke der arabischen Ärzte Hali Abbas und Ibn al-
Dschazzar und gab sie, da sie unter dem Namen von Heiden keine
Wirksamkeit gehabt hätten, in seinem eigenen Namen heraus. Anschließend daran erschien dort eine große Lehrsammlung mit Auszügen
aus Galen, Hippokrates und anderen. So wurde Salerno seit dem 11.
und mehr noch im 12. und 13. Jahrhundert der Mittelpunkt des medizinischen Studiums, besonders da man dort auch am Tierkörper die
Anatomie und praktisch auch die Chirurgie erforschte. Neben Salerno
entwickelten sich in Toledo unter arabischem und in Montpellier unter
antikem und jüdisch-sarazenischem Einfluß wichtige und einflußreiche
medizinische Hochschulen.

Das alles beeinflußte das ganze Abendland und auch Deutschland.
Von überall zogen Studenten nach Salerno, um Medizin zu studieren.
Welches Ansehen Salerno auch in deutschen ländlichen Kreisen hatte,
zeigt die Dichtung Hartmanns von der Aue: „Der arme Heinrich",
der seinen Helden nach Salerno ziehen läßt, um dort geheilt zu werden.

Bald entstanden aber auch andere allgemeine Universitäten im
Abendland und in Deutschland, die die Kenntnis der neuen medizinischen Wissenschaft verbreiteten. Im 12. Jahrhundert entstand Bologna,
um 1200 Paris, 1222 Padua, 1224 Neapel, im 13. Jahrhundert Oxford,
1348 Prag, 1365 Wien, 1386 Heidelberg, 1388 Köln, 1409 Leipzig und
so weiter. Nun durchzogen fahrende Studenten von allenthalben her
Deutschland, um auf einer dieser Universitäten neben anderem auch
Heilkunde-Wissenschaft zu erlernen. Und überall hören wir von nam-
haften Ärzten. In Deutschland war der bedeutendste Nikolaus von Cues
(gestorben 1464), während der vielgenannte Agrippa von Nettesheim
mehr den großen Schaumschlägern zugerechnet werden muß. In Bologna

machte Ugo Borgognoni (gestorben vor 1258) Versuche zu einer All-
gemeinnarkose mit Schwämmen, die mit betäubenden Säften getränkt
waren. Die Bedeutung der Infektion sahen einzelne Ärzte schon seit
dem 13. Jahrhundert. Doch erst seit der Pestzeit wurde dieser Gedanke
allgemein aufgenommen, und nun besonders die Aussätzigen isoliert.
Im 14. und 15. Jahrhundert erschienen überall zahlreiche Schriften zur
privaten Hygiene. Übertrieben aber wurde die Bedeutung der Uroskopie,
die bisweilen zur Spielerei ausartete. Auch die Wichtigkeit der Messung
des Pulses wurde bald allgemein erkannt.

Diese sich entwickelnde Medizin suchten nun auch die Landesstaaten
und vor allem die Städte für sich nutzbar zu machen. Voran ging unter
dem Einfluß des griechisch-arabischen Erbes der Staat der Normannen
und Friedrichs II. in Sizilien und Unteritalien. Dort regelte eine Ver-
ordnung König Rogers II. von Sizilien schon 1140 das Ärztewesen, und
Gesetze Friedrichs II. bauten es aus. Examina wurden für die Ausübung
der medizinischen Praxis als Voraussetzung eingeführt und ein prakti-
sches Lehrjahr (Assistentenjahr) gefordert.

Auch die deutschen Städte gingen vom 13. Jahrhundert an dazu
über, beamtete Stadtärzte einzuführen, die die städtischen Behörden in
Fragen der Seuchenbekämpfung, der allgemeinen Hygiene, der gerichtlichen Medizin, der Beaufsichtigung der Hebammen, der Apotheken
und anderem zu beraten und zu unterstützen hatten. Außerdem waren
sie zur unentgeltlichen Behandlung der Armen verpflichtet. Seit dem
13. Jahrhundert gab es Apotheken in allen größeren Städten und seit
dem 14. Jahrhundert städtisch angestellte vereidigte Hebammen. Eine
erste Hebammenordnung erließ im Jahre 1452 die Stadt Regensburg.
Sie enthielt Bestimmungen über die Auswahl und das Examen der
Hebammen, sowie über ihre Beaufsichtigung und anderes mehr.

Krankenhäuser

Die wichtigste Neuerung auf diesem Gebiet war, daß die deutschen
Städte seit dem 13. und 14. Jahrhundert überall städtische Kranken-
häuser errichteten.

Vorher gab es solche nur im Anschluß an die Klöster. Auf den
Kreuzzügen übernahmen die neugegründeten Ritterorden (vor allem
der Johanniter- und der Deutschherren-Orden) die dort so notwendige
Pflege der erkrankten Kämpfer und Pilger. Sie richteten anschließend
daran auch bald in der abendländischen Heimat Hospitäler ein, doch
übernahmen bald die Städte viele dieser Neugründungen. Neben den
von der Stadtregierung eingerichteten und unterhaltenen Kranken-
anstalten standen vielerorts solche von frommen Stiftungen, ja sie waren
manchmal in der Mehrzahl. Doch dürfen wir uns alle diese Häuser

nur als sehr klein für unsere Begriffe vorstellen; allerdings waren ja
auch die Bevölkerungszahlen entsprechend niedrig. In einigen dieser
Hospitäler hatte man auch schon den Mut zu größeren Operationen.
So ist der Göppinger Chirurgenmeister Hans Seyff zu Ende des 15. Jahrhunderts für solche bekannt (zum Beispiel Unterleibstumoren). Um
1300 wurden auch die Brillen erfunden, und zwar wahrscheinlich von
italienischen Glasschleifern.

Kurpfuscher und Aberglaube

Neben den Ärzten und Chirurgen oder Wundärzten wirkten überall
Bader und Barbiere. Sie hatten die Berechtigung, zur Ader zu lassen,
zu schröpfen, Zähne zu ziehen, Knochenbrüche und Verrenkungen,
Geschwüre und frische Wunden zu behandeln. Mit Unterstützung einzelner Landesherren suchten sie ihre Befugnisse immer weiter aus-
zudehnen.

Oft waren hier die Grenzen zu den Kurpfuschern schwer zu ziehen,
die von Stadt zu Stadt wandernd auf den Jahrmärkten auftraten und
durch grobe Reklame, durch oft gefälschte Diplome oder durch sinn-
lose Versprechungen sich Patienten zu verschaffen wußten und ihre
Wundermittel zu verkaufen. Sie führten oft von gewissenhaften Ärzten
abgelehnte Eingriffe wie Starstich und Steinschnitt aus. Mißlang die
Operation, so waren sie meist schnell verschwunden, gelang sie einmal,
so wußten sie sich daraufhin von wenig sachverständigen kleinen Landesherren Diplome zu verschaffen.

Auch die Astrologie errang sich über Sizilien von Arabien her, von
Friedrich II. zum Beispiel gefördert, eine gewisse Bedeutung für Diagnose und Krankenbehandlung. Horoskope ergaben Prognosen in
Krankheitsfällen, und Mondphasen sagten an, wann bestimmte thera-
peutische Mittel anzuwenden seien (vgl. zu diesem Kapitel: Paul Diepgen, Geschichte der Medizin, Die historische Entwicklung der Heilkunde und des ärztlichen Lebens. 1949).

Frömmigkeit der Bürger

Schon die zahlreichen Stiftungen zugunsten der Kranken, die Bauten
von Krankenhäusern, aber auch von Kirchen und Kapellen weisen auf
eine besondere, von andern Ständen verschiedene Haltung des Bürgers
religiösen Fragen gegenüber hin. Nun ist es sicherlich nicht so, daß die
Bürger der Städte sogleich und stets eine andere Frömmigkeit gezeigt
hätten als die Bauern und Ritter, aber im Laufe der Zeit wurden doch
unter dem Einfluß des neugestalteten Lebens auch neue Züge der

Frömmigkeit sichtbar. Einmal war der Bürger seiner ganzen geschilderten Art nach eher bereit, Wandlungen, die der allgemeinen Religionsgeschichte angehören, auch seinerseits zu bejahen und zu übernehmen als der Altgewohntes stets festhaltende Bauer. So wurde die im 12. Jahrhundert allenthalben beginnende Neigung zu größerer Gefühlsbetonung im Bereich der Frömmigkeit, wie sie sich von Bernhard von Clairvaux über die zarteren Marienlieder zu der Mystik hinzieht, im städtischen Leben früher spürbar als auf dem Land, ohne daß diese Tendenz nun einer besonderen Neigung des Bürgers entspräche.

Aber andere Wandlungen waren durch das neue städtische Leben der Bürgerwelt bedingt. Vor allem erwuchs aus dem nun das ganze Leben bestimmenden Genossenschaftsgedanken ein ausgeprägter sozialer Sinn. Man spürte nun lebhafter die Verpflichtung, dem in Not geratenen Nebenmenschen zu helfen, zunächst einmal innerhalb der Zunft oder der Gilde, die unter dem Einfluß solcher Verpflichtung zu sozialen Hilfseinrichtungen wurden, dann aber auch im Kreis der gesamten Bürgerschaft. Barmherzigkeit und Liebe des Nächsten wurden nun zu den ersten Verpflichtungen eines Christenlebens. Eine Vorstufe dazu gab es auch schon in der Entwicklung der ritterlichen Frömmigkeit, wo im 12. und 13. Jahrhundert der Begriff der Barmherzigkeit Kraft bekam, wo der den Mantel teilende Martin und andererseits der die erbarmende Frage unterlassende Parzifal Ausdruck dieser Gedanken wurden. Aber nun erwachte solches soziale Pflichtbewußtsein in den viel weiteren Kreisen des Bürgertums, dem in den größer werdenden Städten viel größere Aufgaben gestellt waren. Almosengeben hatte die Kirche schon immer verlangt, und in den Zeiten der Ottonen gehörte es zu dem Wesen eines rechten Fürsten und Herren, daß er viele Almosen gab. Aber nun stand nicht mehr das Almosen an erster Stelle, sondern die bittere Not, die man vor sich sah und der man abhelfen wollte, und damit hatte die ganze Hilfe einen anderen Sinn bekommen, jetzt erst wurde sie zu einer innerlich geforderten Konsequenz des Gemeinschaftslebens. So wurden die großen Opfer, die die geringe Zahl der Bürger dieser Städte in den Stiftungen für Kranke, Arme und Alte brachten, ganz verständlich. Das Christentum dieser Städte war zu einer Frömmigkeit christlicher Nächstenliebe geworden.

Damit steht in enger Verbindung, daß auch die für diese Zeit und diese bürgerliche Welt charakteristischen Orden Träger solcher Liebestätigkeit in Idee und Werk waren. Sie waren es, die diesen Hilfswillen der Bürger in die Tat umsetzen halfen, sie waren es aber auch, die als Bettelorden in Armut und Liebestätigkeit diese Gedanken vorlebten und in ihrer Predigt verbreiteten. Franziskaner, Dominikaner, Augustiner und andere gingen hier einen gemeinsamen Weg, der sich von dem der alten Orden, der Benediktiner, aber auch von dem der Zisterzienser und Prämonstratenser unterschied.

Frömmigkeit und Masse gegen Ende des Mittelalters

Die neu gegründeten Orden unterschieden sich auch noch in einem
zweiten Punkt: Die alten Orden waren Ausdruck der Frömmigkeit
einzelner Herren, ihrer Gefolgschaften und Lehenskreise und vor allem
ihrer Geschlechter, also kleinerer Gruppen sich absondernden Charakters, die Minoriten dagegen Ausdruck des frommen Willens der Bürger-
schaften oder in zweiter Linie auch der Zünfte und Gilden, also jedenfalls umfassender Verbände. So ist es denn nicht zu verwundern, wenn
die Frömmigkeit dieser bürgerlichen Welt teilweise den Charakter einer
Massenbewegung bekam mit den Suggestionserscheinungen, dem Mit-
reißen der einzelnen, mit der Begeisterungsfähigkeit im guten wie im
schlechten Sinn, mit dem Nachlassen der Kritik vor dem Wollen einer
großen Zahl. Ich denke etwa an die Geißlerbewegung, an die religiöse
Tanzwut, aber auch an die Häufigkeit von Prozessionen und Wallfahrten, an die Riesenversammlungen zu Predigten der großen Volksprediger
wie Berthold von Regensburg, Geiler von Kaisersberg oder Abraham
a Sancta Clara. Das alles waren Anzeichen einer Frömmigkeit, die mit
Massen von Zuhörern und Anhängern rechnete, die mit Massenpsycho-
logie und Wirkungen von Massensuggestion arbeiten mußte. So kann
man hier sehr wohl von Massenfrömmigkeit reden, wenn auch die
Zahlen, die wir heute hinter diesem Begriff zu sehen glauben, sicherlich
nicht vorhanden waren, entsprechend den Zahlen der damaligen Bevölkerung der Städte. Denn auch der Begriff der Masse ist relativ, er
muß gesehen werden im Verhältnis der besprochenen Menschengruppe
zu den von dieser Stelle aus überhaupt zu erreichenden Menschen. Es
kann gegebenenfalls auch von einem zahlenmäßig kleinen Kreis aus
eine psychologische Massenwirkung ausgehen, wie wir sie heute nur
in Menschenmengen von viel größerer Zahl kennen.

Soziale Verantwortlichkeit

Diese Massenfrömmigkeit hatte in der tief empfundenen Verpflichtung, füreinander auch im größeren Kreis zu sorgen, in dem Bewußtsein, füreinander verantwortlich zu sein, also die Ehre und den Ruf
eines Gewerbes oder einer Stadt wahren zu müssen, und in der daraus
entspringenden Opferbereitschaft ihre Größe und Schönheit, aber sie
hatte auch in Erscheinungen wie den gegen Ende des Mittelalters häufiger
werdenden Hexenverfolgungen, in denen alle ruhige Kritik der Vernunft
zurücktrat vor der Suggestion der aufgeregten Massen, ihre häßliche
Kehrseite. Hexenglaube gab es als Erbe des Heidentums schon zu allen
Zeiten, aber erst die Tatsache, daß man auf den Kreuzzügen im Morgen-
land Hexenprozesse kennenlernte, und die gegen Ende des Mittelalters

zunehmende Massensuggestion ließen es jetzt zu zahlreichen Hexenprozessen kommen. So stehen Licht- und Schattenseiten nebeneinander.

Natürlich war nicht gleichzeitig alles verschwunden, was bäuerliche und ritterliche Religiosität ausmachte. Vieles von der Gottesstreiterfrömmigkeit suchte sich mit den Resten ritterlicher Kultur in den Adels- und Patrizierkreisen zu erhalten, doch ohne rechten Erfolg. Die auf Fruchtbarkeit des Landes gerichtete bäuerliche Frömmigkeit blieb in dem Dorf erhalten, und soweit Ackerbau und Viehzucht auch von der Stadt aus noch betrieben wurde, auch dort in der Stille. Der Grundglaube aber bäuerlicher Frömmigkeit, daß das ererbte Recht von Gott sei, daß Recht oder Gerechtigkeit Gottes Wesen ausmache, wandelte sich entweder in die nun aktiv vorwärtstreibende Idee der „göttlichen Gerechtigkeit" oder er verblaßte vor dem Satz: Gott ist die Liebe, jedoch so, daß auch der alte Glaube noch dahinter stand.

In den Volksfesten und -bräuchen waren noch manche Reste aus heidnischer Zeit lebendig, so wenn an einem Sonntag in der Fastenzeit Feuer auf den Bergen entzündet und mit Stroh umwundene Räder brennend den Berg hinabgerollt wurden, an Fastnacht dämonen- und hexenartige phantastische Masken auftauchten, an Johanni Feuer angezündet wurden, durch das die Paare hindurchsprangen, und so vieles mehr.

Trotz solcher mannigfachen Reste und vieler Gemeinsamkeiten mit der bäuerlichen Welt trug doch die Frömmigkeit in den Städten einen besonderen Charakter. Denn auch die Eigenart der neuen Kirchen, der großen gotischen Hallenkirchen war nicht nur von der baukünstlerischen Technik des Gewölbebaues und von der Kunstgeschichte aus zu verstehen, sondern sie waren ebensosehr Ausdruck einer neuen Frömmigkeit von Menschengruppen und Gemeinschaften, die stolz waren auf das, was sie gemeinsam errungen hatten, und die das neue Selbstbewußtsein der Zunft, der Gilde oder der ganzen Stadt ausströmen ließen in Lob- und Dankeshymnen, für diese waren die neuen Kirchen erst der rechte Rahmen, der den Schall sammelnde Hintergrund.

Der neue Charakter dieser Frömmigkeit sprach sich auch darin aus, daß nun Laien in immer größerer Zahl sich in ordensähnlichen frommen Gemeinschaften zusammenschlossen. Dahin gehören vor allem die den Franziskanern und Dominikanern angeschlossenen Tertiarier und die im Nordwesten des deutschen Kulturbereiches sehr weit verbreiteten Beginen und die „Brüder vom gemeinsamen Leben". Aber auch die Gesellenverbände und manche Zünfte und Gilden wiesen in zunehmendem Maße einen religiösen Charakter auf, indem sie die alten ihnen obliegenden Aufgaben, den Totenkult, die Wallfahrten, die Errichtung und Pflege von Kapellen und Altären nun mit besonderer Aufmerksamkeit erfüllten. Erst diese gemeinsam ausgeführten Frömmigkeitsakte gaben neben der sozialen Fürsorge und dem politischen Kampf dem Leben dieser Kreise den rechten Charakter.

VII. FAHRENDE LEUTE

Fahrende Leute

Das enge Zusammengehörigkeitsgefühl der Gemeinschaften und Genossenschaften hatte eine bittere Kehrseite für alle die, die außerhalb von ihnen standen. Wer kein Bauer, kein Bürger, kein Ritter, kein Mönch, kein Zunftmeister und kein Geselle oder Lehrling war, genoß keine Achtung. Dazu gehörten herumziehende Händler, Juden, herumziehende Schausteller und Spielleute, aber auch Wanderärzte, Wanderprediger und Fremde aller Art, soweit sie nicht unter dem Schutz eines Herren standen oder etwa für einen Kaufherrn reisten. Nicht als ob man diese „Fahrenden Leute" überall verächtlich behandelt hätte oder als ob sie Hunger hätten leiden müssen. Nicht das war ihre größte Not. Aber in einem Volk, in dem die Heimat eine so große Rolle spielte, waren die, die keine Heimat oder nur eine in der Ferne hatten, den anderen Menschen nicht gleichgestellt.

Die Spielleute zum Beispiel waren bei allen Festen gern gesehen, auch wenn sie am Sonntagabend im Dorf auftauchten und bereit waren, zum Tanz aufzuspielen. Vor allem aber waren sie auf den Burgen der Herren schon immer gesuchte Leute, da man in ritterlichen Kreisen immer wieder Feste feierte und dazu Spielleute heranholte. Es war ein wechselvolles Leben. Während der Feste, während sie zum Tanz aufspielten oder Tafelmusik machten, auch kleine Szenen lustiger Art mimisch darboten, ging es ihnen gut. Von der Festtafel fiel genug ab, um sie reichlich zu ernähren, und fröhliche Festbesucher waren mit Geschenken nicht sparsam. Aber dann kamen vielfach lange Monate, in denen sie auf den Straßen umherirrten ohne rechte Bleibe und ohne feste Einnahme, wenn nicht ein bäuerliches Fest, eine Hochzeit oder dergleichen ihnen wieder Gelegenheit zum Musizieren und Geldverdienen bot. Bei Festen gehörten sie mitten in die Gesellschaft ritterlicher oder bäuerlicher oder auch bürgerlicher Kreise hinein, dann aber gehörten sie wieder zu den „fahrenden Leuten", ohne irgendwo beheimatet zu sein, ohne zu einem der festen Kreise zugehörig zu sein, ja ohne rechten Rechtsschutz zu haben. Schlimmer noch war, daß sich im allgemeinen die Kirche ihnen verschloß und ihnen kein ehrliches Begräbnis gewährte.

Es galt allgemein: Wer außerhalb der anerkannten Gemeinschaften der Bauern, der Bürger, der Zünfte und Gilden stand, genoß keine Achtung. Es waren Menschen zweiten Grades, die man meist als unehrliche Menschen bezeichnete.

Erschwerend kam hinzu, daß unter diesen fahrenden Leuten gar manche waren, die um irgendeines Vergehens willen aus ihrer Heimat verbannt waren oder auch nur wegen eines politischen oder anderen Streites die Verbannung erdulden mußten. Nahm sie niemand schützend auf, so vermehrten auch sie, die weit bessere Tage gesehen hatten, den Kreis dieser fahrenden Leute. Eben dieses Schicksal aber hatten auch entlaufene Mönche oder Studenten, die es zu nichts gebracht hatten, und in den späteren Zeiten des Mittelalters alternde, ausgediente Landsknechte. Gerade diese letztgenannte Gruppe aber schädigte das Gesamtansehen dieser fahrenden Leute, auch wenn man mit einzelnen Spielleuten und Vaganten noch so gute Erfahrungen gemacht hatte. Von ihnen allen reden die Urkunden nicht und die Chroniken sehr selten, aber man muß sich ihr Bild vor Augen halten als Kehrseite des sehr ausgeprägten Gemeinschaftslebens, das in der Stadt, aber auch auf dem Land das Leben in der zweiten Hälfte des Mittelalters charakterisierte.

Zigeuner

Dieses Bild ließe sich für die ersten Jahrhunderte des Mittelalters auch ohne die Zigeuner zeichnen und wäre mit diesem Verzicht sogar sachlich richtiger. Da sie aber der Tradition nach für die meisten Betrachter zum Bild des Mittelalters und seiner fahrenden Leute gehören, sei doch noch einiges über dieses eigenartige Völkchen zugefügt.

In das Bild des Mittelalters gehören sie nur am Rande hinein. Denn erst 1417 hören wir von ihnen in Norddeutschland, 1422 waren sie in Bologna und 1427 in Paris. In Ungarn hören wir von ihnen schon 1417. Aber in späteren Zeiten, etwa vom 16. Jahrhundert ab, sind sie es hauptsächlich, die die Fahrenden Leute Deutschlands bildeten. Sie befaßten sich mit sonst selten gepflegten Handwerken, als Kesselflicker und Kupferschmiede, aber auch den Pferdehandel betrieben sie oft und vor allem waren sie Spielleute. Ihre Frauen und Mädchen ließen sich auch als Tänzerinnen sehen.

Sie stammen, wie sich aus ihrer Sprache erweisen läßt, aus Indien, sind aber dort schon etwa um 1000 ausgewandert und haben sich dann in einem griechisch sprechenden Land aufgehalten. In Europa haben sie sich vor allem an drei Stellen festgesetzt: einmal in Ungarn, und viele der später bei uns auftretenden Zigeuner hatten einen Anklang an ungarisches Wesen und ungarische Sprache während dieses Aufenthaltes übernommen. Eine zweite große Gruppe landete an der Rhonemündung in Südfrankreich. Der Legende nach sind dort Maria Salomaea, Maria Jakobaea und andere Personen, die zur Umgebung Jesu gehörten, gelandet, zusammen mit ihrer Dienerin Sara aus Ägypten. Ihnen wurde eine unweit der Rhonemündung erbaute Kirche geweiht, speziell wurde Sara die Heilige der Zigeuner. Noch heute besteht dieses Heiligtum der Zigeuner, und noch heute kommen die Zigeuner am 24. Mai jedes Jahres dort zu einer großen Wallfahrt in der Kirche Les Saintes Maries zusammen. Die Zigeuner verbreiteten im 15. und 16. Jahrhundert die Legende, sie kämen aus Ägypten und ihnen sei auferlegt, in Europa eine Reihe von Jahren zu wandern, da ihre Vorfahren die heilige Familie auf der Flucht nach Ägypten nicht unterstützt hätten. Diese Legende eröffnete ihnen bei ihrem Eindringen in Südeuropa manche Türen.

Die Camargue, die Landschaft am Rhonedelta, war lange unfruchtbar und wenig bewohnt. Griechische Kolonisten von Massila her hatten den Kult der Diana von Ephesus und des Mithras in diesem armen Land heimisch gemacht. Das vermischte sich nun mit dem Glauben und der Eigenart der Zigeuner.

Die dritte Stelle, an der Zigeuner zu finden waren, war Spanien, und zwar neben dem Baskenland, vor allem die Gegend von Granada. Eine Grotte am Monte Sacro, wo früher die arabisch-islamische Religion ihr Heiligtum hatte, wurde nun eine Kultstätte der Zigeuner, wobei manches aus dem Islam und den arabischen Kultgebräuchen in die Gebräuche der Zigeuner eingegangen ist.

Überall brachten die Zigeuner ihre Freude an der Musik und ihre Musik selbst von Indien mit, vermischten sie aber mit der in der neuen Heimat üblichen Art der Musik. In Spanien schied man noch lange den Canto Jondo, den schwermütigen suggestiven Gesang der Zigeuner, von dem Canto Flamenco, dem heiteren spanischen Lied, zu dem die Zigeuner auch manches beigetragen hatten.

Für die alte Musik der Zigeuner ist es charakteristisch, daß sie magischen Charakter hat, daß sie suggestiv wirken will, mit anderen Worten, daß es Zauberlieder sind, die sie singen. Damit hängt auch der immerwiederkehrende Wechsel des Rhythmus zusammen. Wir wissen von solchen Liedern, die Dämonen (Vampire) austreiben sollten, die mit dem Canto Jondo begannen, schwermütigen, aber in eine Art Trance versetzenden Weisen, auf die plötzlich immer schneller werdende rasende Rhythmen folgen, die den Hörer in eine Art Raserei versetzen sollen, bis er zusammenbricht. Dann ist der Dämon vertrieben. Einen Rest solcher magischen Musik haben wir heute noch im ungarischen Czardas, der auch den überraschenden Wechsel des Rhythmus ebenso wie den magisch suggerierenden Charakter in manchen seiner Teile kennt.

Die eigentümliche Art der Zigeuner ist nur zu verstehen, wenn man sich vor Augen hält, daß sie im Grunde keine rechten Christen waren. Sie schlossen sich überall, wo sie sich eine Heimat — und sei es auch nur eine Wanderheimat — suchten, dem Christentum an in der Form, die sie dort vorfanden. Aber im Grunde blieben sie bei ihrem alten Glauben, wenn sie auch Wallfahrten zu christlichen Heiligen gern mitmachten.

Ihren eigenen Glauben charakterisiert einmal das feste Zutrauen zu der Macht der Zauberei. Zigeunerfrauen zauberten nicht wie heute so manche aus Freude an Taschenspielereien, obwohl sie gerade in diesen große Geschicklichkeit besaßen. Sie wahrsagten ebenso im festen Glauben an die Macht solchen Könnens. Darum waren auch ihre Lieder ursprünglich einmal Zauberlieder. Damit hängt eng zusammen, daß sie an das Weiterleben der Toten als Geister in der sie umgebenden Welt glaubten. Das sind nicht gelegentlich bei Zigeunern auftretende Eigenarten des Glaubens, sondern das ist der Kern ihrer Frömmigkeit und unter ihnen allgemein.

Die Gemeinschaft der Sippe oder des Stammes ist unter den Zigeunern sehr hochgeachtet. Gegen sie vergeht sich kaum einmal jemand. Und wo diese Gemeinschaft etwa aufgelöst wird, hört auch ihr kennzeichnendes Leben auf. Der einzelne bleibt kein echter Zigeuner.

Außerhalb der Gemeinschaft werden Diebstahl in kleinem Ausmaß oder kleine Betrügereien nicht verworfen. Ja, die jungen Zigeuner werden oft im Diebstahl ausgebildet, die Buben in einer besonderen Art, mit zwei Fingern zu stehlen, die Mädchen mit den Beinen. Aber im eigenen Kreise sind sie zuverlässig. An der Spitze der Sippe oder des Stammes steht der puri rom (der Zigeunerkönig oder Zigeunergraf). Aber für die Sitte in Sippe oder Stamm ist die puri dai, die Sippenmutter verantwortlich. Sie spielt im Leben des Stammes eine große Rolle. Mischehen sind selten, ebenso jeder Ehebruch. Alle Zigeuner sind kinderlieb. Daher auch der große Kinderreichtum. Deshalb ist es auch unwahrscheinlich, daß der oft gegen sie erhobene Vorwurf des Kinderdiebstahls irgendwie gerecht gewesen sei. Sie hatten selbst Kinder genug. Als Motiv könnte man sich nur das Streben nach Lösegeld oder das Bestreben, Inzucht zu vermeiden, denken. Doch ist das letztere sehr unwahrscheinlich.

Im 16. bis 18. Jahrhundert nahmen die deutschen Kaiser die Zigeuner wie alle „fahrenden Leute" in ihren Schutz. Ein Mitglied der Reichsritterschaft übernahm in einem bestimmten Bezirk den Schutz der Zigeuner. Er hielt Gericht über die Zigeuner, sie kamen mit Streitigkeiten zu ihm. Dafür erhielt dieser Schutzvogt bestimmte Abgaben und dazu wurde er — das scheint allgemeine Gewohnheit gewesen zu sein — bei den Diebereien usw. verschont. Versuche Maria Theresias und ihres Sohnes, die Zigeuner zur festen Ansiedlung zu bewegen, scheiterten.

VIII. SCHLUSS

Übersehen wir nun noch einmal die Wandlungen der Struktur des Lebens für das deutsche Volk im Laufe dieser Jahrhunderte, so erscheint der Wechsel zweier Arten von Bindungen von Mensch zu Mensch als die bedeutsamste Erscheinung. Zu Anfang unserer Periode trat der Schutzvertrag zwischen zwei Menschen, also die Schutzherrschaft einerseits, die Schutz- oder Muntuntertänigkeit andererseits, durchaus in den Vordergrund. Es war das angesichts des Fehlens eines allgemeinen sicheren öffentlichen Schutzes meist keine gewaltmäßige Unterjochung des Mannes durch den Herrn, sondern es war, wo wir näher zusehen, eine Bindung voll Wärme. Patriarchalisches Verantwortlichkeitsgefühl korrespondierte mit Geborgenheitsgefühl und daraus entspringend dem Bewußtsein, eine Gegenleistung in Arbeit oder der Gabe von Arbeitserträgnissen geben zu müssen und geben zu wollen. Dieses Muntverhältnis bestand zwischen Mann und Frau, zwischen Vater und Sohn, zwischen dem Grundherren und dem abhängigen Bauern, zwischen dem Grafen und den Leuten der Grafschaft, zwischen dem König und allen Männern seines Königtums. Es war also eine einheitliche und völlig durchsichtige und klare Struktur des gesamten Lebens.

Das war im 14. und 15. Jahrhundert durchaus nicht mehr so. Den Längsbindungen der Herrschaft (des Schutzes oder der Munt) standen Querverbindungen der Gleichgestellten gegenüber. Das mußte kein feindlicher Gegensatz sein. Es konnte sich sehr gut eine wohl ausgebildete Stadtgemeinde mit der Stadtherrschaft eines bestimmten Herrn (vielleicht des Gründers oder eines Wohltäters der Stadt) zufrieden erklären. Die Regel wird es allerdings nicht gewesen sein.

Die Fürsten schlossen sich dem König gegenüber zusammen, mit besonderem Nachdruck die Kurfürsten. Die Ritter traten in Ritterbünden auf, die Handwerker in Zünften, die Handelsherren in Gilden.

Von den Stadtgemeinden, den Gemeinden der Dörfer oder auch bestimmter Gruppen von Dörfern wie der Reichsdörfer war schon die
Rede. Sie bekamen bald besonderen Einfluß. Aber auch die Lehrlinge
und die Gesellen einer Zunft schlossen sich zusammen, so wie auch
die Studenten einer Universität. Selbst die Bettler sehen wir öfters
zusammengeschlossen.

Alles in allem war es eine ganz veränderte Struktur des Lebens.
Neue Bindungen entstanden und traten in Wettbewerb mit den alten,
ja sie drängten die alten zurück. Es war das Ende des Feudalismus auf
allen Lebensgebieten. Auch die Heere wurden nicht mehr dadurch
zusammengehalten, daß ein Herr die zur Heeresfolge Verpflichteten
aufbot, daß er also mit seinen Mannen auszog, sondern dadurch, daß
Gruppen von Landsknechten mit dem, der Führer eines Heeres werden
wollte, ein Vertragsverhältnis eingingen.

Diesen Wechsel spürten natürlich die, die bis dahin die Gefolgsleute schlechthin waren, die Ritter, am schärfsten. Man hat diese veränderte Stellung der Adelsherren in der zweiten Hälfte des Mittelalters
immer gesehen, und man hat die verschiedensten Tatsachen dafür verantwortlich gemacht: die Erfindung des Schießpulvers, das Eindringen
des Geldwesens, den besseren, festeren Bau der Festungen und Stadtbefestigungen. Das alles hat natürlich mitgewirkt. Aber die Hauptsache
war doch, daß die Bindungen, die die Menschen zusammenhielten,
andere geworden waren, daß die Bande der Feudalität: die Gefolgschaftstreue, die Lehensfolge, aber auch die von Gott geforderte unbedingte Gefolgschaft im Kampf um hohe, gottgegebene Ziele, wie sie
zum Beispiel die Kreuzzüge darstellten, verblaßten. Das hat man meist
übersehen.

Das setzte sich bis in das Innere der Familien hinein fort. Die Karikaturen und Spottlieder auf die herrschsüchtigen Frauen, die sich der
früher selbstverständlichen Herrschaft des Mannes in der Familie nicht
mehr fügen wollten, sondern selbst eine Herrenstellung verlangten,
zeigen denselben Wechsel der Bindungen von Mensch zu Mensch schon
im intimsten Teil, der Familie. Ich erinnere nur daran, mit welcher
Selbstverständlichkeit man noch im 13. Jahrhundert das Recht des
Mannes, seine Frau zu schlagen, anerkannte und wie oft das Gegenteil: die den Mann verprügelnde Frau, in Zerrbildern und Spottgedichten
des 15. und 16. Jahrhunderts zu sehen ist.

Gewiß mochte das an jeder einzelnen Stelle des Lebens als eine
unbedeutendere kleine Angelegenheit erscheinen, aber sah man es zusammen, so konnte man eine solche leichte Bewertung des Wandels
nicht mehr beibehalten. Eine große Änderung hatte sich vollzogen.

Dabei war es nicht zu leugnen, daß an gar manchen Stellen die alten
Lebensformen mehr Schönheit besaßen als die neuen, daß mit einer
größeren Tradition viel mehr Sicherheit und Klarheit in den alten Formen

noch erhalten wurde. Aber das konnte nicht aufwiegen, daß doch sehr große Teile des Volkes in den neuen Lebensformen neue Pflichten mit neuen Rechten erwarben, daß man nun anderes von ihnen erwartete, und diese Erwartung vieles wachrief und sich entwickeln ließ, was bisher verborgen war.

Doch die Linien des politischen und sozialen Lebens gingen nicht in dieser Richtung weiter. Nicht von den Königen, nicht von den Rittern oder den Stadtherren ging diese Gegenbewegung aus, sondern von den Landesstaaten, die im 15. und 16. Jahrhundert in Deutschland wie im ganzen Abendland sich bemühten, mit aller Kraft die Macht ihres neuen Landesstaates zu konsolidieren und dem entgegenstehende Mächte zu beseitigen; das aber waren vor allem Gemeinden, also Gebilde mit starken Querverbindungen der Gleichen: Stadtgemeinden, Gemeinden freier (ehemals königlicher) Bauern, Landgemeinden sehr verschiedenen Gepräges. Sie waren es, die sich in dem Bauernkrieg von 1525 zusammenfanden. Zunächst hatte man durchaus den Eindruck, als ob es in den bisher gezogenen Linien weitergehen sollte, als ob der Kampf zu einer Anerkennung dieser Gemeinden durch die bisherigen Mächte führen werde. Verträge dieser Art wurden schon in allen Teilen des Landes geschlossen. Da griffen einige nach neuen Formen und nach neuer Kraft suchende Landesstaaten, ohne auf die gestellte Frage nach den Gemeinden näher einzugehen, durch. Das „Zusammenrotten" der Bauern und Bauerngemeinden war für sie „Widerstand gegen die Obrigkeit", obwohl es durchaus nur als Demonstrationszüge gemeint war, und so griffen sie durch. Ihren Waffen aber waren die Bauerngemeinden und andere Verbündete nicht gewachsen. So unterlagen sie. Damit aber war die Entwicklungslinie dieser Mächte, die so viel Zukunft zu haben schienen, gebrochen. Die Fürsten des Krieges, es war hauptsächlich Landgraf Philipp von Hessen und Bayern unter der Führung des Kanzlers Dr. Leonhard Eck und der Kurfürst von der Pfalz, hatten erreicht, was sie wollten. Das war die für diese ganze Entwicklung zunächst entscheidende Stunde.

Und doch hätte es damals so nahe gelegen, diese Gebilde der Querverbindungen, der genossenschaftlichen Zusammenschlüsse in die neu sich formierenden Staaten einzubauen; ihre Kraft wäre dann dem Ganzen zugute gekommen. Das soziale wie das politische Leben Deutschlands in den nächsten Jahrhunderten wäre andere Wege gegangen. Andere „Obrigkeiten" und andere „Untertanen" hätten das Leben Deutschlands bestimmt.

DIE WICHTIGSTE LITERATUR

Adel und Bauern im deutschen Staat des Mittelalters. Hrsg. v. Theodor Mayer (12 Aufsätze verschiedener Verfasser). 1943.

Andreas Willy, Deutschland vor der Reformation. 6. neubearb. Aufl. 1959.

Baetke Walter, Das Heilige im Germanischen. Tübingen 1942.

Bartels Adolf, Der Bauer in der deutschen Vergangenheit. 1900.

Bechtel Heinrich, Wirtschaftsgeschichte Deutschlands. 1951.

Bechthuen M., Beweggründe und Bedeutung des Vagantentums in der lateinischen Kirche des Mittelalters. Jena 1941.

Bidlingmaier Maria, Die Bäuerin in zwei Gemeinden Württembergs. Diss. Tübingen 1918.

Biese Adolf, Das Naturgefühl im Wandel der Zeiten. 1926.

Bloch Marc, Le monde féodal. In: Collection. Evolution de l'humanité, vol. 34.

Bosl Karl, Die Reichsministerialität als Element der mittelalterlichen deutschen Staatsverfassung im Zeitalter der Salier und Staufer. In: Adel und Bauern. 1943.

Ders.: Die Reichsministerialität der Salier und Staufer. In: Schriften der Monumenta Germaniae Historica, 10. 1950.

Bühler Johannes, Die Kultur des Mittelalters. 1931—1948.

Dawson Christopher, Die Gestaltung des Abendlandes. 1951.

Diederichs Eugen, Deutsches Leben der Vergangenheit in Bildern. 1908.

Diepgen Paul, Geschichte der Medizin, die historische Entwicklung der Heilkunde und des ärztlichen Lebens. 1949.

Dopsch Alfons, Wirtschaftliche und soziale Grundlagen der europäischen Kulturentwicklung aus der Zeit von Cäsar bis auf Karl den Großen. 2. Aufl. 1923 und 1924. 2 Bde.

Ders., Die wirtschaftliche Entwicklung der Karolingerzeit, vornehmlich in Deutschland. 2. Aufl. 1921 und 1922; 3. erw. Aufl. 1962. 2 Bde.

Ders., Die deutsche Kulturwelt des Mittelalters. 1924.

Dungern Otto Frh. von, Adelsherrschaft im Mittelalter. 1927.

Ehrismann Gustav, Geschichte der deutschen Literatur bis zum Ausgang des Mittelalters. 1927 und 1935. 2 Bde.

Ennen Edith, Frühgeschichte der europäischen Stadt. 1953.

Ernst Viktor, Die Entstehung des niederen Adels. 1916.

Ders., Mittelfreie. Ein Beitrag zur schwäbischen Stammesgeschichte. 1920.

Ficker Julius, Vom Reichsfürstenstand. Forschungen zur Geschichte der Reichsverfassung im 12. und 13. Jahrhundert. 1861.

Finke Heinrich, Die Frau im Mittelalter. In: Sammlung Kösel, 62.

Fischer Alfons, Geschichte des deutschen Gesundheitswesens. 2 Bde. 1933.

Gerdes Heinrich, Geschichte des deutschen Bauernstandes. In: Aus Natur und Geisteswelt, 320. 3. Aufl. 1928.

Gleichen-Rußwurm Alexander von, Der Ritterspiegel. Geschichte der vornehmen Welt im romanischen Mittelalter. 1918.

Ders., Die gotische Welt. Sitten und Gebräuche im romanischen Mittelalter. 1919.

Golther W., Die deutsche Dichtung 800—1500. 2. Aufl. 1922.

Groenbech Vilhelm Peter, Vor Folkeaet i oldtiden. 4 Bde. 1909—1912. Deutsche Übersetzung aus dem Dänischen von Ellen Hoffmeyer unter dem Titel: Kultur und Religion der Germanen. 4. Aufl. 1942.

Gumbel Hermann, Deutsche Kultur vom Zeitalter der Mystik bis zur Gegenreformation. In: Handbuch der Kulturgeschichte, hrsg. v. H. Kindermann. 1936.

Hagelstange Alfred, Süddeutsches Bauernleben im Mittelalter. 1898.

Hampe Karl, Das Hochmittelalter. Geschichte des Abendlandes von 900—1250. 1932; 5. Aufl. 1963.

Hampe Theodor, Fahrende Leute in der deutschen Vergangenheit. In: Monographien zur deutschen Kulturgeschichte, hrsg. v. Georg Steinhausen, 10. 1902.

Hashagen Justus, Kulturgeschichte des Mittelalters. Eine Einführung. 1950.

Heer Friedrich, Aufgang Europas. 1949.

Ders., Die Tragödie des Heiligen Reiches. 1952.

Ders., Europäische Geistesgeschichte. 1953; Neudruck 1957.

Heimpel Hermann, Deutsches Mittelalter. 1941.

Ders., Das Wesen des deutschen Spätmittelalters. In: Archiv für Kulturgeschichte. 1953, S. 29ff.

Ders., Deutschland im späteren Mittelalter. In: Handbuch der deutschen Geschichte I, 5. 1958.

Heyne Moriz, Fünf Bücher deutscher Hausaltertümer. 3 Bde. 1899, 1901, 1903.

Hintze Otto, Wesen und Verbreitung des Feudalismus. In: Die Welt als Geschichte 4 (1938), S. 157ff. Abdruck aus Sitzungsber. der preuß. Akad. d. Wiss., 1929, phil.-hist. Klasse 338ff.

Ders., Weltgeschichtliche Bedingungen der Repräsentativverfassung. In: Hist. Zschr. 143, 9ff.

l'Houet A., Psychologie des Bauerntums. 3. Aufl. 1935.

Hügli Hilde, Der deutsche Bauer im Mittelalter, dargestellt nach den deutschen literarischen Quellen vom 11.—15. Jahrhundert. Diss. Bern, 1928.

Kletler Paul, Deutsche Kultur zwischen Völkerwanderung und Kreuzzügen. In: Handbuch der Kulturgeschichte, hrsg. v. H. Kindermann. 1934.

Kluckhohn Paul, Die ritterliche Kultur in Deutschland. 1929.

Ders., Ministerialität und Ritterdichtung. In: Zschr. f. dt. Altertum 52, 115.

Knorr Friedrich, Die mittelhochdeutsche Dichtung. 1938.

Kulischer Josef, Allgemeine Wirtschaftsgeschichte des Mittelalters und der Neuzeit. Bd. 1. Mittelalter. In: Handbuch d. mittl. u. neueren Geschichte. Hrsg. von Below und Meinecke. Abt. 3. 1928.

Meyer-Heisig Ernst, Die deutsche Bauernstube. 1952.

Mitteis Heinrich, Der Staat des hohen Mittelalters. 7. Aufl. 1963.

Naumann Hans, Deutsches Dichten und Denken von der germanischen bis zur staufischen Zeit. 1938.

Ders., Deutsche Kultur im Zeitalter des Rittertums. In: Handbuch der Kulturgeschichte, hrsg. v. H. Kindermann. 1938.

Ders. und Günther Müller, Höfische Kultur. 1929.

Ders., Der staufische Ritter. 1936.

Neumann Friedrich, Hohe Minne. Zschr. für Deutschkunde 39. 1925.

Peuckert Will-Erich, Deutscher Volksglaube des Spätmittelalters. 1942.

Pfaff Friedrich, Der Minnesang des 12.—14. Jahrhunderts. Bearbeitet von Friedrich Pfaff. 1889—1892. In: Deutsche National-Literat. (Kürschner Joseph) 8, 1. Enthält 50 Minnesänger.

Pfeiffer-Belli W., Bauern und Bürger, Ritter und Mönche im Epos des späteren Mittelalters. 1934.

Pinder Wilhelm, Die Kunst der deutschen Kaiserzeit bis zum Ende der staufischen Klassik. 1937.

Planitz Hans, Die deutsche Stadt im Mittelalter. Von der Römerzeit bis zu den Zunftkämpfen. 1954.

Portmann Marie-Louise, Die Darstellung der Frau in der Geschichtsschreibung des frühen Mittelalters. Basler Beiträge zur Geschichtswissenschaft. 96. 1958.

Rank Chr., Kulturgeschichte des deutschen Bauernhauses. In: Aus Natur u. Geisteswelt 121. 3. Aufl. 1921.

Riehl Wilhelm Heinrich, Die Naturgeschichte des Volkes. 4 Bde. 1. Land und Leute, 2. Bürgerliche Gesellschaft, 3. Familie, 4. Wanderbuch. 1954 ff., danach wiederholt aufgelegt.

Rörig Fritz, Die europäische Stadt. 1932. In: Propyläen-Weltgeschichte IV. 2. erw. Aufl. 1955.

Scherr Johannes, Geschichte der deutschen Kultur und Sitte. 1852, 10. Aufl. 1887.

Schreiber Georg, Deutsche Bauernfrömmigkeit. 1937.

Ders., Gemeinschaften im Mittelalter. 1948.

Ders., Volksreligiosität im deutschen Lebensraum. Volk und Volkstum. Bd. 1. 1936.

Ders., Wallfahrt und Volkstum in Geschichte und Leben. 1934.

Schumacher Karl, Siedlungs- u. Kulturgeschichte der Rheinlande von der Urzeit bis an das Mittelalter. 1925.

Steinhausen Georg, Geschichte der deutschen Kultur. 2 Bde. 2. Aufl. 1913.

Tellenbach Gerd, Die Entstehung des deutschen Reiches. Von der Entwicklung des fränkischen und deutschen Staates im 9. und 10. Jahrhundert. 1940.

Ders., Vom karolingischen Reichsadel zum deutschen Reichsfürstenstand. 1943.

Waas Adolf, Vogtei und Bede in der deutschen Kaiserzeit. 2 Bde. 1919 und 1923.

Ders., Staat und Herrschaft im deutschen Frühmittelalter. 1938.

Ders., Die große Wendung im deutschen Bauernkrieg. 1939.

Ders., Geschichte der Kreuzzüge. 2 Bde. 1956.

Ders., Die Bauern im Kampf um Gerechtigkeit 1300—1525. 1964.

Wechssler Eduard, Das Kulturproblem des Minnesangs. 4. Aufl. 1923.

REGISTER